Über dieses Buch Daß Ilse Aichinger eine der wichtigsten deutschsprachigen Autorinnen der Nachkriegszeit ist, weiß man längst. Dennoch besteht eine große Unkenntnis ihrem Werk und ihrer Person gegenüber. Dieser Band will dazu beitragen, neue Leser an das Werk dieser großen Autorin heranzuführen, indem er Verständnishilfen zu ihren einzelnen Büchern und zu ihrer Poetik zusammenfaßt. Er veröffentlicht *Aufruf zum Mißtrauen*, den frühesten Text von Ilse Aichinger, und ihre 1988 gehaltene *Rede an die Jugend*. In Interviews gibt die Autorin Auskunft über sich selbst; außerdem enthält der Band zum größten Teil unveröffentlichte Fotos.

Die Gesamtdarstellungen gehen ein auf ihr Werk, das aus Hörspielen und Erzählungen, Gedichten, Essays und einem Roman besteht; während die verstreut publizierten Rezensionen einzelner Werke auch die Geschichte der Literaturkritik erzählen. In den Originalbeiträgen von Hanna Johansen, Peter Horst Neumann, Ilma Rakusa und Richard Reichensperger wird auf die Entwicklung der Autorin und auf die Bezüge innerhalb ihres Werks eingegangen. Den Band beschließen eine ausführliche biographische Skizze, eine Primärbibliographie und eine ausgewählte Sekundärbibliographie.

Samuel Moser, geboren 1951. Studium der Philosophie und Altphilologie in Bern und Rom. Promovierte mit einer Arbeit über Immanuel Kant. Lebt als Gymnasiallehrer und Literaturkritiker in Biel/Schweiz.

ILSE AICHINGER

Materialien zu Leben
und Werk

Herausgegeben von
Samuel Moser

Fischer Taschenbuch Verlag

Lektorat: Thomas Beckermann

Originalausgabe
Veröffentlicht im Fischer Taschenbuch Verlag GmbH,
Frankfurt am Main, März 1990
© Fischer Taschenbuch Verlag GmbH, Frankfurt am Main 1990
Umschlaggestaltung: Buchholz / Hinsch / Hensinger
Umschlagfoto: Isolde Ohlbaum, München
Gesamtherstellung: Clausen & Bosse, Leck
Printed in Germany
ISBN 3-596-26888-5

Inhalt

Einleitung 9
Ilse Aichinger, Aufruf zum Mißtrauen 16
Ilse Aichinger, Rede an die Jugend 18

I Begegnungen mit Ilse Aichinger

Ilse Aichinger, Die Vögel beginnen zu singen,
   wenn es noch finster ist 23
Heinz F. Schafroth, Gespräche mit Ilse Aichinger 25
Hermann Vinke, Sich nicht anpassen lassen... 30
Luzia Stettler, »Stummheit immer wieder in Schweigen
   zu übersetzen, das ist die Aufgabe des Schreibens« 36
Manuel Esser, »Die Vögel beginnen zu singen,
   wenn es noch finster ist« 41

II Bildteil

Einundzwanzig Fotos 51

III Gesamtdarstellungen

Werner Weber, Ilse Aichinger 75
Karl Krolow, Laudatio zur Verleihung
   des Nelly-Sachs-Preises 1971 83
Elisabeth Endres, Ilse Aichinger 90

IV Originalbeiträge

Ilma Rakusa, Die Fremdsprache der Ilse Aichinger 99
Hanna Johansen, ...aber das ist wohl nicht möglich.
   Beim Lesen von Ilse Aichinger 104

Peter Horst Neumann, Fünf Zeilen Prosa.
  Ein Gedicht von Ilse Aichinger 117
Richard Reichensperger, Orte, Untergänge.
  Zu Ilse Aichingers Gedicht »Außer Landes« 120

V Rezensionen

Über »Die größere Hoffnung« (1948)

»Die größere Hoffnung« (schr.) 129
Friedrich Sieburg, »Die größere Hoffnung« 131
Walter Maria Guggenheimer, Das Feuer hat Hunger 134
Karl August Horst, In extremis 136
Walter Jens, Ilse Aichingers erster Roman 138
Peter Härtling, Ein Buch, das geduldig auf uns wartet 141
Joachim Kaiser, Freundschaftlicher Widerspruch 146

Über »Der Gefesselte« (1953)

Christoph Rahmer, Ilse Aichingers »Poesie« 150
Erfassung des Unfaßbaren? (wm.) 152

Über »Zu keiner Stunde« (1957)

Hans Egon Holthusen, Im Rücken des Todes 154
Günter Blöcker, Zwischen Andersen und Kafka 158

Über »Wo ich wohne« (1963)

Wolfgang Monecke, Auf grünem Grund 160
Jürgen P. Wallmann, »Wo ich wohne« 163

Über »Eliza Eliza« (1965)

Wolfgang Hildesheimer, Der Querbalken 166
Rainer Lübbren, Die Sprache der Bilder 170
Heinz Piontek, Über die Poesie in Ilse Aichingers Prosa . . . 182
Elisabeth Endres, »Eliza Eliza« 184
Hans Bender, Magie einer ungewohnten Stimme 189
Christine Brückner, »Eliza Eliza« 191

Über »Auckland« (1969)

Heinz F. Schafroth, Spiele zum Hineinfallen 194

Über »schlechte Wörter« (1976)

Samuel Moser, Da flog das Wort auf 198
Wolfgang Weyrauch, Entsetzen und Verzweiflung 203
Heinz Ludwig Arnold, »schlechte Wörter« 204
Peter Horst Neumann, Genauigkeit im Ungewissen 208
Heinz Politzer, Ilse Aichingers todernste Ironien 209
Jürgen Becker, An den Rändern der Existenz 213
Elsbeth Pulver, Genaue Ahnungen 216
Lilly Spring, »Queens« 224
Klaus Hoffer, Die Räuberin 227

Über »verschenkter Rat« (1978)

Gisela Lindemann, Poetische Phantasie 231
Michael Krüger, Morgenröte unterm Schnee 236
Heinz F. Schafroth, Gedichte vom Überleben
   um keinen Preis 242
Hilde Spiel, Eh die Träume rosten und brechen 246
Erich Fried, Über Gedichte Ilse Aichingers 250

Über »Kleist, Moos, Fasane« (1987)

Elsbeth Pulver, Die äußerste Bedrängnis –
   die äußerste Geborgenheit 263
Joachim Kaiser, Wunder-Worte 268
Peter Horst Neumann, Ein anderer Fleiß ist das Warten . . . 270
Urs Bugmann, Schreibendes Wiederbeleben der Kindertage . 273

VI Anhang

Vita Ilse Aichingers 277
Preise 279
Bibliographie der Werke Ilse Aichingers 280
Ausgewählte Sekundärbibliographie
   (mit Quellennachweisen) 284
Danksagung 294

Einleitung

> »Schnee fällt nicht Knall auf Fall, sondern langsam, d. h.
> nach und nach, will sagen flockenweise zur Erde.«
> *Robert Walser*

Ilse Aichingers Bedeutung ist unbestritten. Aber es ist still um sie. Sie ist die große Außenseiterin der deutschen Literatur. Sie gehört keiner Schule an. Schule zu machen hat sie längst aufgehört. Frühe Erzählungen sind in die Schulbücher eingegangen und haben eine Flut von Interpretationshilfen ausgelöst. Wer die Literaturverzeichnisse durchgeht, wird aber auch bemerken, wie bald schon Aichinger-Texte nicht mehr in Sammlungen aufgenommen wurden. Texte, deren Leser auch lernen mußten, ohne Lesehilfen auszukommen. »Sie hat Leser und Zuhörer, die gebannt ihrer Stimme lauschen, doch aus der literarischen Diskussion ist sie ausgeklammert«, schreibt Hans Bender. Ilse Aichinger hat das nie geschadet. Die literarische Debatte aber hätte ihr Einbezug wohl in vielen Fällen komplexer und feiner gemacht. Viele der Aichinger-Kritiken, die im Schatten der »großen« Ereignisse entstanden sind, gehören zum Subtilsten und Differenziertesten von dem, was Feuilletons bieten.

Als Ilse Aichinger nach dem Krieg zu schreiben begann, hatte sie kaum Erfolg. *Die größere Hoffnung* war nicht der Kriegsroman, den man erwartet hatte und auf den man gefaßt gewesen wäre. Und natürlich gab es auch die Grobiane, die ihre Rezensionen mit *Prosa für den Psychiater* betitelten. Gute Gegner hat Ilse Aichinger nie gehabt. Es gab solche, die ihre Mühe mit diesem von Anfang an singulären Werk als Argument gegen dessen Qualität ins Feld zu führen versuchten. Sie sind verstummt oder haben gelernt, Fragen zu stellen. Die Anhänger Ilse Aichingers sind deswegen nicht lauter geworden. Über sie zu schreiben hieß nie triumphieren, sondern erkennen – gerade auch, daß dieses Werk keine Anhänger und schon gar keine lauten will. Zu konsequent ist es gegen jede Form von Gefolgschaft und Einverständnis geschrieben. Zu unüberhörbar ist seine eigene Lautlosigkeit – ein Paradox, das das Schreiben über Ilse Aichinger auch nicht einfacher macht.

Aber durch alle Schwierigkeiten hindurch sprechen Ilse Aichingers

Sätze unbeirrbar an, suchen noch im Selbstgespräch den Leser. Ohne um seine Gunst zu betteln. Ilse Aichingers Vorliebe für Hörspiel und Dialog ist nicht zufällig. Sie entspringt ihrer Liebe zu den Stimmen: zum Wort, das aus dem unbekannten, leeren Raum kommt und wieder in ihm verschwindet. Am Anfang war das Wort – warum sollte für die Poesie nicht gelten, was für die Schöpfung gilt; selbst dann, wenn es diese Poesie immer wieder in Widerspruch zu ihr bringt?

Diese Poesie kann zum Schwatzen neigen, zum »Nebenbeisprechen«, zu den Nebensachen. Sie läßt das Wort dem Gedanken vorauseilen. Immer aber ist sie zersetzt und durchsetzt vom Schweigen, aus dem sie erwächst und dem sie sich verdankt: »Um wieder notwendig zu werden, müssen sie die Lautlosigkeit zurückgewinnen, aus der sie notwendig entstanden«, schreibt Ilse Aichinger über die Wörter in ihrem Joseph Conrad-Aufsatz. Unbeschwert und belanglos sind solche Wörter nie. Daß dies für die Leser Folgen hat, ist nicht erstaunlich: »Zu den Autoren, die uns Sekundärliteraten die Zunge lösen, gehört Ilse Aichinger nicht. Wer sich dem Eindruck ihrer Sprache aussetzt, könnte seine Fähigkeit zu geläufigen Sätzen verlieren.« (Peter Horst Neumann) Aichinger-Texte wollen vorab betrachtet und bedacht sein. Was sie sagen, läßt sich anders nicht sagen. Ihrem Gebot des Weglassens oder Nichthinzufügens hat sich auch der Leser zu unterziehen. So bleibt ihm oft nur das Nachsprechen und Meditieren wie in Ilma Rakusas Aichinger-Lexikon mit dem Titel: *Die Fremdsprache der Ilse Aichinger*. Aichinger-Texte produzieren immer neue Texte. Lesen und Schreiben kommen sich unendlich nahe. Ungefährlich ist dies für beide nicht. Die Qualität einer Rezension ist in jedem Fall daran zu messen, inwiefern sie nicht weg-, sondern an das Werk heranzuführen vermag.

Die wenigsten Aichinger-Rezensionen gehen darauf aus, die Texte zu erklären. Die meisten berichten von der Suche nach dem richtigen Umgang mit ihnen; einem Umgang, wie ihn Lebewesen erfordern. *Ein Buch, das geduldig auf uns wartet* betitelte Peter Härtling sein Nachsinnen über die schwierige Rezeption der *Größeren Hoffnung*.

Die Kontroverse mit Joachim Kaiser dreißig Jahre nach dem ersten Erscheinen des Romans belegt, daß selbst unter den glühendsten Verehrern Ilse Aichingers keine Einigkeit herrscht. Zu herrschen braucht. Nicht auf Schubladisierung hat die *Größere Hoffnung* ja gewartet. Alle Versuche, Ilse Aichingers Werk einzuordnen, sagen ohnehin mehr über die Bedürfnisse des Einordners selber aus als über die Texte. Vieles läßt sich auf diesem Gebiet behaupten – und von vielem wieder das Gegenteil. Ein Materialienband über einen Schriftsteller ist ebenso einer über die Literaturkritik, ihre Stärken und ihre Schwächen. Nicht für alle braucht sie sich im Falle Ilse Aichingers zu schämen.

Gewartet hat die *Größere Hoffnung* auf den distanzierten Leser, der diese ins Untergehen verliebte und das Leben feiernde Prosa nicht nur als Ärgernis, sondern als poetischen Gewinn aufzufassen vermag. Spätere Prosatexte Ilse Aichingers haben noch mehr von diesem »Fleiß des Wartens« (Neumann) auf eine nicht dem Entschlüsseln und Übertragen verschriebene, sondern dem Konkreten und Wörtlichen verpflichtete Lesart. »Bei Ilse Aichinger gibt es nichts zu deuten«, schreibt Wolfgang Hildesheimer. Daß das Nicht-Deuten die schwierigere Arbeit ist als das Deuten, ist neu und unerwartet. Eine Arbeit, nicht einfach »eine Tätigkeit wie Holzbearbeiten, sondern so etwas wie ins Feuer springen«, wie Ilse Aichinger das Schreiben beschrieben hat. Sie verlangt das Standhalten, den Widerstand gegen alle Fluchtversuche; auch gegen die in »höhere Sphären«, ins Jenseits von Raum und Zeit.

Wenn die *Größere Hoffnung* anfänglich auch kaum den Durchbruch schaffte, so wird Ilse Aichinger heute doch noch vor allem mit diesem Roman identifiziert. Viele Kritiker beginnen immer wieder mit ihm. Aichinger-Rezensionen haben die Tendenz zum Gesamtporträt. Wer über Aichinger schreibt, kann und will nur wenig voraussetzen bei sich und den anderen. Aber es gibt auch tiefere Gründe: Man möchte den Menschen, der so spricht, dingfest machen. Der autobiographische Roman bietet sich da zuerst an. Die Präsenz der Autorin ist aber auch in der späteren Prosa nicht geringer. Nur ungewöhnlicher. Wer dem Rhythmus ihrer Sprache, dem Wechsel zwischen Sprechen und Schweigen folgt, wird darin das Atmen der Autorin verspüren. Noch die zerklüftetsten Aichinger-Texte erzählen Geschichten. Aber oft durch das, was sie auslassen. Richtig ist allerdings auch, daß Ilse Aichinger die Spuren des Ichs wieder zu verwischen sucht. »Nur zusehen – ohne einen Laut«, dieses Ziel des Schreibens, bedeute nicht, »aus dem Spiel zu bleiben, sondern im Spiel sich selbst aus dem Spiel lassen«, heißt es im Joseph Conrad-Aufsatz. Es gibt kaum ein Werk, in dem das Ich des Autors so ungeschützt und gleichzeitig so im Abseits gehalten ist.

Ein anderer Grund für den Hang zum Gesamten im Schreiben über Ilse Aichinger: Ihre eigene poetologische Position läßt nichts anderes zu, als jeden Text für das Ganze zu nehmen. Jedes Buch, das man schreibe, sei der Versuch, jenes einzige Buch zu schreiben, das man schreiben wolle, sagt sie im Gespräch mit Heinz F. Schafroth. In den Rezensionen des Bandes *verschenkter Rat* wird es angesprochen: Die Gedichte lassen sich kaum datieren. Eine Entwicklung gibt es kaum. Jedes Gedicht enthält die anderen. Ilse Aichinger hat keine Themen. Sie hat eine Sprache. Und sie hat nur eine Sprache. Die Sprache, der sie mißtraut. »Wir kommen gegen unseren Willen weiter«, heißt es in *Meine Sprache und ich*. Die eigene Sprache ist eine Fremdsprache. Da läßt sich nichts auseinanderdividieren, in den Gedichten sowenig wie in den Erzählungen. Jede Geschichte Ilse Aichingers ist auch ein poetologischer Text. Und umgekehrt. *Schnee*, das bislang letzte Prosastück, erzählt die Geschichte von jemandem, der auszog, Wörter zu suchen. Es ist Ilse Aichingers eigene Geschichte.

Frühe Erzählungen sind mit den späten Texten dennoch kaum mehr zu vergleichen. Was sich in der Lyrik beobachten läßt, hat für die Prosa nicht immer in dem Maße gegolten. Wenn auch viele Sätze aus der *Größeren Hoffnung* durchaus in späteren Texten stehen könnten: Dieser Glaube an den Stern, dieses Glühende der aus der Angst herausgeschlagenen Hoffnung ist mit der knappen, deswegen aber nicht weniger folgenreichen Formulierung »Es gibt nicht viele Wörter« *(Schnee)* nicht mehr zu vereinbaren. Die Sätze sind einfacher geworden. Die Zeiten nicht. Wörter sind für die Poetin Aichinger nicht weniger lebensnotwendig als das Visum oder der Stern für Ellen in der *Größeren Hoffnung*.

»Es gibt nicht viele Wörter«: Eine erschütternde Bilanz und ihre Formulierung hätte deshalb leicht pathetischer ausfallen können. Auch endgültiger. Sie ist aber alles andere als abschließend; kein letztes Wort – eher ein letztes Schweigen. Hier macht sich jemand mit dieser Einsicht erst auf. Mit dieser Einsicht und mit zwei Wörtern, mit zwei Leichtgewichten erst noch, mit »Schnee« und »Heu«. Das heißt: mit »Schnee« vor allem, denn »Heu« ist fast schon wieder zuviel, zu verwertbar. »Schnee« dagegen bleibt ein Wort. Schnee ist nicht einmal Schnee. Nur noch Robert Walser verstand es, sich sowenig einfallen zu lassen zum Schnee, in dem er schließlich tot liegen blieb. Der Weg, den Ilse Aichinger in frühen Erzählungen vorgezeichnet hat, ist hier kein Programm mehr. Er ist zurückgelegt. Gegen Ende der Spiegelgeschichte standen die Sätze: »Das schwerste bleibt es doch, das Sprechen zu vergessen und das Gehen zu verlernen, hilflos zu stammeln und auf dem Boden zu kriechen...«

Zur Auflösung und damit zum Anfang hingeführt hat ein Weg unendlicher Assoziationen und Kompositionen. Die Erschaffung der Welt aus dem Spiel. Vom Hundertsten ins Tausendste und vom Tausendsten zum Einen, Universalen, finden diese Texte ihren Weg wie die Satiren eines Horaz. Mit »Schnee« beginnt es, und mit Noah endet es. Und dabei ist man nicht einmal vom Anfang weggerückt: »Wenn es zur Zeit der Sintflut geschneit und nicht geregnet hätte, hätte Noah seine selbstsüchtige Arche nichts geholfen.« Eine Definition, die tatsächlich »unterhöhlt«. Und dabei einige Fragen offen läßt; die letzten vor allem, die nach Adam und Eva und die Gottesfrage vielleicht. Es ist ein zorniger und böser Satz, enragiert und sinnlos zugleich. Dem Gelächter preisgegeben. Und das weiß niemand besser als die, die ihn sagt. Darüber kann sie dann lachen. Oder kichern. Ilse Aichinger ist nicht auf schallendes Lachen aus. Ihr Witz ist Vorwitz, eine Mischung aus entwaffnender Respektlosigkeit und »unergründlicher Heiterkeit« *(Die größere Hoffnung)*. Eine Form der Gewitztheit, der prudence. Ob er speziell den Frauen eigen ist und Ilse Aichinger somit »Frauenliteratur« schreibe, darf immerhin gefragt werden.

Vorwitzig wagt sich Ilse Aichinger da vor, wo es um die letzten Dinge geht – und macht aus ihnen die vorletzten. Humor ist, wenn man deswegen lacht. Humor als Prüfstein des Ernstes. Er entspringt dem Willen zum Lachen; dem Willen, jedes Pathos zu unterlaufen. Galgenhumor statt Zynismus. Er sucht nicht die Position der Stärke, sondern erklärt die Schwäche zur Position. Er beansprucht nicht das Recht für sich, sondern die Utopie. Aber während das Lachen noch Gründe hat, behält sie das Kichern für sich. Es ist dem Schweigen verwandt; gehört zu den Kindern und zu den Alten, zu den Skeletten am Ende des Hörspiels *Gare maritime*. Und zu den Zwergen. Zu denen, die noch nicht oder nicht mehr Teil der Realität sind, an die wir uns gewöhnt haben. Ilse Aichingers Humor hat nicht vergessen, daß er mit dem Niedrigen zu tun hat, mit dem Humus, mit Anfang und Ende.

So hat er auch teil an dem, was Ilse Aichinger den Geist nennt, der in unserer Welt weder vorhanden noch völlig abwesend ist. Er gehört zu den »genauen Ahnungen«. Genau, weil die Ahnung nicht etwas betrifft, was man nur ungenau weiß. Der Geist ist unserem Wissen nicht mehr oder noch nicht zugänglich – schwierig für die, die »es« gerne wissen und die Ilse Aichinger auf einen handgreiflichen Nenner bringen möchten. Für die, die wie Wolfgang Monecke hoffen, der »grüne Esel« sei am Ende doch nicht grün, sondern hoffnungsvoll grau.

Die Kindheit ist in Ilse Aichingers Werk seit der *Größeren Hoffnung* mehr als ein Stück Erinnerung. Das Zurückblicken wird zum Blick nach vorn, wird Erinnerung an den Tod. Es führt zur Erkenntnis, daß Anfang und Ende zusammengehören. Ilse Aichingers Grunderfahrung ist die Ambivalenz. Der biblische Imperativ »Wenn ihr nicht werdet wie die Kinder« erfordert auch das Erwachsensein. Ilse Aichinger nimmt das Spiel der Kinder in die Pflicht. »Der Schnee« rufen sie und kassieren dafür scharfe Kritik: »...das ist ungenau. Das führt zu mein Schnee, dein Schnee, unser Schnee, zu diesen vielen besitzanzeigenden Ungenauigkeiten, die einem die Lust nehmen, den Mund aufzumachen.« Kinder sind nicht gerettet. Sie sind gefährdet durch das, was wir Genauigkeit nennen: die Macht, die Ein-Teilung der Welt, die Bezeichnung und Beanspruchung der Dinge. Ilse Aichingers poetisches Engagement ist wie kaum bei einem andern Schriftsteller ein politisches: das Entgegenschreiben gegen die beherrschende Sprache, die die herrschende ist. Um Vorsilben geht es da, um ver- oder be- beispielsweise: »Be-, be-, dieses eingesackte be, das mit dem Leiden eines Pudels schon kaum etwas zu tun hat, hat nicht viel weniger zu tun mit dem Fallen, mit dem Liegenbleiben des Schnees. Verschneit kann ein Dorf sein und auch ein Schulhaus, beschneit ist für mich nichts.« *(Schnee)* Ilse Aichingers Engagement ist nicht zeitbedingt, sondern zeitbezogen. Es bringt unsere Sprache nicht zum Verstummen, aber zum Schweigen – »eine Hilfe, aber keine Hilfe, kein Trost, aber ein Trost.« *(Baumzeichnen)*

Was also können Materialien zu Leben und Werk im Falle Ilse Aichingers sein? Mehr als eine Sammlung bio- und bibliographischer Daten, Rezensionen, Essays und erhellender Äußerungen des Autors? Eher weniger. Denn von dem allem gibt es zu Ilse Aichinger nicht viel. Weniger als es geben müßte. Und doch ist das richtig so. Materialien zu einer Autorin, die sich Günter Eichs Devise »nur keine Spuren hinterlassen« zu eigen macht, müssen ohnehin allesamt Verdacht erwecken. Materialien zu der Welt, »die wir nicht kennen«, hinter der Ilse Aichinger her ist, sind zweitens nicht aufzutreiben. Und zum Banalen, zum Allgemeinen schließlich, in das Ilse Aichinger jene andere Welt immer wieder zurückholt, braucht es keine. »*Flecken*« bleiben bei ihr Flecken. Wir fallen immer wieder auf den »Boden der Realität« (Heinz F. Schafroth). Das Schwierige im Umgang mit Ilse Aichingers Texten ist es, dies zu akzeptieren.

Samuel Moser

P. S.: »Und wäre die Welt anders ohne diese Flecken? Das ist eine müßige Frage. Sie wäre anders. Sie wäre ohne diese Flecken.« *(Flekken)* Und wäre die Welt anders ohne Ilse Aichingers Bücher? Das ist schon beantwortet. »Da ist ein anderes sehr musisches Wesen: Ilse Aichinger. Aber sie läßt nichts von sich hören. Sie wird es nicht leicht haben, denn sie ist eine Hoffnung. Man ist gespannt auf ihr nächstes Buch, aber wann kommt es?« Dies schrieb Annette Kolb. Wann?

Ilma Rakusa, Hanna Johansen, Peter Horst Neumann und Richard Reichensperger danke ich für ihre Originalbeiträge; Thomas Beckermann, Manuel Esser und Heinz F. Schafroth für Rat und Zuspruch; Dagmar C. G. Lorenz und Carine Kleiber für ihre Monographien, die mir wertvolle Hilfe geleistet haben. Und Ilse Aichinger danke ich für alles.

ILSE AICHINGER

Aufruf zum Mißtrauen

Ein Druckfehler? Lassen Ihre Augen schon nach? Nein! Sie haben ganz richtig gelesen – obwohl Sie diese Überschrift unverantwortlich finden, obwohl – – Sie finden keine Worte. Ist es nicht gerade die schwerste und unheilbarste Krankheit dieser tastenden, verwundeten, von Wehen geschüttelten Welt? Ist es nicht die Sprengladung, welche die Brücken zwischen den Völkern in die Luft wirft, dieses furchtbare Mißtrauen, ist es nicht die grausame Hand, welche die Güter der Welt ins Meer streut, die den Blick der Menschheit überschattet und lauernd verwirrt? Ist es notwendig, diese Ursache aller Qualen neuerlich zu rufen und aus ihrer Höhle zu locken? Haben wir nicht lange genug aneinander vorbeigeschaut, haben geflüstert anstatt zu sprechen, sind geschlichen anstatt zu gehen? Sind wir nicht lange genug, von Furcht gelähmt einander ausgewichen? Und wo sind wir heute? Bespötteln wir nicht jede Instanz über uns, jede Behörde, jede Maßnahme, die wir nicht ergriffen, jedes Wort, das wir nicht gesagt haben? Wir sind erfüllt von Mißtrauen gegen Gott, gegen den Schleichhändler, bei dem wir kaufen, gegen die Zukunft, gegen die Atomforschung und gegen das wachsende Gras. Und nun? Nein, es ist kein Irrtum, hier steht es klar und deutlich: Aufruf zum Mißtrauen! Aufruf zur Vergiftung also? Aufruf zum Untergang?
Beruhigen Sie sich, armer, bleicher Bürger des XX. Jahrhunderts! Weinen Sie nicht! Sie sollen ja nur geimpft werden. Sie sollen ein Serum bekommen, damit Sie das nächste Mal um so widerstandsfähiger sind! Sie sollen im kleinsten Maß die Krankheit an sich erfahren, damit sie sich im größten nicht wiederhole. Verstehen Sie richtig. An sich sollen Sie die Krankheit erfahren! Sie sollen nicht Ihrem Bruder mißtrauen, nicht Amerika, nicht Rußland und nicht Gott. *Sich selbst müssen Sie mißtrauen!* Ja? Haben Sie richtig verstanden? Uns selbst müssen wir mißtrauen. Der Klarheit unserer Absichten, der Tiefe unserer Gedanken, der Güte unserer Taten! Unserer eigenen Wahrhaftigkeit müssen wir mißtrauen! Schwingt nicht schon wieder Lüge

darin? Unserer eigenen Stimme! Ist sie nicht gläsern vor Lieblosigkeit? Unserer eigenen Liebe! Ist sie nicht angefault von Selbstsucht? Unserer eigenen Ehre! Ist sie nicht brüchig vor Hochmut?
Sagten Sie nicht, Sie hätten lieber im vorigen Jahrhundert gelebt? Es war ein sehr elegantes und vernünftiges Jahrhundert. Jeder, der einen vollen Magen und ein weißes Hemd hatte, traute sich selbst. Man pries seine Vernunft, seine Güte, seine Menschlichkeit. Und man bot tausend Sicherungen auf, um sich gegen die Schmutzigen, Zerrissenen und Verhungerten zu schützen. Aber keiner sicherte sich gegen sich selbst. So wuchs die Bestie unbewacht und unbeobachtet durch die Generationen. Wir haben sie erfahren! Wir haben sie erlitten, um uns, an uns und vielleicht auch in uns! Und sind doch schon wieder bereit, selbstsicher und überlegen zu werden, zu liebäugeln mit unseren Tugenden! Kaum haben wir gelernt, den Blick zu heben, haben wir auch schon wieder gelernt, zu verachten und zu verneinen. Kaum haben wir stammelnd versucht, wieder »ich« zu sagen, haben wir auch schon wieder versucht, es zu betonen. Kaum haben wir gewagt, wieder »du« zu sagen, haben wir es schon mißbraucht! Und wir beruhigen uns wieder. Aber wir sollen uns nicht beruhigen!
Trauen wir dem Gott in allen, die uns begegnen, und mißtrauen wir der Schlange in unserem Herzen! Werden wir mißtrauisch gegen uns selbst, um vertrauenswürdiger zu sein!

(1946)

ILSE AICHINGER

Rede an die Jugend *

Ich möchte der Stadt Weilheim und Ihnen danken. Und ich möchte Ihnen für eine große Freude danken, vor allem für den Beweis, daß Freude heute möglich ist.
»HALTET DIE WELT AN, ICH WILL AUSSTEIGEN« stand unlängst an eine Mauer geschrieben. Sätze sind nur wichtig, wenn sie zugleich Taten sind. Was war getan mit diesem Satz, mit diesem in unserer Staatsform erlaubten Satz? War überhaupt etwas getan? Er war kein Wagnis wie zum Beispiel die wunderbaren Sätze auf den Flugblättern der Weißen Rose unter Hitler.
Aber war nicht doch etwas gewagt? War es nicht auch gewagt, die geheime Angst und Unsicherheit auszusprechen und ihr damit zu begegnen, sie der Öffentlichkeit zu übergeben, sichtbar und leserlich für jeden. Diese Angst vor neuen Mobilmachungen, schleichenden und um sich greifenden Verwandlungen der Vorstellungswelt, Rückverwandlungen, die Angst vor Sätzen, die schon wieder möglich sind. Man kann sie in Zugabteilen hören, in Wartesälen, in der Untergrundbahn. Oft wird es nur der Tonfall sein, der eindeutig ist, öfter aber werden Tonfall und Sätze identisch. Sie richten sich gegen Minderheiten, gegen Ausländer, Gegner der Todesstrafe oder gegen diejenigen, die sich schon aufgegeben haben, die mit sich selbst sprechen, alles, was sie haben, in Bündeln mit sich tragen und denen man zuweilen auf den Straßen unserer Städte begegnet.
Ich will Ihnen den Mut nicht nehmen und vor allem nicht den Mut zur Freude. Mut und Freude haben eine geheime Identität.
»Heute ist der 17. Januar 1944«, sagt ein Junge in dem Film *Auf Wiedersehen, Kinder* von Louis Malle, »der 17. Januar 1944. Und er wird nie mehr wiederkommen«. Er bedenkt damit den Tod und zugleich, fast ohne es zu bemerken, an einem von Trostlosigkeit und Angst geschüttelten Tag die Hoffnung. Auch der 10. März 1988, hier ein Tag

---
* Gehalten bei der Entgegennahme des Weilheimer Literaturpreises.

im Frieden und Eichendorffs 200. Geburtstag, wird nie mehr wiederkommen.
Und nicht nur die Tage, auch die Worte müssen neu erkämpft werden, gerade in einer Zeit, die geneigt ist, sie über die Welt zu streuen und unbrauchbar zu machen, die sie in den Ohren dröhnen und nicht zu sich kommen läßt. »FREUDE, JUGEND, HOFFNUNG«, gerade diese Worte müssen immer wieder bedacht werden.
»Sag nicht, es ist fürs Vaterland!« schreibt Sophie Scholl nach Kriegsausbruch einem Freund, der zu ihrem Kreis gehört und wenig später nur knapp ihrem Schicksal entgeht. Auch »VATERLAND« also, für viele ein schützendes und beschütztes Wort, muß man jeden Augenblick bedenken. Sophie und Hans Scholl haben es bedacht und wieder sagbar gemacht und sie waren bereit, dafür mit dem Leben zu bezahlen.
Seither ist mit diesem neu erschaffenen Wort nicht immer behutsam umgegangen worden. Aus dem Boden gestampfte Armeen in allen Teilen der Welt geben davon Zeugnis, erzwungene Eide, neu erfundene unausdenkbare Waffen, die alle Eide unmaßgeblich machen. Ein Eid ist auch dann erzwungen, wenn er von einem Ahnungslosen gefordert wird.
Es sind in wenigen Tagen fünfzig Jahre her, seit Hitler sich Österreichs bemächtigte, und meine Familie, viele meiner Freunde und ich beginnen mußten, die Flucht vorzubereiten. Selbst wo diese Flucht glückte, war sie umgeben von Angst und Todesschatten. Achtzehn Monate später begann der Krieg und wir mußten auch die Hoffnung, zu fliehen und so vor dem Terror, der rasch um sich griff, gerettet zu werden, in eine Hoffnung verwandeln, die dem Tod standhielt. Damals schloß ich mich einer Gruppe von bedrohten jungen Leuten an. Wir alle waren trotz Bomben und geheimer Staatspolizei von dieser Hoffnung erfüllt. Und als der Krieg immer offenkundiger seinem Ende zuging, bekamen wir Angst vor diesem Ende, Angst vor der Befreiung. Davor, daß wir dann vielleicht nicht mehr im Stande sein würden, jeden Tag als den ersten und letzten zu nehmen, davor, daß wir wieder in den Irrtum verfielen, es wäre möglich, jede verweigerte Begegnung, jeden unterlassenen Freundesbeweis doppelt und dreifach nachzuholen, aber später, morgen, übermorgen. In der Zeit der Verfolgung gab es kein Später. Jeder konnte jeden Augenblick von unserer Seite gerissen werden, jede Stimme war so neu und so kostbar wie die eines unerwartet Wiedergefundenen.
Und heute? Wie ist es heute möglich, die Ahnungen zu bewahren?

»Von der Verharmlosung darf kein Tag berührt werden«, sagte Inge Scholl unlängst im Verlauf eines Gesprächs. Sie sagte es fast nebenbei, wie man eben das Selbstverständliche sagt, das nicht weiter erläutert werden muß. Aber wie beginnen? Vielleicht damit, sich inmitten der eigenen Verwandlung die Hinwendung zu den Verwandlungen anderer zu bewahren, auch zu ihren Leiden, sich gefaßt zu machen auf diese anderen und damit zugleich auf sich selbst.
Der März, dieser frühe Monat, wird selten als bedroht und verletzlich gesehen, sondern viel mehr als ein Vorbote des Lichts, der Verwandlung ins Helle. Auch die Jugend wird eher als freudige Verzauberung begriffen und ist doch von Hellsichtigkeit berührt, von einer Hellsichtigkeit, die sich keineswegs immer mit Euphorien begnügt.
Als Eichendorff heranwuchs und auch in seinen späteren Jahren, war die Freude, die freudige Verzauberung vom Dasein noch deutlicher sagbar. Viele seiner schönsten Texte beweisen es.

> Der Herbstwind schüttelt die Linde,
> Wie geht die Welt so geschwinde,
> Halte dein Kindlein warm.

Er nimmt selbst den Abschied von der Tochter zum Anlaß für ein neues Einverständnis. Seine Fähigkeit zur Freude erlischt nicht.
Wie kann es aber gelingen, sie in diese Zeit herüber zu nehmen, in eine Zeit deutlicherer Bedrohung, stetig wiederkehrender Ängste?
Immer wird es notwendig sein, die Träume aus dem Schlaf zu holen, sie der Ernüchterung auszusetzen und sich ihnen doch anzuvertrauen. Immer wird es ein Grat sein, der zu begehen ist. Die empfindlichen Instrumente des Gleichgewichts und der Unterscheidung müssen eingesetzt, Sein und Denken müssen aufeinander abgestimmt werden, maßgeblich für alles, was kommt.
Das heißt, auf der geduldigen, aber niemals einzuschläfernden Suche bleiben, die Freude immer erhoffen, aber diese Hoffnung nie bestechlich werden lassen.
Ich wünsche Ihnen Zuversicht auf diesem Weg.

(1988)

I
Begegnungen mit Ilse Aichinger

ILSE AICHINGER

Die Vögel beginnen zu singen, wenn es noch finster ist

Es ist nicht leicht, über sich selbst zu reden, es ist so, als würde man in den Spiegel schauen; man macht dann nicht das richtige Gesicht. Aber wenn das Spiegelbild auch irreführend ist, so haben wir doch kein anderes und müssen uns darin durchschauen und müssen den Spiegel zum Fenster machen.
Ich habe es in meinem ersten Buch *Die größere Hoffnung* versucht, und weil es damals vor den Fenstern draußen gerade Nacht war, Krieg und Verfolgung, habe ich mich bemüht, im Finstern schauen zu lernen und darin die Masse des Tages wiederzuerkennen. Wäre alles normal gekommen und hätten wir unsere Schulen vollenden und studieren können, wie wir vorhatten, so hätten viele andere, ebenso wie ich, zuerst bei Tag schauen gelernt. So aber wurden wir bei Nacht geweckt, viele vielleicht frühzeitig, und müssen jetzt erst die Augen an das schwache Licht gewöhnen.
Ich bin in Wien aufgewachsen und zur Schule gegangen, das Gymnasium konnte ich noch zur Not vollenden, aber Medizin zu studieren wurde mir während des Krieges nicht mehr erlaubt. Es war auch zu spät, um in ein anderes Land zu gehen, und so habe ich erlebt, was ein »Mischling« um diese Zeit erlebte und das war vor allem Abschied, Abschied in vielen Formen, von denen, die auswanderten, die einrückten, die verschickt wurden. Und den Glanz, den der Abschied gab, habe ich versucht, in dem Buch festzuhalten; ich wollte damit keinem Pessimismus das Wort reden, aber vielleicht erkennen wir einander nur richtig in einem Licht von Abschied, und vieles, das wir sonst vergeuden würden, erscheint uns darin kostbar. So sind die Kinder in dem Buch, die auf dem Friedhof Verstecken spielen und in der Angst, verschickt zu werden, noch ein Weihnachtsspiel proben, keine besonderen Kinder, sie sind nur vom Abschied her gesehen.
Man wird, so oft man ein erstes Buch geschrieben hat, oft gefragt, wieviel daran autobiographisch wäre, aber das ist vielleicht gar nicht wichtig, wichtig ist nur, wieviel von dem Erlebten, das sicher darinnen

ist, sich mit dem Gültigen deckt. Es ist richtig, daß ich zu Beginn des Krieges in einer Jugendgruppe war und daß wir dort sogar dasselbe Weihnachtsspiel spielten, wie die Kinder in dem Buch. Aber es war nicht ganz leicht, den Einwänden der anderen aus meiner Gruppe zu begegnen, daß doch vieles anders gewesen sei. Ich mußte ihnen erst erklären, daß ich es nicht erfunden hatte, sondern gefunden hatte, wie etwas, das auf dem Grund liegt. An einem See ist ja auch beides wirklich, der Spiegel und der Grund.

Nach dem Krieg habe ich begonnen, Medizin zu studieren, unterbrach aber nach fünf Semestern das Studium, um das Buch zu schreiben, das 1948 im Bermann Fischer Verlag erschienen ist. Seither habe ich Kurzgeschichten geschrieben, und gegenwärtig arbeite ich an einem Schauspiel.

Wenn ich noch einmal studieren könnte, würde ich Philosophie studieren.

Der erste große Eindruck, den ich nach den Kriegserlebnissen hatte, war eine Reise nach England, es war auch das erste fremde Land, das ich sah. Vielleicht ist es mir deshalb gleich vertraut gewesen, weil das Meer dort überall nahe ist, weil einen das Bewußtsein, auf einer Insel zu sein, das Gefühl der Küstennähe dort nie verläßt. Das spiegelt den Abschied im Raum wieder und gibt zugleich die Kontur. Die Menschen auf den großen Kontinenten vergessen viel zu oft, daß sie auf Inseln leben. Am liebsten waren mir die Hafenviertel, das Eastend und die Docks, und ich habe auch hier den Kai am liebsten, die Donau, Gegenden mit Schiffen und Brücken, an denen noch gebaut wird, und von allen Jahreszeiten den Herbst. Vielleicht geht es vielen so wie mir; wir müssen erst den Frühling wieder verstehen lernen, und die Weingärten rund um die Stadt. Eben bei Tag schauen.

Vielleicht könnte man es für überheblich halten, ohne die Erfahrungen des Tages von Hoffnungen zu reden und von einer größeren Hoffnung, aber die Vögel beginnen ja auch zu singen, wenn es noch finster ist.

(1952)

HEINZ F. SCHAFROTH

Gespräche mit Ilse Aichinger

Meine Sprache und ich

Im Text »Meine Sprache und ich« ist eine völlige Trennung von Ich und Sprache dargestellt. Sind Sprache und Autor wirklich etwas so Getrenntes, ist Sprache derart außerhalb des Autors? (»Wir haben uns nichts zu sagen«, heißt es.)
I. A.: In dieser Geschichte ereignet es sich. Man erlebt nicht alle Geschichten, nachdem man sie geschrieben hat, aber vorstellbar wäre es auch hier.
Im selben Text erscheint das Ich als der »werbende Teil«. Ist Sprache etwas, das sich dem Schriftsteller derart entzieht? So daß man fast von Feindseligkeit reden möchte?
I. A.: Daß sich die Sprache entzieht, daß sie Widerstände entgegensetzt, halte ich fast für eine Begründung des Metiers.
»Eine kleine Sprache, sie reicht nicht weit. Rund um, rund um mich herum, immer rundum.« Ist Sprache für Sie etwas völlig Privates? Wie ist denn ihre (der Sprache) Beziehung zur Umwelt? Gibt es da etwas wie Engagement, engagierte Literatur?
I. A.: Der Begriff privat im Bezug auf die schriftstellerische Arbeit entzieht sich mir, vor allem privat und engagiert als Gegensätze. In der Rede eines amerikanischen Präsidenten hörte ich wiederholt die Formulierung »my country«, ich verstand sie nicht. Ebensowenig verstehe ich »privat« im Bezug auf meine Arbeit.
In der Ausgabe des Jahres 1907 von Meyers Lexikon steht Privat hinter Pritzwalk und Privas, Städten bei Potsdam und Lyon, Städten mit Irrenhäusern, Bismarcktürmen, Gewerbekammern. Diese Vorreiter des Privaten waren schon aufschlußreich. Unter »Privat« fand ich auch Aufschluß. »Den einzelnen betreffend«, stand dort unter anderem. Gut. Wenn ich von dieser Definition ausgehe, kann ich sagen: Sprache ist privat, sie betrifft den Einzelnen, jeden Einzelnen. Sie ist so privat wie sie engagiert ist.

Um Sprache als Engagement zu verstehen, brauche ich das Lexikon nicht. Sie ist, wenn sie da ist, das Engagement selbst, sie muß es nicht beschreiben. Sie kann sich engagieren oder nicht, ob sie wirklich engagiert ist, entscheidet sie durch sich selbst, durch ihre Existenz oder Nicht-Existenz. Sie muß deshalb in sich schon Engagement sein, weil die benützte Sprache immer etabliert ist, weil sie vergeht, indem sie sich ereignet. Weil ein Autor den Wunsch »Hier laßt uns Hütten bauen« immer kontern muß, weil er fort muß aus der Sprache in die Sprache, aus dem Rezept der Wahrheit in die Wahrheit.

Am Schluß des Textes »Meine Sprache und ich« *heißt es:* »*Ich werde hier und dort einen Satz einflechten, der sie unverdächtig macht.*« *Was ist das in Ihrer schriftstellerischen Wirklichkeit: eine verdächtige Sprache oder eine unverdächtige? Wem verdächtig oder unverdächtig? Wie verhalten sich* »*Satz*« *und* »*Sprache*« *in diesem Zitat zueinander?*

I. A.: Sprache ist immer verdächtig, weil sie im Aufbruch ist, weil sie in Frage stellt. »Es geht mir gut«, ein wie wunderbarer Satz muß das einmal gewesen sein, als auch er aus Auflehnung entstand. Eingesetzt, legitimiert, benützt, abgenützt, wie leer und schwach kann der Satz werden, eine Chiffre, die man sich über zu weite Entfernung zuruft, dem der genau hinhört, kaum mehr hörbar. Der Wagen des Elias über diesem Satz ist verschwunden, nur graue Hügel und Hütten sind geblieben, Irrtümer.

Ist Ihnen vom Text »*Meine Sprache und ich*« *her eine Definition dessen möglich, was schreiben heißt?*

I. A.: Vom Text her weniger, eher von der Erfahrung des Schreibens her. Es bedeutet für mich den Versuch, zu schweigen, vielleicht schreibe ich deshalb, weil ich keine bessere Möglichkeit zu schweigen sehe.

(1971)

Teil eines stärkeren Widerstandes

Frau Aichinger, Sie haben in Dortmund den Nelly-Sachs-Preis erhalten. Nun hat man Ihnen schon manchen wichtigen Literaturpreis zugesprochen, so bereits 1952 den Preis der Gruppe 47, später dann unter anderem den Bremer Literaturpreis. Habe ich recht, wenn ich vermute, daß dieser Preis Ihnen besonders lieb ist, weil Nelly Sachs ihm den Namen gegeben hat und erste Preisträgerin war?

I. A.: Ja, allein mit einer Freude konfrontiert zu werden, das müßte vielleicht gerade heute die Frage noch stärker aufwerfen nach den Erfolglosen, den Ausweglosen, um die sich vielleicht die Finsternis gerade in dem Augenblick schließt, in dem man Freude empfängt. Aber im Namen von Nelly Sachs mit einer Freude konfrontiert zu werden, das könnte heißen, mit einer Angst konfrontiert zu werden, die sich durchsteht, und mit einer Trauer, die allem offen bleibt.

In den Jahren 1947/48 wurde Ihr erstes Buch geschrieben, der Roman »Die größere Hoffnung«. »Die größere Hoffnung« ist die Geschichte eines Judenmädchens in Nazideutschland. Ich kann dieses Buch heute noch und wieder lesen. Ich stelle überdies fest, daß auch andere es noch lesen, nicht zuletzt junge Leute. Oder der Basler Schriftsteller Heinrich Wiesner, der es bei einer Zeitungsumfrage leidenschaftlich empfohlen hat. Lesen kann man also das Buch noch, und das ist ja wohl nicht selbstverständlich für Literatur aus dem Jahre 1948. Meine Frage an Sie: könnten Sie das Buch heute auch noch schreiben?

I. A.: Ich weiß nicht, so wie man vermutlich nur einen Tag auf der Welt zubringt und jeder Tag ein neuer Versuch ist, diesen einen Tag zu leben, ist vielleicht auch jedes Buch, das man schreibt, ein Versuch, das einzige Buch zu schreiben, das man schreiben will. Ich könnte heute *Die größere Hoffnung* nicht mehr schreiben, so wie ich den gestrigen Tag nicht mehr erleben kann, aber vielleicht ist sie ein Teil des einen Buches, das ich schreiben möchte.

Sie wissen, daß heute allgemein behauptet wird, die Lage der deutschen Literatur unmittelbar nach dem Krieg sei eine besondere gewesen. Würden Sie das im Rückblick, Sie sind jetzt fünfundzwanzig Jahre »dabei«, auch so sehen?

I. A.: Ich finde es eigentlich nicht, ich meine, jede Lage ist besondere Lage, wenn es überhaupt zu einer Lage kommt, so ist sie besonders, man könnte gerade so gut die heutige als eine besondere Lage bezeichnen. Es war eine andere Lage.

Worin besteht denn der Unterschied zwischen der damaligen Lage der deutschen Literatur und der heutigen?

I. A.: Ich finde, daß inzwischen mehr Stille in alle Texte gekommen ist, jedenfalls in die, auf die's mir ankommt, und hoffentlich auch in meine. Und wenn ich Beckett lese, und Robert Walser – obwohl es den damals schon gegeben hat, ich empfinde ihn aber sehr als heutig –, oder wenn ich Thomas Bernhard lese, so wird mir deutlich, daß die Stille zugenommen hat in den Texten, und sie ist für mich eine Form von Engagement.

Wäre nicht gerade die Zeit nach dem Krieg ein Anlaß gewesen für Stille in der Literatur?
I. A.: Ja, es wäre eine Zeit für die Stille gewesen, aber damals waren alle zu aufgeregt, es war alles so neu. Inzwischen ist die Stille viel wichtiger geworden, und ich finde, man muß die Atemlosigkeit durchstehen.
Sie sollen ein Beispiel geben für Atemlosigkeit, Stille und Durchstehen; einen Text, der in allerletzter Zeit entstanden ist.
I. A.: »Lebe jetzt wohl, Mary, lebe wohl, es war hübsch, dir zu dienen, du hast passiert. Hier sind zwei falsche Stufen, gib acht, gleich geht es abwärts, aber nicht für lange, leicht abwärts, so wie du es wolltest und nicht für lang, die Nelken warten, fall nicht, vergib, was sich dir bietet, laß die Hemden im Abfall, don't look back, schon wieder, das schleicht sich ein, back, back, der Blick ist gut, der Rat auch, drum schau nicht, horch nicht, Mary, geh.«
Ihre Dichtung ist schwieriger geworden, Frau Aichinger. Sie sind sich dessen bewußt, und stellt sich für Sie da nicht die Frage nach dem Echo bei der Leserschaft? Haben Sie etwa ein Rezept, Aichinger zu lesen?
I. A.: Ich weiß nicht, wie man meine Texte lesen soll, ich kann nur sagen, wie ich selbst Texte lese, die mich zugleich anziehen und mir Schwierigkeiten machen. Ich lese sie so, wie ich etwas suche, das verlorengegangen ist, indem ich zuerst das Suchen suche, die Form zu suchen, und wenn ich es gefunden habe, merke ich, daß ich eigentlich die Form zu finden gefunden habe, im Fall des Textes, die Form zu lesen, und daß Lesen und Schreiben wie Suchen und Finden sich einander bis zur Identität nähern können. Diese Form zu lesen, hat sich bewährt, und ich glaube, sie steht jedem offen. Wenn ich Joyce oder Beckett lese, ist es mir so gegangen, und selbst bei den Erläuterungen zu den Redensarten englischer Schulkinder, die ich auch oft lese, geht's mir so.
Was lesen Sie, außer den Genannten? Sind auch Bestseller darunter?
I. A.: Ich lese wenig Erzählendes, nicht Kafka, kaum Soziologie, ich lese auch wenig Bestseller; aber wenn Beckett zum Bestsellerautor würde, könnte mich das nicht hindern, ihn zu lesen.
Einer Ihrer neuesten Texte, »Meine Sprache und ich«, *beginnt mit den Sätzen:* »*Meine Sprache ist eine, die zu Fremdwörtern neigt. Ich suche sie mir aus, ich hole sie von weit her. Es ist aber eine kleine Sprache. Sie reicht nicht weit. Rund um, rund um mich herum, immer rund um und so fort.*« *Wenn Sie Sprache als etwas so Privates verstehen, gerät sie da nicht in einen Widerspruch zur Welt, an die sie sich richtet? Ich*

könnte auch sagen: Kommt es nicht zu einem Konflikt zwischen der Sprache und dem Willen zum Engagement?
I. A.: Sprache und Engagement stellen sich mir nicht als Gegensatz dar, ich verstehe einen solchen Gegensatz nicht. Sprache ist, wo sie da ist, für mich das Engagement selbst, weil sie kontern muß, die bestehende Sprache kontern muß, die etablierte Sprache, weil sie fort muß aus dem Rezept der Wahrheit in die Wahrheit, weil sie das Gegenteil von Etabliertheit sein muß, aus sich selbst. Deshalb sind für mich alle, die ich genannt habe, engagierte Autoren.
Ich will engagiert präzisieren, indem ich »politisch« davor setze. Ich könnte mir vorstellen, daß Sie gar nicht so anders zur Gesellschaft stehen als viele der sogenannten politisch engagierten Schriftsteller. Trotzdem dürfte es schwierig sein, Ihnen auf Grund dessen, was Sie geschrieben haben, das Etikett »politisch engagiert« anzuhängen.
I. A.: Ich stehe nicht anders zur Gesellschaft als viele der engagierten Schriftsteller, das stimmt. Aber mein Widerstand gegen die Formen des Miteinander- und Gegeneinanderlebens ist nur Teil eines stärkeren Widerstandes, dem die Natur nicht natürlich erscheint, dem Existenz, begonnen beim grünen Gras, kein Weggrund ist, keine Entschuldigung, für den es die Formulierung »weil es so ist« nicht gibt.

(1972)

HERMANN VINKE

Sich nicht anpassen lassen...
Gespräch mit Ilse Aichinger über Sophie Scholl

Frau Aichinger, im Februar 1943 wohnten Sie mit Ihrer Mutter in Wien. Die Nachricht von der Hinrichtung der Geschwister Scholl und anderer Mitglieder der Weißen Rose wurde über sogenannte Feindsender verbreitet, den britischen Rundfunksender BBC und über Schweizer Sender. Wo und wie haben Sie davon gehört?
I. A.: Da ich Halbjüdin bin – meine Mutter ist Jüdin –, durften wir kein Radio besitzen, und irgendwo sonst einen Auslandssender zu hören, wäre für uns doppelt gefährlich gewesen. Ich habe die Namen zum erstenmal auf einem Anschlag gesehen an einem dieser frühen Vorfrühlingstage, wie es sie im Februar geben kann. Ich sah sie an einer Mauer der inneren Stadt nahe dem jüdischen Tempel, nahe der Residenz der Geheimen Staatspolizei und nahe von Adalbert Stifters ehemaliger Wohnung in Wien, auf einem der unverkennbaren Anschläge, die die zum Tode Verurteilten anprangerten. Dort las ich zum erstenmal die Namen der Weißen Rose. Ich kannte keinen dieser Namen. Aber ich weiß, daß von ihnen eine unüberbietbare Hoffnung auf mich übersprang. Diese Hoffnung hatte, obwohl sie es uns möglich machte, in dieser Zeit weiterzuleben, doch nichts mit der Hoffnung auf Überleben zu tun.
Können Sie genauer beschreiben, was Sie damit meinen? Haben Sie mit Freunden darüber diskutiert?
I. A.: Ich war in einigen Jugendgruppen, in denen das wie ein Fanal wirkte. Es hat vielen auch noch zu sterben geholfen, in Hoffnung zu sterben geholfen. Und den anderen zu leben, trotzdem. Es war wie ein geheimes Licht, das sich über das Land gebreitet hatte und wie ein Glück. Ich erinnere mich, daß ich einmal um diese Zeit auf die Straße ging und einen Bekannten traf, der sagte: »Strahlen Sie nicht so! Sonst werden Sie jetzt noch verhaftet.« So war es. Wir hatten keine große Chance zu überleben. Aber das war es eben nicht. Es war kein Überleben. Es war das Leben selbst, das uns durch diesen Tod der Geschwister Scholl und ihrer Gefährten angesprochen hat.

Hat das Schicksal dieser Widerstandsgruppe ihr eigenes Verhältnis zu dem, was sie selber erfahren mußten, was Ihre Familie mitmachen mußte, bestimmt?
I. A.: Ja, es hat mir sehr geholfen und auch meiner Mutter, diese letzten gefährdeten Zeiten in Ruhe und fast in Frieden zu überstehen. Es war eben die Hoffnung. Man kann ja ohne sehr vieles leben. Man kann leben, ohne etwas zu haben. Aber man kann nicht leben, ohne etwas *vor sich* zu haben, und zwar vor sich in einem auch noch anderen Sinne als dem der Zeitlichkeit. Vor sich im Sinne von *in sich*. Man kann nicht ohne Hoffnung leben. Und diese Hoffnung war so stark in den letzten Jahren, gerade nach der Hinrichtung der Geschwister Scholl und ihrer Freunde.
Haben Sie damals Einzelheiten von dieser Widerstandsgruppe erfahren?
I. A.: Damals wenige. Erst nach dem Krieg habe ich in einer englischen Zeitung die genaue Geschichte der *Weißen Rose* gelesen, soweit das in einer Illustrierten geschildert werden konnte, die ersten Bilder gesehen. Das hat mich in einem Maß wieder zurückgerufen, daß ich – man könnte es falsch verstehen, aber es war so – Heimweh bekam nach den finsteren Zeiten. Aber vor allem Heimweh nach den Geschwistern Scholl. Und so war ich dann sehr glücklich, nachdem ich mein Medizinstudium aufgegeben und ein Buch über diese Verfolgungszeit – *Die größere Hoffnung* – geschrieben hatte, daß ich von Inge Scholl zum erstenmal zum Lesen nach Deutschland eingeladen wurde. Und so war das Haus der Volkshochschule Ulm auf dem Marktplatz neun das erste Haus, das ich in Deutschland betrat, Ulm die erste Stadt, die ich betrat, und Inge Scholl der erste Mensch, den ich dort sah, mit dem Kreis von Freunden um sich.
Frau Aichinger, Sie haben über die Geschwister Scholl geschrieben. Wie ist das zu erklären, daß eine Gruppe von jungen Menschen, die lebensbejahend waren, sich plötzlich entscheiden, ein Regime zu bekämpfen, während zur gleichen Zeit ihre Altersgenossen zu 99 Prozent bereit waren, dafür sogar in den Krieg zu ziehen?
I. A.: Der Krieg ist ja eine Möglichkeit, den Tod vor dem Tod zu verstecken, den Tod mit dem Tod zu verdecken. Daß man den Dingen nicht mehr ins Auge schaut, weder dem Leben noch dem Tod. Man sagt ja auch nicht: Ein Soldat ist gestorben, sondern er ist gefallen. Ich glaube, viele sind dem Krieg einfach unterlegen. Sie sind auch gezwungen worden.
Welche Rolle spielte in diesem Zusammenhang das Elternhaus?

I. A.: Das bürgerliche Elternhaus der Geschwister Scholl war insofern wichtig, als es ein Elternhaus war, in dem schon immer Bücher gelesen, diskutiert und gesprochen wurde über Literatur und Politik. Sie hatten ein politisches Elternhaus. Das sind auch Pfeiler, auf denen so etwas ruht.
Ein politisches Elternhaus, aber gewiß auch ein tolerantes.
I. A.: Ein sehr tolerantes Elternhaus, das sie einfach nach allen Seiten suchen ließ. Sie gehörten der Jugendbewegung an. Sie haben kurze Zeit auch der Hitler-Jugend angehört. Man hat sie nur gewarnt, ganz leise. Man hat sie gehen lassen. So sind sie über diese Klippe gut hinübergekommen. Vor allem Sophie Scholl, an deren Briefen und Tagebuchaufzeichnungen man deutlich sieht, daß Märtyrer nicht zufällig sind. Wäre sie nie mit diesem Schicksal konfrontiert worden, so wäre sie in jedem anderen scheinbar bürgerlichen, scheinbar geborgenen Schicksal genau dieselbe gewesen, von genau demselben Wert.
In dem Tagebuch von Sophie Scholl und in ihren Briefen fällt eine Klarheit der Gedanken auf, wenn sie über Krieg und Soldatsein schreibt. Gleichzeitig spürt man ein ganz intensives Fühlen, Empfinden, Mitempfinden. Ist das nicht ein Widerspruch?
I. A.: Sophie Scholl hat einmal geschrieben, man muß einen harten Geist und ein weiches Herz haben. Das ist kein Widerspruch. Sie war lebensbejahend. Nie im Leben hat sie an das, was die Nazis bombastisch den Heldentod und Feierlichkeiten mit Trommelwirbel nannten, gedacht. Überhaupt nicht. Sie dachte an das Leben. Ich glaube bis zuletzt, bis zu ihrem letzten Traum in der Nacht vor der Hinrichtung.
Sophie Scholl hat viele Träume gehabt. Einige davon hat sie auch niedergeschrieben. Wie wirken sie auf Sie?
I. A.: Ja, so exakt. So genau, wie man sich manchmal wünschte, daß Sprache sein sollte. Wenn ich Joseph Conrad lese oder James Joyce, da finde ich eben die Exaktheit der Träume von Sophie Scholl wieder. Die Genauigkeit, die sich nichts vormachen läßt.
Sie schreibt einmal: »Wir haben alle unsere Maßstäbe in uns selbst, nur werden sie zu wenig gesucht. Vielleicht auch, weil es die härtesten Maßstäbe sind.« Die Exaktheit der Träume, ihre Präzision... Man könnte fast sagen, hellsichtig, aber es ist ein so verbrauchtes Wort. Ich möchte sagen: genau.
Das wäre ein Stück Wirklichkeit in der Unwirklichkeit.
I. A.: Ja, ein Stück viel größerer Wirklichkeit, als die Wirklichkeit damals und heute zu geben imstande ist. Die Wirklichkeit ist nicht

imstande, ohne Gegenleistungen zu geben. Sie kommt nur hervor, wenn man sie kontert, wenn man sie nicht anerkennt, wenn man sich nicht anpaßt.
Denken Sie gerade an einen bestimmten Traum von ihr? Oder können Sie das, was Sie soeben gesagt haben, vielleicht in Verbindung bringen mit einem der von ihr beschriebenen Träume?
I. A.: Ich glaube, es ist dieser Traum der letzten Nacht, wo sie mit dem Kind in den Armen den steilen Berg hinaufgeht und sich plötzlich vor ihr eine Gletscherspalte auftut. Aber, so erzählt sie, sie kann das Kind noch auf die gesicherte Seite legen, dann stürzt sie hinab.
Sophie Scholl hat sich sehr bald, nachdem sie im Mai 1942 in München zu studieren begonnen hatte, der Weißen Rose angeschlossen. War das ein Sich-Anschließen vielleicht aus Bewunderung für den älteren Bruder, oder war das eine selbständige Entscheidung?
I. A.: Ich nehme an, daß es beides im gleichen Maße war. Auf alle Fälle war es auch eine sehr selbständige Entscheidung. Denn sie hätte ja sagen können: Ich halte mich heraus. Ich kann das den Eltern nicht antun. Ich zieh' weg von euch, wenn ihr das macht. Aber sie hat doch selbständig über alles hinaus sich für den Widerstand entschieden. In diesem Augenblick muß ihr schon einiges klargewesen sein, denn wenn man im Nazi-Deutschland gelebt hat, konnte einem klarsein, was die größere Möglichkeit ist, wenn man so etwas macht.
Ich glaube, daß Sophie Scholl in manchen Dingen noch entschiedener dachte als andere Mitglieder der Widerstandsgruppe. Woran liegt diese Radikalität, die gelegentlich bei Frauen zu finden ist?
I. A.: Diese Radikalität war in ihr angelegt. Sie ist sicher wie viele andere auf einem Schulausflug – das habe ich mich oft gefragt – staubbedeckt und blumenpflückend mitgelaufen. Und niemand hätte sie eigentlich erkennen können, außer vielleicht an der Fröhlichkeit und an der Aufgeschlossenheit. Wann der Augenblick war, an dem sich Sophie Scholl zum erstenmal gegen sich selbst entschieden hat, das wissen wir nicht. Aber es gibt ihn so sicher wie den Punkt in einer geometrischen Zeichnung, von dem die Linien ausgehen und in dem sie zusammenlaufen. Es gibt da eine Stelle von ihr, die sie im Arbeitsdienst geschrieben hat: »Bisher konnte ich mich noch ziemlich im Hintergrund halten dank meiner Schüchternheit. Wenn ich es nur weiterhin könnte. Ich bemühe mich sehr, mich von den augenblicklichen Einflüssen möglichst unberührt zu halten. Nicht von den weltanschaulichen und politischen, die mir bestimmt nichts mehr ausmachen, aber von den Stimmungseinflüssen.« Und dann kommt eben

diese Stelle: »Man muß einen harten Geist und ein weiches Herz haben.«

Es gibt Leute, die haben gesagt und sagen noch immer, daß das, was die Weiße Rose gemacht, was diese Studenten in München unternommen haben, um den Nationalsozialismus zu bekämpfen, unvernünftig und leichtsinnig gewesen sei.

I. A.: »Vernunft« ist ein sehr gefährliches Wort. Man muß sie haben. Jeder muß sie haben, aber nur, um sie im geeigneten Augenblick über Bord zu werfen. »Leichtsinnig« ist ein zu leichtes Wort. Leichtsinnig, ich weiß nicht... Sie haben genau gewußt, was ihre Aktionen auslösen würden in bezug auf ihr eigenes Schicksal. Und sie haben geahnt, was ihre Aktionen in bezug auf die Zukunft auslösen werden, wenn das auch jetzt nicht so scheint. Sie haben gespürt, daß da etwas in die Luft kommt, was vorher nicht drin war. Das haben sie stärker gespürt als wir jetzt. Das wußten sie. Sie haben ihr Leben für die anderen hingegeben in Gewaltlosigkeit. Ich halte deshalb den Versuch des Widerstandes der Geschwister Scholl und ihrer Gefährten für einen gelungenen Widerstand, für einen geglückten Widerstand – vielleicht für den geglücktesten Widerstand im Dritten Reich.

War es ein politischer Widerstand?

I. A.: Es war natürlich ein politischer Widerstand. Aber was ist nicht politisch, wenn die Grenzen einmal überschritten sind. Zugleich würde ich sagen: Es war noch mehr als ein politischer Widerstand. Es war auch ein Widerstand von ganz innen her. Eigentlich ein Widerstand des Lebens, der Wahrheit, der Wärme und des Geistes vor allem. Meine Überzeugung ist, das, was die Geschwister Scholl und ihre Gefährten getan haben, was Sophie Scholl getan hat, gerade sie als Mädchen, bleibt in der Luft und wirkt weiter.

1968 haben die Studenten, die eine Gedenkfeier an der Universität München störten, gesagt: Diejenigen, die dort die Geschwister Scholl und ihre Mitstreiter feiern, haben gar kein Recht dazu. Das sind Heuchler. Wer darf denn die Geschwister Scholl und ihre Gefährten feiern? Darf man sie überhaupt feiern?

I. A.: Sicherlich ist das ein Recht, das jeder sich selbst erkämpfen muß, in seiner eigenen Seele. Wer von denen mit Recht die Geschwister Scholl und ihre Gefährten gefeiert hat, wer mit Unrecht, wer will das damals oder heute sagen? Das kann man nur von sich selbst sagen und sonst von keinem. Aber man muß erkennen, daß sie nie zu den Angepaßten gehört haben. Eine Tagebucheintragung von Sophie Scholl belegt das: »Heute abend, als ich aus dem allgemeinen lustigen Trubel geschwind aufschaute, sah ich durchs Fenster den Abendhimmel, durch die kahlen Bäume den gelben Horizont. Da fiel mir plötzlich ein, daß Karfreitag war. Der so seltsam ferne gleichgültige Himmel machte mich traurig. Oder die öde lachenden Menschen, die so beziehungslos zu dem Himmel waren. Ich kam mir ausgeschlossen vor von der lustigen Gesellschaft und von dem unbeteiligten Himmel.« Und jetzt kommt eine für mich entscheidende Stelle: »Ich fürchte, ich gewöhne mich allmählich ein. Ich werde mich zusammennehmen. Das Lesen abends wird mir dabei helfen.« Ich glaube, sie las damals Augustinus. Aber sie hätte auch Marx lesen können. Das Lesen abends hat ihr dabei geholfen. Es gibt eine wahre Geschichte von Gustav Heinemann, dem die Jugend zu einem seiner Geburtstage in Bonn ein Ständchen aufspielte. Er brachte es ja fertig, keine einzige Platitüde zu sagen. Er trat heraus und sagte dem Sinne nach: »Ihr seid jung, und Eure Aufgabe ist es, älter zu werden.« Wenn ich mir heute die jungen Leute oder die Kinder ansehe, dann frage ich mich immer: Wie würdest du es fertig bringen, ein Todesurteil zu empfangen, gleichgültig, ob von politischen Mächten oder von Ärzten? Wie willst du es fertig bringen, auch alt zu werden?

Wenn heute Jugendliche sich mit den Geschwistern Scholl und der Weißen Rose beschäftigen, was, meinen Sie, können sie daran lernen?

I. A.: Sich nicht anpassen lassen. Die kleinen Träume vergessen, damit die großen nicht vergessen werden. Sich noch weniger denn je anpassen lassen an diese Welt, die sie immer deutlicher zur Verzweiflung treibt, gerade die Jugend.

(1980)

LUZIA STETTLER

»Stummheit immer wieder in Schweigen zu übersetzen, das ist die Aufgabe des Schreibens«

»Es gibt die Stummheit, und es gibt das Schweigen. Und die Stummheit immer wieder in das Schweigen zu übersetzen, das ist die Aufgabe des Schreibens«, sagte Ilse Aichinger. Vielleicht schreibe sie, weil sie keine bessere Form zu schweigen finde.
Die Autorin wirkt im Gespräch zerbrechlich und kämpferisch zugleich. Das schwarze Kleid unterstreicht die Blässe in ihrem Gesicht. Das Reden strengt sie sichtbar an; sie spricht mit weicher, gepreßter Stimme, und die abgehackten Sätze kommen fast atemlos über ihre Lippen. Es sind keine vorgefertigten Antworten, hinter die sie sich vor Journalisten verstecken kann. Man spürt ihre Verletzlichkeit, weil sie ehrlich genug ist, sie nicht zu überspielen.

»Für mich ist das Schreiben nicht einfach eine Tätigkeit wie Holz bearbeiten, sondern so etwas wie ins Feuer springen.« Die Dichterin kennt keinen geregelten Arbeitsrhythmus; sie weiß nie im voraus, wann sie wieder »ins Feuer springt«: »Man geht an einem Tag und findet nichts, oder man geht zehn Jahre und findet nichts. Und plötzlich taucht es hinter einem auf.«
Stimmungsabhängig?
»Nein, wenn das Schreiben da ist, ist es keine Stimmung, sondern eine Notwendigkeit.« Doch das monatelange Nicht-Schreiben sei die größere Arbeit: »Das Ganze zu Papier bringen ist dann, wie wenn man die Äpfel vom Baum holt.«

Ilse Aichingers Texte fordern den ganzen Menschen, sie lassen sich nicht verdauen wie Bestseller-Romane oder Tageszeitungen. »Ich schreibe gegen das Konsumieren, gegen das Konsumieren des Lebens überhaupt«, hält die Autorin fest. »Den meisten Leuten genügt die Antwort ›es ist so, weil es so ist‹. Ich weigere mich, die Dinge einfach so zu nehmen wie sie sind. Vor allem weigere ich mich bei den Schwächen. Man muß sie aufzeigen, und zwar ganz deutlich – die Schwächen der Regierungen, die Schwächen der Schöpfung.« Die »undurchschaubare Natur« sei von einer Grausamkeit, die man gar nicht bis zu Ende beschreiben könne: »Ich sehe schon auch ihre grenzenlose Schönheit, und sie beglückt mich. Aber ich kapp' dieses Glück immer sofort ab. Ich will die schwachen Linien sehen, und ich suche die Grausamkeit. Ich traue dem Glück nicht; nie. Wenn es mir dann und wann gutgegangen ist, dann habe ich immer gedacht ›und wer badet das jetzt für mich aus?‹.«

»*Aufruf zum Mißtrauen* – als das kann das ganze Werk Ilse Aichingers verstanden werden«, sagt Samuel Moser. »Sie sucht in ihren Texten kein Ziel, keinen Inhalt, sondern die Sprache selber.«
Eine Sprache gegen Hierarchien, Phantasielosigkeit, Ordnungshüter, Selbstzufriedenheit – für Ausscheren und Widerstand: »Es gehört vitaler Irrsinn dazu, auf der Welt zu bleiben und sich anzupassen.«

Die Kraft für die Weigerung nimmt die Autorin aus dem Zorn: »Er ist eine meiner größten Hilfen. Und ich will ihn mir warmhalten, diesen Zorn auf alles, was existiert. Mein Unglück ist nur, daß ich manchmal so erschrecke, daß ich apathisch werde. Aber dann warte ich schon glühend, daß der Zorn wiederkommt.«
Eigentlich wollte Ilse Aichinger Ärztin werden, so wie ihre Mutter. »Doch das Schreiben ist mitten ins Medizinstudium hineingeplatzt«, erinnert sie sich. »Da habe ich plötzlich gemerkt, daß die Schriftstellerei mein Beruf ist und daß zwei solche Berufe nebeneinander nicht gehen.«
Das war 1948, drei Jahre nach Kriegsende, als ihr erstes Buch *Die größere Hoffnung* erschien, nach den Worten von Walter Jens »die einzige Antwort von Rang, die unsere Literatur der jüngsten Vergangenheit gegeben hat.«
Es ist ein autobiographischer Roman, eine Geschichte von Kindern und vom Kindsein im Dritten Reich. Im Mittelpunkt steht die fünfzehnjährige Ellen, zu ihrem Kummer eine Halbjüdin; zwei »falsche Großeltern« trennen sie von ihren jüdischen Freunden.
Die Kinder, die den Davidstern tragen müssen, die weder auf den Stadtbänken sitzen noch mit dem Ringelspiel fahren dürfen, suchen im Spiel, im zweckfreien Tun, die eigentliche Wirklichkeit.
Das Kommende, die größere Hoffnung, die alle Zweifel und Ängste umfaßt und die wachgehalten wird von Lebenstrieb, Traum und Glauben, trägt die Kinder über alle Verzweiflung hinweg, auch wenn

es für sie letztlich keine Rettung gibt. »An ein Überleben glaubten wir damals nicht mehr«, erinnert sich Ilse Aichinger an die Kriegsjahre, »aber wir hatten die fast sichere Hoffnung, daß auch Hitler es nicht schaffen würde. Und diese Zuversicht bewältigte die Angst vor dem Tod.«

Die Autorin, geboren in Wien, war siebzehn, als Österreich 1938 an Deutschland überging. Auch sie hatte wie ihre Romanfigur Ellen »zwei falsche Großeltern zuviel«, ihre Mutter war Jüdin, ihr Vater Arier. Als »Mischling« durfte sie die Matura machen; die Universität blieb ihr bis Kriegsende verbaut. »Wir lebten auf Abruf. Aber das Stück bis zum Abruf war ungeheuer intensiv.« Nie habe sie so viel Freiheit geschöpft wie damals aus dem Zwang des Verfolgtseins. Und gerade deshalb glaubt sie, eine einfachere Jugend gehabt zu haben als die heutige Generation, »trotz all den grausamsten Dingen, die wir damals miterlebten wie Folterungen und Deportationen von Freunden und Verwandten. Denn das Vor-sich-Haben ist das Wichtigste, nicht das Haben. An etwas zu glauben, woran man sich halten konnte, wofür man auch Erbsen und Kartoffeln aß.«

»No future« – das Stichwort ist gegeben. Wie würde sie heute einem Jugendlichen raten, wo er den Sinn des Lebens suchen soll? »Nicht suchen, sondern das Suchen suchen. Das kommt mir als das Ziel vor. Der Vorgang des Suchens ist äußerst schwierig und kompliziert. Man muß sehr oft aufgeben und wieder vorne anfangen.«
An eine Rettung der Welt glaubt Ilse Aichinger heute »schon fast nicht mehr«: »Wir gehen alle unter, das ist ja klar. Wohin, das wissen wir nicht. Vielleicht tun wir auch übergehen.« Eine Pessimistin? »Nein, das glaube ich nicht. Ich bin fest davon überzeugt, daß es einen Geist gibt, den Geist der Liebe, der ganz zuletzt rechtbehalten wird. Und diesen Geist kann man nicht verbrennen, nicht beerdigen und nicht wie einen Nagel herunterhauen. Er ist das höchste Gut des Menschen, und wir sollten alles daran setzen, ihn zu bewahren.«
Sichtbar werde dieser Geist immer, wenn ein kleines Kind geboren werde: »Säuglinge bringen etwas aus einer Welt mit, die wir nicht kennen. Dieses Unfaßbare, dieses ›ganz von Anfang an‹, das sie umgibt und dann mit der Pubertät zusammenbricht, ist der Geist. Darum heißt es auch schon in der Bibel nicht ›wenn ihr nicht *seid* wie die Kinder‹, sondern ›wenn ihr nicht *werdet* wie die Kinder‹.« Diesen Geist als Erwachsener neu zu erobern sei das Allerschwierigste. Am

ehesten gelinge es durch Askese. »In unserer hektischen Zeit geht der Geist schneller verloren, deshalb ist unsere Welt auch von einer rasanten Gefährdung.«
Die Kindheit – für Ilse Aichinger die glücklichste Zeit in ihrem Leben: »Ich habe unter keinem Verlust so gelitten wie unter dem Verlust der Kindheit«, sagt sie. »Er ist das Gemeinste an der Entwicklung der Menschen. Dagegen ist Altern gar nichts. Man verliert nicht mehr soviel.«

Es gab in Ilse Aichingers Leben aber noch eine andere glückliche Zeit: die Ehe mit dem Lyriker und Hörspielautor Günter Eich, der 1972 gestorben ist; eine Ehe, »in der alle Hoffnung in der anderen Hoffnung zusammengefaßt war«. Die beiden hatten sich 1951 an einer Tagung der Gruppe 47 kennengelernt, jener lockeren Verbindung von Schriftstellern, die der deutschen Literatur neue freiheitliche Impulse gab. Konkurrenzgefühle zwischen den beiden Literaten habe es nie gegeben, sagte Ilse Aichinger, und sie fügt mit einem leisen Lächeln bei: »Im Gegenteil. Es war immer ein Glück. Wir haben so verschieden geschrieben und zugleich waren unsere Gedanken oft so ähnlich.«

Durch ihren Mann sei sie kritischer geworden, sagt die Autorin. »Und er kritischer durch mich.« Von ihm habe sie ein Engagement gelernt, das weit über den politischen Bereich hinausging; »ein Engagement gegen das ganze Dasein überhaupt«.
Dieses Engagement setzt Ilse Aichinger in Literatur um: »Meine Sprache ist eine Form von Anarchie«, sagt sie. Ein Anschreiben gegen den Verschleiß der Sprache, ein Versuch, die Sprache und den Geist zu bewahren. Früher, da seien Wörter noch Geschenke gewesen, »heute spricht die Sprache nicht mehr, sie ist sprachlos geworden. Wir müssen sie aus der Manipulationsgefahr herausnehmen, sonst sind wir alle verloren.« Immer wenn etwas sprechbar, sprachbar werde, sei das meistens der Augenblick, in dem es verschwinde. »So wie alles, das sich ereignet, vergeht.«
»Lebensqualität« nennt sie als Beispiel: »Ein Begriff der aufgekommen ist, seit dieses Bewußtsein nicht mehr existiert. Früher hat es das Wort nicht gebraucht, es war da.«
Ein anderes Beispiel: »Emanzipation. Als sie Mode wurde, war sie weg.«

So kennzeichnet denn eine grundsätzliche Skepsis vor der Benennung, dieser »alten Drachenwolke«, Ilse Aichingers Dichtung. »Ich muß immer das einzigmögliche Wort suchen, das noch nicht Wort geworden ist«, erklärt die Autorin, »und dabei muß ich aufpassen, daß es nicht gleich wieder als Kochrezept verwendet wird, in dem Augenblick, wo ich es nenne.«
Alles Modische ist Ilse Aichinger verdächtig: »Sobald etwas ›in‹ ist, ist es bereits wieder vorbei, und man sollte nicht darauf ausruhen, sondern bereits wieder die nächste Chance ergreifen.«
»Seid unbequem, seid Sand, nicht das Öl im Getriebe der Welt«, hat ihr Mann Günter Eich einmal geschrieben. Ilse Aichinger ergänzt den Satz: »Man muß immer ›out‹ bleiben, draußen bleiben. ›In‹ darf man nie sein. Die Welt könnte ja aus lauter Außenseitern bestehen. Es gibt da kein Hindernis. Es liegt an jedem einzelnen.«

(1984)

MANUEL ESSER

»Die Vögel beginnen zu singen, wenn es noch finster ist«
Auszug aus einem Gespräch mit Ilse Aichinger im Anschluß an eine Neueinspielung des Hörspiels *Die Schwestern Jouet*

Das Hörspiel »Die Schwestern Jouet« handelt von der Erschaffung und Gestaltung der Welt aus Wörtern und Begriffen. Rosalie erfindet sich Menschen, Tiere und seltsame Geschehnisse. Auch eine Giraffe, ein mißratenes, Rosalie lieb gewordenes Wesen, bewohnt diese ihre Welt. Können Sie mehr erzählen von der Giraffe: der Rücken ist zu kurz, die Beine stimmen nicht...
I. A.: Ich habe eine Zuneigung zu den Alten, Schwachen und etwas Mißglückten. Und Giraffen sehen ja auch von Natur aus etwas mißglückt aus. Ich mag sie sehr. Ich habe nur noch Schweine lieber. Und Elefanten. Ich verbinde mit ihnen dieses Ausgeliefertsein, dieses Nicht-Stimmen, das man sogar bei stimmenden Giraffen manchmal sehen kann. Irgendwas ist da daneben geraten, was ja dem Lieben Gott ziemlich oft passiert. Aber bei der Giraffe ist es eben sehr schön daneben geraten.
Gibt es eine Erinnerung an die Zeit von 1967, als dieses Hörspiel von Ihnen geschrieben wurde?
I. A.: Es tauchen Bilder auf. Ich war einmal kurz in Afrika, und dieses Hörspiel hat mit dieser Reise zu tun.
Stimmen sind ein Bereich, der für Sie sehr wichtig ist. Es ist kein Zufall, daß Sie auch für den Hörfunk geschrieben haben?
I. A.: Der Hörfunk läßt die Worte bei sich selber oder bringt sie zu sich selber, nicht wie die Television, die alles ins Bild übersetzt, gut oder schlecht. Aber das ist hier nicht die Frage, sondern daß aus den Worten das Bild entsteht. Daß die Worte das Primäre sind und dann ganz aus sich heraus das Bild entstehen lassen. Das ist deshalb nicht weniger visuell, sogar visueller, glaube ich, weil die Phantasie genug Platz hat.
In welchem Raum entstehen diese Stimmen?
I. A.: Sie tauchen einfach auf. Als mir der erste Satz von den *Schwestern Jouet* einfiel – »Was hat Rosalie gesagt?« – wußte ich noch nicht einmal, wie die anderen heißen, oder zu wem sie das gesagt hat, oder

wer gesagt hat »Was hat Rosalie gesagt?«, sondern es setzte sich dann in der Sprache fort bei der Arbeit.
Würden Sie heute ein anderes Medium wählen?
I. A.: Ich glaube nicht. Ich würde es genauso hinschreiben, selbst wenn es kein Medium dafür gäbe.
Was bedeutet der Raum, in dem diese Stimmen leben? Ist er eine Art Heimat?
I. A.: Ja, ein dichteres Hervorholen des Gewesenen, das dann wieder heutig wird. Die Figuren sind mir wieder sehr nahe und helfen mir.
Welche Bedeutung hatte das Hörspiel in den 50er, 60er Jahren?
I. A.: Die war äußerlich viel größer. In den Zeitungen wurden oft ziemlich ausführlich Hörspiele besprochen. Die Leute haben sich darüber unterhalten wie heute über das Fernsehen. Es ist jetzt etwas zurückgewichen, aber man sagt, es kommt wieder.
Sind Sie traurig über diese Veränderung?
I. A.: Eigentlich nicht. Es hindert mich nicht.
Ich würde gern nochmals zurückkehren zu der Hohlweggasse, Kleistgasse, Fasangasse in Wien, dorthin, wo Sie aufgewachsen sind. Haben Sie sie diese Gassen besucht in der Zwischenzeit?
I. A.: Ich hab sie nach dem Krieg besucht. Da aber das Haus durch eine Brandbombe getroffen war, bin ich nicht bis in die Küche gekommen, man durfte nicht weiter. Ich bin schon in das Stockwerk gelangt, wo meine Großmutter gewohnt hat. Wir haben noch die Tapeten gesehen in der alten Wohnung und den Abriß von dem Ofen, also seine Silhouette. Das war schon viel wert.
Waren Sie in den letzten Jahren noch einmal dort?
I. A.: In den letzten Jahren nicht. Immer nur, wenn man über den Rennweg fährt – dort fährt man nämlich entweder auf dem Weg zum Flugplatz oder zum Friedhof, das fällt zusammen in Wien –, dann schaue ich hinüber. Dann sehe ich immer das Haus. Und ich sehe auch immer den Bahnhof, in dem meine Großmutter deportiert worden ist. Und die Züge, die ich immer gezählt habe, die Waggons. In einem von ihnen war sie dann auch drinnen.
Können Sie von den letzten Tagen zusammen mit Ihrer Großmutter berichten?
I. A.: Da war sie krank. Es war der 12. Mai, an dem sie deportiert wurde. Ich hatte von einem Ordner erfahren, daß die Gegend, in der sie wohnte, ein Massenquartier, im Augenblick gefährlich sei. Und ich bin hingegangen und habe gesagt, sie sollen alle zu meiner Mutter und mir kommen. Wie ich aber am Mittag nach Hause gekommen bin,

war in unserer Wohnung niemand. Ich bin in die Wohnung meiner Großmutter gelaufen; da waren sie alle. Dann habe ich gefragt, ob sie alle verrückt geworden sind nach allem, was ich ihnen gesagt habe. Meine Mutter hat gesagt: »Die Mama hat Lungenentzündung und ich kann sie ja nicht aus dem Bett zerren.« Dann bin ich wieder weg. Und wie ich um fünf wieder hingekommen bin, war alles schon vorbei. Da hatten sie sie schon geholt und weggeführt. Das Lager, in dem zuerst alle gesammelt wurden, war über den Brücken im früheren Ghetto, eine ehemalige Schule; es ist jetzt auch wieder eine Schule. Und da mußte man in den Lastwagen, in denen sie dann abtransportiert wurden, endgültig, über eine Brücke fahren. Dort bin ich gestanden und habe sie gesehen, mit einem Kopftuch. Und irgend jemand hat gerufen, schau, hier ist die Ilse. Aber sie hat sich nicht umgedreht.
Sie waren selbst auch bedroht, ähnlich wie Ihre Großmutter?
I. A.: Man wußte von einem Tag zum andern nicht, wie es weitergeht. Meine Mutter war geschützt durch mich, weil mein Vater nicht jüdisch war. Aber dieser Schutz war so aufhebbar wie eine Feder. Aber wir hatten keine Angst damals. Die ist erst viel später gekommen, als alles vorbei war. Ich dachte immer, wenn die Männer die Mutter holen, gehe ich mit. Wie durch ein Wunder haben sie meine Mutter nicht geholt und mich auch nicht. Wir sind also noch einmal davongekommen, wie es bei Thornton Wilder heißt. Aber nicht ganz, man ist das nie los, dieses Gefühl, daß die andern weg mußten und man zurückgeblieben ist.
Wie war der Tag der Befreiung für Sie? Was war mit der Angst, die vorher da war?
I. A.: Die ist noch nicht gleich zurückgekommen. Damals war es nur eine leichte Enttäuschung, daß die Befreiung nicht schöner war. Es war so absurd. Und für uns sind die Russen ja wirklich als Befreier gekommen. Aber es war im Krieg, und sie haben nicht gefragt, wer auf welcher Seite im Krieg war. Es waren schon fürchterliche Dinge, die sich da abgespielt haben. Wir dachten, Monate später, wir könnten unsere Großmutter wieder holen. Und erst als uns klar geworden ist, daß davon keine Rede sein kann, ist die Angst gekommen und hat uns eigentlich überwältigt für eine gewisse Zeit.
Wie fühlt sich diese Angst heute an?
I. A.: Sie ist unauslotbarer geworden, unrationalisierbarer.
Sie haben sich einmal als Mischling bezeichnet –
I. A.: Wenn man zum Beispiel Lebensmittelkarten holen mußte, stand auf den normalen nichts, auf den jüdischen ein großes J, und da war

auch fast nichts drauf. Und auf meiner stand ein E, so rot und groß. Das hat sich mir sehr eingeprägt. Und die Rolle, die man hier auf der Welt überhaupt als Mensch spielt, hat etwas von diesem Mischlingsdasein an sich. Deswegen hat es mir nichts gemacht, daß ich ein Mischling war.

Sie hatten einen Vater, kann ich das so sagen, der sehr in Bücher verliebt war?

I. A.: Mein Vater hatte eine große Leidenschaft zu Büchern und konnte mit ihnen nicht fertig werden. Meine Mutter war städtische Ärztin, hatte also auch eine Stellung. Aber es hat alles nicht gereicht für die Unsummen, die er für Bücher ausgegeben hat. Man hat auch gar keinen Platz mehr gehabt, so daß meine Mutter eines Tages meinem Vater sagen mußte: also entweder die Kinder und ich oder die Bücher. Da hat er sich ganz rasch, wenn auch nicht ohne Schmerz, für die Bücher entschieden.

Sie haben aber später Ihren Vater wiedergesehen?

I. A.: Ja, immer wieder.

Wie kam es zu dem Roman »Die größere Hoffnung«?

I. A.: Ich wollte zuerst nur einen Bericht schreiben darüber, wie es wirklich war. Das ist dabei herausgekommen, aber doch auf eine ganz andere Weise, als ich es mir vorgestellt habe. Und wie ich damit fertig war, war ich ins Schreiben geraten.

Mögen Sie den Roman heute?

I. A.: Ja, ich würde ihn natürlich nie mehr so schreiben. Aber ich möchte auch nichts davon zurücknehmen.

In welchem Rahmen spielte sich Ihr Debut als Schriftstellerin ab? Gab es Freundschaften, Zirkel?

I. A.: Es gab den Hans Weigel, der sich damals sehr der jungen Autoren angenommen hat, auch meiner. Er hat das Manuskript, ohne daß ich es wußte, den Fischers gebracht, als sie in Wien waren. Dadurch bin ich zum Fischer Verlag gekommen. Es gab in Wien durch Hans Weigel verschiedene andere Kreise und Freunde, unter anderem auch die Ingeborg Bachmann. Mit ihr war ich noch lange sehr befreundet, nur die letzte Zeit nicht mehr.

Was waren die Gründe dafür?

I. A.: Ich weiß nicht. Ihre Freunde. Es war so fremd für mich, diese Welt, in der sie sich bewegt hat.

Wie kamen Sie zur Gruppe 47?

I. A.: Ich habe damals bei Inge Scholl, Schwester der Geschwister Scholl, die in Ulm eine Volkshochschule und später eine Hochschule

für Gestaltung gegründet hat, gearbeitet. Da hat eines Tages Hans-Werner Richter einen Vortrag gehalten und hat mich eingeladen. Ich wollte gar nicht. Aber Inge Scholl hat mir zugeredet und gesagt, du siehst ein Stück von Deutschland, die zahlen dir die Reise, fahr mal hin.
Wie war es, vor dieser Gruppe zu lesen?
I. A.: Mir ist es eher komisch vorgekommen. Die Komik war ja überhaupt das Beste an der Gruppe 47 und hat mich bewogen, immer wieder hinzufahren. Und wie sie oft gegen sich selbst ausgesucht hat. Es war wirklich ein Phänomen. Das ist das, was der Hans Werner Richter und sonst niemand hat hervorbringen können.
1977 war die letzte, symbolische Tagung der »Gruppe 47«. Da haben Sie neben wenigen anderen auch etwas gelesen. Was war der Grund dazu?
I. A.: Das ist so unerfindlich wie alles, was der Hans Werner Richter getan hat.
Auf einer der Tagungen haben Sie auch Günter Eich kennengelernt. Wie hat das Ihr Leben verändert?
I. A.: Total. Aber nur zum Guten. Ich dachte bei der zweiten Tagung, auf der ich war: ich weiß nicht, aber diesmal ist es nicht so schön wie das letzte Mal. Wahrscheinlich nur Zufall. Irgend etwas fehlt. Und dann habe ich plötzlich den Günter Eich den Strand entlanggehen sehen und da wußte ich, was gefehlt hat. Und von da ging alles sehr rasch.
Wie waren dann die ersten gemeinsamen Jahre?
I. A.: Sie waren sehr überdeckt durch die Kinder; durch das, was sich einfach ergibt, wenn man eine Familie gründet. Wir haben dann jeder ein Hörspiel geschrieben an ein und demselben Tisch in einem Bauernhaus. Und das war eigentlich sehr schön. Wir hatten nicht einmal das Geld für die nächsten Zigaretten. Aber es ist sich dann doch immer wieder ausgegangen, merkwürdigerweise.
1963 zogen Sie dann nach Großmain in das Haus, das eine große Bedeutung bekommen hat für sie beide.
I. A.: Ja. Wir haben immerhin 21 Jahre dort gelebt, und mein Mann ist dort auch krank geworden. Es ist ja fast ein Menschenalter, wenn man 21 Jahre in einem Haus lebt. Mein Mann hat immer gesagt, er wohnt nicht so gern in einem Schlößchen, er zieht lieber in eine Mönchszelle.
In Wien waren die Friedhöfe für Sie sehr wichtig, die für Sie vieles ersetzt haben, auch ersetzen mußten –

I. A.: Es war offiziell den Juden und jüdisch Versippten, wie das so schön geheißen hat, verboten, sich auf Bänke und in Parks zu setzen, in den Wiener Wald zu gehen, das engere Stadtzentrum zu verlassen. Mein Großvater liegt auf dem jüdischen Friedhof. Da sind wir oft hingegangen zu seinem Grab. Das war so ein merkwürdiger Picknickort, aber doch ein sehr überzeugender. Und so viel Hoffnung, wie ich dort gehabt habe, habe ich in meinem Leben sonst selten gehabt.
Haben Sie sich wohlgefühlt dort, in diesen »Totenreichen«?
I. A.: Ja, manchmal mehr als in den lebendigen Reichen.
In der Wiener Schule »Sacré-Cœur« fragte ich nach Ihnen; Sie hatten diese Schule besucht. Man verleugnete Sie dort zunächst, bis nach einer halben Stunde Gespräch doch zugegeben wurde, daß Sie diese Schule besucht hatten.
I. A.: Das liegt zum Teil an der Zeit, die ja doch seither vergangen ist. Zum Teil vielleicht auch daran, daß ich mich einmal geweigert habe, etwas über das »Sacré-Cœur« zu schreiben, das hat seine Gründe gehabt. Aber es war trotzdem ein sehr großer Zauberort und ein sehr zentraler Kindheitsort. Und daß ich jetzt nicht dort gewesen sein soll, das überzeugt mich noch mehr davon.
Fast scheint es, als wären Sie bemüht, möglichst keine Spuren zu hinterlassen?
I. A.: Das hat mein Mann geschrieben: »Nur keine Spuren hinterlassen«.
Gilt dieser Satz auch für Sie?
I. A.: Ich hoffe.
Oder wäre es wichtig, Spuren zu hinterlassen?
I. A.: Nein, wenn man keine hinterläßt, hinterläßt man sie.
Wie läuft das ab, wenn Sie eine Geschichte beginnen?
I. A.: Ein Satz, von dem ich das Gefühl habe, daß er weiterführt. Es fallen einem auch genug ein, die nicht weiterführen.
Was geschieht mit denen?
I. A.: Ad acta!
Was regt Sie vor allem an, etwas zu schreiben?
I. A.: Es sind meistens Orte. Ich bin wahnsinnig mit Orten konfrontiert, sie können mich zur Verzweiflung bringen und wegzerren von mir selbst; aber sie können mich auch eben dorthin bringen, wo ich unbedingt hin möchte.
Es gibt auch viele Häuser, zu denen Sie einen starken Bezug haben. Welchen Ort würden Sie zuerst aufsuchen in einem Haus?
I. A.: Die Küche. Als nächstes vielleicht, wo ich schlafe.

Wie ist es mit den Speichern, den Kellern?
I. A.: Die sind sehr wichtig. Aber die kommen ohnehin von selbst auf einen zu.
In der Erzählung »Wo ich wohne« geht es darum, daß eine Person in einem Mietshaus Etage für Etage langsam immer tiefer wandert.
I. A.: Das ist die Geschichte einer alten Wiener Wohnung, in der ich viele Jahre gewohnt habe und in der sich für mich eigentlich die Geschichte auch erfüllt hat – so, daß man zum Schluß ganz im Keller ist.
Können Sie das erläutern?
I. A.: Ich fürchte, nein. Meine Schwester hat nur einmal gesagt: das Unheimliche an Häusern ist nicht, wie viele fälschlich annehmen, ihre Vergangenheit, sondern ihre Zukunft.
Und als Sie im Keller angelangt waren?
I. A.: Also normalerweise steigt man ja aus Kellern wieder heraus, obwohl ich nicht weiß, ob es immer richtig ist.
In Ihren Texten kommen Dinge vor, die ich umschreiben möchte mit Bedrohung, Angst, auch Verunsicherung. Woher kommen diese Dinge?
I. A.: Sie kommen wahrscheinlich von sehr tief. Und ich glaube, sie kommen von vielen Generationen her. Die Angst kommt von der Verfolgung. Abgesehen davon, daß sie schon ein Urphänomen aller Menschen ist, kommt sie doch in speziellen Fällen von Erlebnissen her, die sich weitergeben. Aus den Ghettos. Man soll die Angst nicht unterbewerten, denn sie bewirkt vieles. Sie kann auch Gutes bewirken. Aber auch viele Mißverständnisse und immer neue Ängste, die sich immer weiter selbst zur Welt bringen. Man muß versuchen, damit fertig zu werden. Aber das ist vielleicht überhaupt die Aufgabe in diesem Leben.
Wodurch setzt sie sich fort über die Zeit?
I. A.: Ich weiß nicht; ich habe von ganz niederen Tierarten gehört, die immer im selben Licht herumschwirren, um ihr Futter zu bekommen, obwohl das Futter nicht mehr dort ist. So kann ich mir vorstellen, daß auch die Angst bei den höheren Tierarten sich fortpflanzt.
Im Hörspiel »Knöpfe« gibt es ein Geräusch hinter der Wand. Was bedeutet es?
I. A.: Es taucht immer auf, wenn das Phänomen der Verwandlung sich vollzieht: die Verwandlung in etwas Unvorstellbares; in etwas, das nicht mehr wechseln kann, nicht mehr leben kann, in Knöpfe eben.
Hilft es, dies zu beschreiben?

I. A.: Ja, das kann erlösend sein.
In »Meine Sprache und ich« sprechen Sie sehr nah von Ihrer Sprache.
I. A.: Meine Sprache ist etwas, was ich fast persönlich nehme, weil sie so auf mich gestoßen ist, mich aus allen Berufs- und Zukunfts- und sonstigen Plänen verdrängt hat und mir eigentlich nur die Wahl gelassen hat, sie anzunehmen oder nicht. Inzwischen bin ich ihr dankbar geworden und langsam nimmt dieses Gefühl zu.
Welche Eigenheiten hat sie?
I. A.: Nicht auf Wünsche einzugehen. Und genau zu sein. In einer Art, die ich mit Definieren bezeichnen würde, wenn Definieren nicht schon zu sehr definiert wäre. Aber ich habe Schreiben immer als Definieren empfunden, das heißt: ohne Auslassung zu sagen, was eine Sache ist.
Und Ihre Sprache ist immer da, bei Ihnen?
I. A.: Sie läßt mich absacken, wo sie kann. Sie kommt nur dann, wenn ich sie gerade nicht brauchen kann.
Eine widerborstige Sprache, die mich an ein willensstarkes Kind erinnert.
I. A.: Ja, das ist ein guter Vergleich.
Wie ist es heute? Arbeiten Sie mit der Sprache?
I. A.: Ja, oder sie mit mir.
Müssen Sie auf sie warten? Ist Schreiben schwieriger geworden?
I. A.: Doch, oft. Es ist eine ungeheure Umwandlung im Gange. Es ist alles viel ungenauer geworden. Und da das Schreiben auf Definition und Genauigkeit beruht, wird das immer schwerer. Es ist eine ungeheuer unscharfe Zeit geworden. Es ist auch eine weniger naive Zeit als zum Beispiel die 50er Jahre. Vielleicht weil weniger auf bestimmte Hoffnungen gründet.
Die Geschichte »Herodes« gehört sicher zu den Geschichten mit den eigensten Farben. Wie ist sie entstanden?
I. A.: Wie jede meiner Geschichten: mit dem ersten Satz. Und dem zweiten und dritten und vierten Satz, wo man immer vorsichtiger werden muß, weil man merkt: das ist schon Schicksal, diese Sätze. Ich habe manchmal zu meinem Mann gesagt, ich weiß nicht, was der Herodes in dieser Voralpenlandschaft soll, er irrt immer im grünen Schlafrock über so halb mit Schnee bedeckte Hügel und er gehört ja eigentlich in die Wüste und zwischen Palmen, Königspaläste. Und dann hat sich diese Geschichte geneigt. Aber ich wußte nicht, ob es der Herodes ist, von dem jeder Mensch weiß, oder nicht. Dann ist

mein Mann für kurze Zeit nach Spanien gefahren. In Frankreich hat er in einem Hotel einen Prospekt gefunden von einem romanischen Kirchgang. Am nächsten Tag ist er dahin gefahren, und der alte Mönch, der ihn herumgeführt hat, sagte abschließend: Und außerdem ist das hier der Ort, wo Herodes mit seiner Frau verbannt war und gestorben ist. Und es war genau diese Voralpenlandschaft, die ich geschildert habe.
Das erfuhren Sie erst, nachdem die Geschichte bereits fertig war?
I. A.: Ja, lange danach. Und das hat mir sehr zu denken gegeben.
Kinder spielen eine sehr große Rolle in Ihrem Werk – das Kind, das erst durch den Tod zum freien Spiel, zur Freiheit, gelangt. Was bedeuten für Sie Kind und Spiel?
I. A.: Die Höhepunkte der Existenz. Deshalb halte ich den Verlust der Kindheit für einen viel größeren Verlust als das normale Altern. Das hat alles seine Schwierigkeiten und Tragiken. Aber der Verlust der Kindheit ist damit nicht zu vergleichen. Weil das Spielen und die Kindheit die Welt erträglich machen und sie überhaupt begründen. Wahrscheinlich tauchen deshalb so viele Kinder bei mir auf: weil es ohne sie unerträglich wäre.
Was bedeutet dann das Altern?
I. A.: Es ist ein geringerer Verlust.
Wenn Sie zurückblicken: rundet sich für Sie etwas?
I. A.: Zurück zur Kindheit rundet sichs.
Wie empfinden Sie die heutige Zeit, die 80er Jahre?
I. A.: Ich habe mich vor den 80er Jahren immer gefürchtet. Die 70er waren noch so gemütlich dagegen. Die 80er Jahre sind eine schwierige, schon von der Zahl her bedrohliche Zeit, kommt mir vor. Aber da kann man sich ja irren. Aber sie sind schon eine besonders hervorgehobene Zeit, und ich werde froh sein, wenn es auf die 90er zugeht.
Ist heute diese Bedrohung, die in Ihren Texten spürbar wird, näher gerückt?
I. A.: Nein, diese erste Bedrohung ist eine andere Bedrohung. Es ist eine viel schwerere Bedrohung an ihre Stelle getreten. Die Bedrohung der Auflösung, was man jeden Tagen sehen kann.
Was ist Ihre größte Angst für die Zukunft?
I. A.: Daß die Jugend keine Hoffnungen mehr hat.
Und Ihre Hoffnung?
I. A.: Daß die Jugend Hoffnung hat.
In Ihren Geschichten spielt der Tod eine große Rolle: als ein Akt der Befreiung, ein Akt hin zum Leben-Können.

I. A.: Ja, ich fürchte mich nicht davor. Das Weggehen der anderen ist die viel größere Furcht als das eigene. Ich hoffe, die Weggegangenen helfen mir. Aber das ist eine Hoffnung.
Sie haben geschrieben, daß es möglich ist, die Toten ein zweites Mal sterben zu lassen, wenn man sich nicht ihrer erinnert.
I. A.: Der Satz ist nicht vollständig. Denn unsere Erinnerung genügt nicht; die Toten müssen sich an uns erinnern, darauf kommt es an. Wir erinnern uns natürlich auch an die Toten, aber es muß ein Gegenspiel sein.
Und wenn das nicht geschieht?
I. A.: Da muß man den Mut haben, sich ins unbetretene Gebiet zu begeben.
Was bedeutet für Sie »Schweigen«?
I. A.: Das Schweigen gehört für mich zum Wichtigsten auf der Welt, weil es nicht etwas Leeres, sondern etwas Erfülltes ist. Es hängt eng mit dem Tod zusammen, mit einem erfüllten Tod. Es hat auch mit dem Schreiben sehr viel zu tun. Jeder Satz, den man schreibt, muß durch ungeheuer viel ungeschriebene Sätze gedeckt sein, weil er sonst gar nicht dasteht.

(Das Gespräch wurde 1986 in Frankfurt und Stuttgart anläßlich eines Fernsehporträts geführt. Mit Ilse Aichinger sprach Manuel Esser. Textredaktion: Samuel Moser.)

II
Bildteil
Einundzwanzig Fotos

Ilse 1926/27

Mutter und Vater mit Ilse und Helga 1921 (*links*)

Mutter, Dr. Beate Aichinger 1931

Helga und Ilse (*rechts*) mit dem Vater in Gmünden 1928 (*links*)

Mit Freunden von Lichtenburg, Attersee 1932
(Ilse: *2. Reihe ganz links*, Helga: *2. Reihe ganz rechts*)

Im Skikurs 1934

Ilse (*links*) und Helga

Die Großmutter 1937

Der jüdische Friedhof in Wien

Der Tisch, an dem »Die größere Hoffnung« entstand

Ilse, Helga, Helgas Tochter Ruth, Barbara König (*von links nach rechts*) in Attersee in den 50er Jahren.

Die Brücke, über die der grüne Esel kommt

Mit Günter Eich und Heinrich Böll
auf der Tagung der Gruppe 47, 1952 (Foto: dpa)

In San Sebastian

Inge Aicher-Scholl (Foto: dpa)

Lenggries 1957

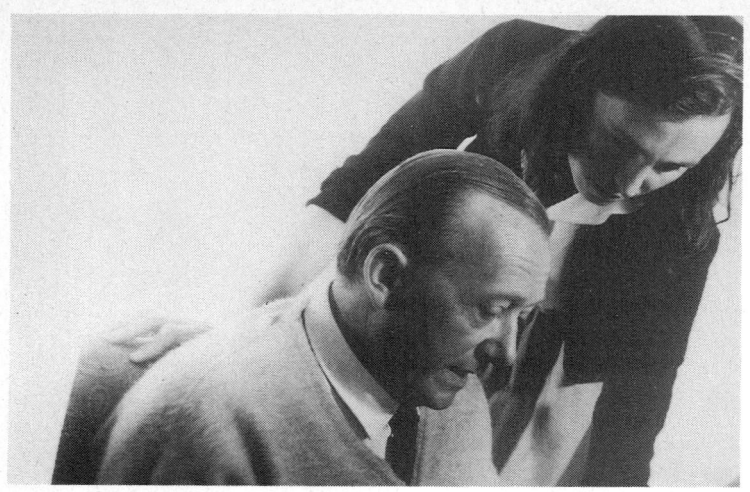

Mit Günter Eich auf Sylt 1958

Das Haus in Großmain

(Foto: Hilde Zemann)

(Foto: Hilde Zemann)

Mit Günter Eich in Tegna 1971

III
Gesamtdarstellungen

WERNER WEBER

Ilse Aichinger

Im Jahre 1948 kam ihr erstes Buch, der Roman *Die größere Hoffnung*. Der Titel traf eine Daseinsstimmung – so gut wie derjenige von Wolfgang Borcherts Spiel eine traf, *Draußen vor der Tür*. Eine neue Generation nahm das Wort. Eben noch war »deutscher Roman« ungefähr so viel gewesen wie *Doktor Faustus, Das Glasperlenspiel, Die Stadt hinter dem Strom, Das unauslöschliche Siegel, Das siebte Kreuz*. Und Kafka kam auf. Und Musil und Broch traten deutlicher hervor. Da setzte sich Ilse Aichinger durch, siebenundzwanzigjährig, eine der Jungen. In Wien geboren, in Linz und Wien herangewachsen, erfuhr sie während der Besetzung Österreichs durch die Truppen Hitlers, was Verfolgung ist. Aus diesen Erfahrungen lebt der Roman *Die größere Hoffnung*. Ein Kind (Ellen) bestimmt den Erzählraum, wo der gelebte Alltag in schwere Träume übersetzt, die Todesnot in bös-schimmernde Märchenschleier geschlungen wird. Die Tatsachen einer bestimmten Schreckenszeit laufen als ein harter Grat durch die Gleichniswelt hin, welche der Erzähler baut; dann und wann bricht eine Mitteilung durch und zeigt an, worauf die Gleichnisse gründen. Ob er Arier sei, fragt beispielsweise ein Offizier den Jüngling. »Dein Haar ist schwarz und gekraust, du bist ein Fremder!« schreit ein Dorfkind. Wer ist fremd? Wer gehört dazu? Das Kind Ellen steht zwischen den Fremden und denen, welche »dazugehören«. Es erfährt, daß der Name Mensch für den Menschen nicht mehr genügt. Nach den Weisungen verbrecherischer Machthaber ist er verraten worden: es gebe richtige und unrichtige Menschen. Der Riß läuft durch Ellens Familie: Die Mutter wurde aus dem Lande gewiesen; der Vater dient bei den Machthabern. Es gab Kindertransporte, Rettung über die Grenze; es gibt Verschickung in Marter und Tod. Aus dem Lautsprecher: »Wer fremde Sender hört, ist ein Verräter, wer fremde Sender hört, verdient den Tod.« Tage und Nächte werden von der geheimen Polizei überwacht. – Das sind Mitteilungen aus einer benennbaren Notzeit; Hitler-Zeit in der Gleichniswelt des Romans. Ellen ist über die ordentlichen Besuchsstunden hinaus auf dem Konsulat geblieben, um dort ein Visum für die Ausfahrt zu erlangen, Erlaubnis zum Schritt aus dem Bereich des Todes in denjenigen des Lebens. »Der Haifisch und der Wind, die haben auch niemanden, der für sie bürgt, aber der Haifisch und der Wind, die brauchen auch kein Visum«, sagt sie. Und der Konsul antwortet: »Wollen wir jetzt sprechen wie vernünftige Leute?« Das Kind willigt ein – und erzählt die Geschichte von dem Haifisch, singt ein Lied und erzählt weiter. »Wäre es nicht möglich, daß du alles geträumt hast?« fragt der Konsul. Nein, geträumt ist nichts – die Mutter ist ausgewiesen, die Kinder spielen nicht mehr mit Ellen. Und einmal wird Ellen wachend, träumend diese Geschichte finden: Die Mutter in Amerika arbeitet als Kellnerin in einem Club. Wenn sie von der Arbeit nach Hause kommt, ist sie müde. Niemand wartet auf sie. Da beginnt sie zu stricken: »Und sie strickte aus ihrer Sehnsucht eine runde rote Mütze mit einer langen Quaste für den Wind. Sie strickte jede Nacht, aber die Sehnsucht nahm nicht ab und die Mütze wurde so groß wie ein Heiligenschein, aber rot...«

So ist in der Erzählweise Ilse Aichingers der Tag in den Traum und der Traum in den Tag verhängt. Die Seele spendet vielsagende Bilder in den Vorrat der Erfahrung. Die Wirklichkeit ist in leise Drehung versetzt; Abbild wechselt ins Inbild und löst sich wieder heraus. Es ist die Geste des suchenden Wiederholens in einem Dasein zwischen Verrat und Verkündigung – »Die Wolken reiten Manöver, mitten im Krieg reiten sie Manöver, reiten toll und tänzelnd und tief über den Dächern der Welt, tief über diesem Niemandsland zwischen Verrat und Verkündigung, tief über der Tiefe«. Im Gehen und Kommen, im Flüchten und Einkehren ist die Bilderreihe des Totentanzes mitgedacht und mitgefühlt; Tanz auf der Grenze, so beschwert von der Angst wie beschwingt durch die Hoffnung. Ilse Aichingers Dichten ist ein Melden von der Grenze unter dem Zeichen des Todes, welcher dem Menschen beim Leben über die Achsel zuschaut – bereit, das tötende Wort in ein Ohr zu flüstern oder die Hand auf eine Schulter zu legen. Auch der Roman *Die größere Hoffnung* ist mehr als ein Zeitbericht; er deutet am Beispiel einer geschichtlichen Katastrophe – Zerstörung des Menschen unter dem Terror des Nationalsozialismus – den Menschen auf der Grenze überhaupt, auf der Grenze zwischen Haft und Erlösung, Kränkung und Würde, Angst und Vertrauen. Wo läuft die Grenze durch? Zwischen Erde und Himmel. Sie ist die Horizontlinie, weit abgerückt und wieder nah, doch nur erreichbar durch den

Sprung, bei welchem der Tod hilft. Im Roman *Die größere Hoffnung* heißt es: »Schweigend standen die Kinder vor der aufgeworfenen Erde. Es schien ihnen plötzlich, als wäre es der letzte Ausweg, der hier zu Ende ging, der letzte Weg, um über die Grenze zu kommen...« Juden mußten den Stern tragen. Der Stern war der Tod. Nein, der Tod ist der Stern: »Laßt euch nicht irreführen... das ist alles, was ich euch raten kann: Geht dem Stern nach! Fragt nicht die Erwachsenen, sie täuschen euch, wie Herodes die drei Könige täuschen wollte. Fragt euch selbst, fragt eure Engel.« Wiederum löst sich aus einem Verhängnis in der Zeit (Judenstern) das zeitfreie Gleichnis: der Judenstern wird Zeichen der nie verratenen Treue zum Dasein vor der Grenze zwischen Leben und Tod; ein Bundeszeichen im Schmerz, ein Erkennungsmal für die Herzenskraft zu Leid und Opfer. Leid und Opfer brechen den Geist und die Seele nicht, sondern befähigen sie zum Hoffen, welches größer ist als das Hoffen auf Schlichtung im Lebenstag: Erlösung durch vollkommene Treue im Opfer. »Ich bitte dich«, sagt das Mädchen, »was auch immer geschieht, hilf mir, daran zu glauben, daß irgendwo alles blau wird. Hilf mir, über das Wasser zu gehen, auch wenn ich hierbleiben muß!« Und nach dem Weg durch Verrat und Qual versteht sie eben diesen Weg als einen Anlauf zum Sprung: Hinüber! Ins erfüllte Opfer, wo der eine Menschenname wieder genügt und ungeteilt in seiner Würde gelten kann. Aber dieser Sprung, bei dem der Tod hilft, wird im Denken und im Gestalten Ilse Aichingers nicht zur bequem wiederholbaren Notfigur. Äußerste Verfolgung rief äußerste Kraft des Opfers wach. Heilung in der Gabe zur größeren Hoffnung auf den versöhnenden Geist. Dieses Wissen löscht in den Gleichnissen Ilse Aichingers nicht aus; es gibt dem Alltag die genauen Schatten, mit denen die innerliche Gegend erst deutlich wird.

Ungeduld und Geduld der Seele im Aushalten des Lebenstages bestimmen bei Ilse Aichinger den Gang der Sprache. In der Erzählung *Rede unter dem Galgen* steht dafür ein Schlüsselwort: »...Noch immer hat der Himmel mich nicht für leicht genug befunden, daß ich den Boden unter meinen Füßen verlieren darf, weiter muß ich auf Steinen gehen, auf dieser Erde, die mich nicht fest genug an sich zieht, als daß ich in ihr ruhen könnte, und mich doch nicht zu anderen Sternen läßt!« Und in diesen Zusammenhang gehört auch das Bild aus der Erzählung *Der Gefesselte*: Ein Mensch erwacht und sieht sich gebunden. Die Schnur läuft um seine Glieder – nicht so straff, daß man sich nicht zu rühren vermöchte; aber zu straff, als daß man sich bewe-

gen könnte. In Ilse Aichingers Dichtungen ist eine Rede auf den Menschen in Fesseln verborgen, Rede ohne Behauptungen, jedoch bestimmt durch den Gedanken an die Schuld, welche dem Menschen zugeboren ist als seine Last und Würde. Auch das gehört zur größeren Hoffnung: diese Last und Würde gegenüber dem Verrat und der vollkommenen Würdelosigkeit im gleichgeschalteten Dasein als einen unveräußerlichen Besitz zu behaupten. In einer unheimlichen Tönung zwischen Grauen und Scherz entwickelt Ilse Aichinger diese Sorge im Hörspiel *Knöpfe*. Frauen stellen Knöpfe her, immerzu Knöpfe. Und werden selber Knöpfe. Der Chef sagt zu einer von ihnen, man könnte den neuen Knopf feiern – und »zugleich den Augenblick... in dem Sie nichts dachten, Ann. Sie sollten ihn nicht vergessen.« Wie sieht der neue Knopf aus? Wie ein Knopf. Das sei bei Knöpfen der beste Vergleich. Gibt es noch mehr solcher Knöpfe? Von Knöpfen gibt es immer viele, und einer ist wie der andere. Die Arbeiterin Ann durchschaut es und macht sich frei:
»Bill:
Bei uns hätten Sie Arbeit, Ann, und keine schwere. Sie kommen um halb neun und gehen um halb sechs. Sie sind eingearbeitet und alles ist Ihnen vertraut. Und am Wochenende bekommen Sie Ihr Gehalt. Sie sind geborgen.
Ann:
Ich weiß, zuletzt in Fächern.
Bill:
Bei uns wären Sie sicher, Ann!
Ann:
Weil ich Ihnen sicher wäre. Wie Jean.
Bill:
Wenn Sie jetzt gehen, gehen Sie für immer.
Ann, schon aus der Ferne:
Ich gehe, Bill!«
Der Mensch, welcher sich so gegen die Enteignung behauptet, wird den Mitmenschen im Gespräch entdecken, verstehen und denselben in der Eigenart, die zu seiner Freiheit gehört, auch gelten lassen. Die Brücken vom einen zum andern ertragen nur den einzelnen. »Wollten wir nicht miteinander zu den Brücken, Jan?« fragt Ellen im Roman *Die größere Hoffnung*. Und weiter: »Oder meinst du..., daß man allein zu den Brücken muß? Du allein und ich allein, jeder für sich?« Aber da ist dann das Gespräch zwischen dem einen und dem andern auch schon über das Leben hinausgeführt: der einzelne ist jetzt stark

zum Gespräch mit dem Tode, fähig zum Opfer des Selbst. Er tritt in den Ort ein, welcher den *Knöpfen* verschlossen bleibt. In den Ort, wo (wie Ilse Aichinger in ihrem Roman sagt) »die geschmolzenen Glocken Anfang und Ende zugleich läuten«, wo »die Sekunden enthüllt sind«, wo »der letzte Abschied zu Ende ist und das Wiedersehen beginnt«, wo »endlich alles blau wird«. Soll man in diesem Zusammenhang von einer romantischen Erwartung reden? »Blaue Blume?« Laue Luft? Kommt blau geflossen? Eros und Thanatos in einen Strom gelöst; Wonne, welche das Dasein melodisch zum Tode geleitet? Man muß sich an den Ort des Novalis oder an denjenigen Eichendorffs denken, um zu merken, wie anders das Blau getönt ist für die Generation, welche weiß und es nicht vergißt, daß unter blauem Himmel die Vernichtungsöfen geheizt wurden. Wo die geschmolzenen Glocken den Anfang und das Ende zugleich läuten.

In der Kunst Ilse Aichingers läuft die Zeit nicht ab; es waltet schwebende Gegenwart, in welcher das Älteste so neu ist wie das Neueste alt; in welcher der Traum so wirklich ist wie die Wirklichkeit geträumt; in welcher der Wahn so genau ist wie das Genaue irr. Das sind nicht Ilse Aichingers Erfindungen. Das »expressionistische Jahrzehnt« ist ein expressionistisches Halbjahrhundert geworden, in welchem manieristische Findlinge aus früherer Zeit weithin sichtbar auf den Hauptplätzen der Literatur liegen. Ilse Aichinger kennt diesen Vorrat an Formen und Tönen. Woran erkennen wir sie selber in dem, was sie dichtet? An einer Melodie wie aus Kinderwelt – nicht kindlich. Die Kinder in Ilse Aichingers Dichtwerk sind lebensvolle Zeichen für die Seele, welche der Vernunft nachgeht, sie einholt und instand setzt, wieder an den Mann im Mond zu glauben. Verrückte Welt sagt hier wahr. In der Erzählung *Der Hauslehrer* ist bei den Erwachsenen nur Entsetzen über den von Stimmen gepeinigten Mann; sein Wahn ist ihr Grauen. Aber sein Wahn ist das Entzücken des Kindes. »...Noch als der Hauslehrer, von drei Männern gebändigt, erschöpft, mit Schaum vor dem Mund in den Rettungswagen geladen wurde, suchte der Kleine ihnen in die Arme zu fallen... Und sooft seine Eltern später sagten: ›Wenn wir damals nicht rechtzeitig gekommen wären –‹, fiel er ihnen zornig ins Wort: ›Wir wollten doch nur spielen!‹ Und er mißtraute den Erwachsenen.«

Seele, begriffen als ein grenzenloser Spielraum, in welchem das Leben kein Herkommen kennt, nur das Schweben unendlicher Erfahrung in der Gleichzeitigkeit. So kann die Bootsverleiherin im Hörspiel *Besuch im Pfarrhaus* vor Kindern reden. »Mein Krokodil träumt vielleicht noch bei der Biegung am Wäldchen und springt im Schlaf nach Hasen...« Ilse Aichingers Einbildungskraft scheint mit krasser Willkür zu schalten – und es zeigt sich, daß sie den Übergang vom Willkürlichen zum Notwendigen leistet, von welchem Paul Valéry sagt, daß er den souveränen Akt des Künstlers überhaupt darstelle. Valéry (in *Degas Danse Dessin*): »Nichts Schöneres als der gespannteste Wille, das wachste Empfinden sowie das Wissen..., – wenn sie Hand in Hand gehen und, für eine kurze Zeitdauer, jenen Austausch zwischen dem Ziel und den Mitteln, zwischen Zufall und Auswahl, Substanz und Akzidens... herbeiführen...« Durch solches Hand-in-Hand von Wille, Empfinden und Wissen ist Ilse Aichingers Sprache bestimmt, in welcher die Wesen nüchtern da sind und doch wie Phantome scheinen. Sie dichtet die Tatsachen und zugleich deren Transparenz; sie dichtet »das Blau« (»Was auch immer geschieht, hilf mir, daran zu glauben, daß irgendwo alles blau wird«). Banale Diesseitigkeit, meßbare Verhältnisse kippen in Wahn und Traum hinüber; oder Wahn und Traum werden in der banalen Diesseitigkeit fest. In solchem Kippen hinüber, herüber ist eine Groteske versteckt, welche uns zu überraschen vermag; und in den künstlerisch höheren Lagen ist darin das Komische enthalten, welches uns lachen läßt und im Augenblick, wo das Lachen sich durchsetzen möchte, soviel Trauer, Angst und Schrecken ausschickt, daß sich das Lachen selber verbietet. Im Hörspiel *Knöpfe* ist der schwere Ernst des Gedankens großartig in dieses Mutmaßen zwischen dem Weinen und dem Lachen verlegt – »Vielleicht ist alles zum Lachen«, sagt Ann, die eben das Schreckliche streifte. Nicht immer ermöglichen die von Ilse Aichinger gewählten Gleichnisse den Wechselzug von Tagwissen und Traumerfahrung, von Banalität und Wunder, von Ansicht und Durchsicht mit derselben Natürlichkeit. Manchmal wirken sie eher effektvoll-technisch als kunstvoll-selbstverständlich. Ein Beispiel: Der Knabe auf dem Ferienplakat (in der Erzählung *Das Plakat*). Von ihm heißt es: »...Der Junge hatte keine Ahnung, was Sterben war, aber es brannte plötzlich wie ein Wunsch in ihm. Sterben, das hieß vielleicht die Bälle fliegen lassen und die Arme ausbreiten, sterben, das hieß vielleicht tauchen oder fragen, sterben hieß, von dem Plakat springen, sterben – jetzt wußte er es – sterben mußte man, um nicht überklebt zu werden.« Das ist eine der Stellen, wo die Banalität sich nicht erlösen ließ. Banales wird von der Sprache mit Anruf und Frage behelligt, doch nicht in Sinnbild verwandelt. Es bleibt beim Zureden. Ilse Aichinger kennt die schwierige Füllung der Sprache, in welcher Wille, Empfinden und

Wissen die melodische Zone zu schaffen vermögen, in welcher sich Anstrengung und Lässigkeit spielend verwechseln, so daß gelten darf, was »der Vers« (im Traumgespräch *Flüchtiger Gast*) dem Mädchen über sich selber sagt: »Ich muß mich heute abend auf meine Decke legen und jemanden erwarten, der mich nicht sucht.« Eben unter dieser Spannung des Unwillentlich-Willentlichen, des Ungesucht-Gesuchten kommen die dichterischen Funde Ilse Aichingers bis in kleinste zu ihrem Licht. Ein Beispiel (aus der Erzählung *Der Gefesselte*): »Die Pferde träumten im Stehen, und die Raubtiere schienen, noch im Schlaf zum Sprung geduckt, die Traurigkeit unter den Fellen zum Ausbruch zu sammeln.«

Das ist immer mehr als der Wortwitz, der gelegentlich auftaucht – in der Skizzenfolge *Seegeister*: »Hier legt man ihre Not noch als persönliche Note aus...« Bei solchem Machen läßt sich Ilse Aichinger nicht so sehr von der Erfahrung leiten, daß Sprache der erste und der letzte Ort des Lebens ist; daß ihre Reinheit die Reinheit des Lebens, daß ihr Licht das Licht des Lebens ist. Falsche Sprache schafft Obdachlosigkeit, rechte Sprache gewährt Unterkunft. Solche Erfahrung hat Ilse Aichinger aus der Katastrophe des Sprachverrates im totalen Staat gezogen. »Wer von euch ist kein Fremder?« – steht im Roman *Die größere Hoffnung*. »Juden, Deutsche, Amerikaner, fremd sind wir alle hier. Wir können sagen ›Guten Morgen‹ oder ›Es wird hell‹, ›Wie geht es Ihnen?‹, ›Ein Gewitter kommt‹, und das ist alles, was wir sagen können, fast alles. Nur gebrochen sprechen wir unsere Sprache. Und ihr wollt das Deutsche verlernen? Ich helfe euch nicht dazu. Aber ich helfe euch, es neu zu erlernen, wie ein Fremder eine fremde Sprache lernt, vorsichtig, behutsam, wie man ein Licht anzündet in einem dunklen Haus und wieder weitergeht.«

Den Geräuschen des Tages lauschen, als seien es Akkorde der Ewigkeit. Unter dieses Wort von Karl Kraus dürfte auch die Arbeit Ilse Aichingers gestellt werden. Ihr Ziel: Durch inniges Genausein im Hinhören die Sprache gewinnen, welche die Folgerichtigkeit des Bezeichnens übersteigt und Zeichen stiftet; rhythmisch-melodisches Sinnspiel im Raum des Erinnerns; Spiel der Stimmen. Die Form »Hörspiel« zeigt nur deutlicher an, unter was für einem Gesetz diese Kunst insgeheim überhaupt steht. Es ist am Ende das Gesetz, nach welchem die kindliche Seele ihre Zählverse formt, magisch unsinnige Folgen in rhythmischen Schüben, deren Bilder einen Sinn umkreisen, doch nicht fassen. Im Spiel *Hohe Warte* steht:

»Erster Zwerg *schlüpft aus einer der Flaschen, die neben der Gartenmauer zu einem Berg gestapelt sind.*
Zweiter Zwerg: Nun? Wie ist es?
Erster Zwerg: Töne: Kla-vier-ü-ben.
Zweiter Zwerg *kichert*: Quer durch die Gärten?
Erster Zwerg: Quer durch.
Zweiter Zwerg: Und das Licht?
Erster Zwerg: Absinkend: heißt auch Nachmittag.
Zweiter Zwerg: Brav gelernt! *Muß laut lachen.*
Erster Zwerg: Still! Bleib still in der Flasche!
Zweiter Zwerg *noch immer lachend, nur leiser*:
Gut gehorcht!
Erster Zwerg: Gut gehorcht. *Er besteigt einen Berg vorjährigen Laubes, legt die Hand auf die Brust, pathetisch*: Geboren aus dem letzten Rest, gehorcht durch den offenen Hals, behalten für – *stockt, bricht ab.*
Zweiter Zwerg *begeistert*: Behalten für!
Erster Zwerg *nachdenklich*: Für?
Zweiter Zwerg *nach der Melodie eines Kinderliedes*: Behalten für, für, für! Behalten für, für für! Behalten –«
Nach der Melodie eines Kinderliedes: so ist insgeheim das Dichtwerk entworfen, in welchem Ilse Aichinger den Ort des Menschen »zwischen Verrat und Verkündigung« mit Sorge, Vertrauen, Liebe – mit der größeren Hoffnung bedenkt.

KARL KROLOW

Laudatio
Zur Verleihung des Nelly-Sachs-Preises 1971

Sind wir noch »aus solchem Zeug, wie das zu Träumen« – wir Literatur-Konsumenten oder Literatur-Verächter, die die literarischen Träume totgesagt haben, während die Literatur – beflissen – immer dingfester wurde, immer handfester, vielleicht aus Unsicherheit, immer rabiater, nicht nur aus Protest? »Und drei sind eins: ein Mensch, ein Ding, ein Traum.« Das steht in den *Terzinen über Vergänglichkeit* und stammt von Hofmannsthal. Der es schrieb, war jung und seine Zeit war eine andere, bis zur Unkenntlichkeit andere als unsere Zeit. Dazwischen liegt *mehr* als dreiviertel Jahrhundert. Zwei Weltkriege, zum Beispiel. Die Konzentrationslager, zum Beispiel. »Und Träume schlagen so die Augen auf« – vergängliche Terzinen. Man hat inzwischen gelernt, den Träumen die Augen zuzudrücken, die Augen zu verbinden, wenn es glimpflich war. Man war nicht zimperlich, auch nicht in Hofmannsthals Land, in Österreich, in Wien. Vergebliche Terzinen deshalb? Hinfällige Zeilen jedenfalls, diese Zeilen von einst.
Unter ihrem Schutz könnte Ilse Aichinger aufgewachsen sein, in Wien. Man schrieb 1921, als sie dort geboren wurde, aber ihre Kindheitsjahre im nahen Linz verbrachte, ehe sie in Wien das Gymnasium besuchte und dort maturierte. Ich möchte Ilse Aichinger nicht mit Hofmannsthal in Verbindung bringen, aber ich möchte sie doch – einen Augenblick lang – in Beziehung setzen, in Beziehung zu diesen süßen, wissenden, schwermütig-labilen Gedichtzeilen eines Mannes, der auf der Höhe seines Ruhmes stand, als sie geboren wurde und aufwuchs in einem unruhigen Lande, zwischen den Kriegen, und ehe der erzwungene Anschluß an dieses Reich kam. Sie war ein junges Mädchen, zu dieser Zeit, und die Familie bekam Zeitgeschichte und Reichsgeschichte zu spüren, und sie erlebte das alte Erlebnis unter Menschen früh, als erstes und schlimmes, das sie weder vergessen konnte noch wollte: daß der Mensch des Menschen Wolf sei, mit Nachstellungen, Quälerei und Tod.

Sie vergaß nicht und schrieb auf, was nicht zu vergessen war. Ein Roman entstand, ein begonnenes Medizinstudium wurde abgebrochen. Ihr Leben – könnte man sagen – bekam mit Literatur zu tun. Sie war eine Zeitlang Verlagslektorin, eine Zeitlang auch, zusammen mit Inge Scholl, an der Ulmer Hochschule für Gestaltung tätig. Ich begegnete ihr vor bald zwanzig Jahren anläßlich der Tagung einer literarischen Gruppe in Niendorf an der Ostsee. Sie war schon bekannt – ihr Roman war erschienen, vier Jahre zuvor, *Die größere Hoffnung*, und hatte sie in die damalige literarische Diskussion gezogen, bekannt neben zwei Unbekannten, die gleichfalls zu dieser Tagung gekommen waren und sich zum erstenmal einer kritischen Musterung unterzogen: Ingeborg Bachmann und – aus Paris kommend – Paul Celan. In jenem Frühjahr 1952 bekam sie dort den Preis der Gruppe 47. – Man muß sich das – als einen Augenblick unserer Literaturgeschichte – zwei Jahrzehnte sind ein enormer Zeitraum – ins Gedächtnis zurückrufen, ehe ich auf Hofmannsthals Zeile zurückkomme, auf dieses »Und Träume schlagen so die Augen auf« – das auf vieles von dem, was Ilse Aichinger getan hat, was sie schrieb seit der *Größeren Hoffnung* und der *Rede unter dem Galgen*, seit dem *Gefesselten*, so unbedingt zuzutreffen scheint.

Aber was ist – bei näherem Zusehen – zutreffend in solcher Vergleichung? Nichts ist so unwiderrufbar individuell wie Geträumtes, nichts so boden- und bedingungslos auf die Person bezogen, die träumt, die ihren Traum von der Angst vorm Leben und Sterben notiert, den Traum der weit aufgerissenen Augen, der schreckhaft vergrößerten Pupillen, kein Blinzeltraum von diesem und jenem, keine Gaukelei, kein Halbschlafspiel und Halbschlafvergnügen. Es ist der Traum von der Wahrnehmung einer anderen Wirklichkeit, sozusagen der zweiten Wirklichkeit, die in einer zweiten, nicht metronomisierten Zeit geschieht und in der Realität nochmals wiederkehrt – ein Revenant, ein Steinerner Gast, unabweisbar, aber verändert, aber anders, Traumerscheinung, fremde Erscheinung mit erkennbaren Merkmalen, Märchenerscheinung und nochmals boden-los.

»Wäre es nicht möglich, daß du alles geträumt hast«, wird das Mädchen Ellen in der *Größeren Hoffnung* gefragt. Nichts ist geträumt, mitten im Traum, bei Ilse Aichinger, der Schrecken nicht und die Schönheit nicht, die beide gewiß nicht bei ihr mit Händen zu greifen sind. Nichts läßt sich bei ihr – oder fast nichts – auf diese Weise fassen. Niemandem ist so beizukommen. Da entzieht sich das Wesen, der Junge, das Mädchen, die Puppe, der Gegenstand, die Landschaft, die

Zeit, die Geschichte – das alles entweicht und kehrt in eine Fremde zurück, aus der es – mit Hilfe von Worten – von ihr hervorgelockt worden war, in die Fremde des Für-sich-Seins, in der man am besten, am *nächsten* mit allem verkehren kann, in einer Art Geister-Verkehr. Sie ziehen sich an den Ort zurück, wo sie bei sich bleiben können, an dem sie allein auf sich selber verwiesen sind: den Märchenort der Ortlosigkeit, eine hochstilisierte, eine literarische Örtlichkeit gewiß, nicht topographisch bestimmbar, niemals ausweisbar, gleichwohl vorhanden. Ein Ort, für den gelten könnte, was das Mädchen Ellen einst erbeten hatte: »Ich bitte dich, was auch immer geschieht, hilf mir, daran zu glauben, daß irgendwo alles blau wird. Hilf mir, über das Wasser zu gehen, auch wenn ich hierbleiben muß.« – Der überblaue Ort der Phantasie – keine Gegend mehr für blaue Blumen von einst. Das nicht. Ein Ort, den man wie auf einem Vexierbild suchen muß, und der – hat man ihn gefunden – vexiert. Ein Ort demnach, der kein Ruheort ist, sosehr er danach aussieht, ein Ort bestenfalls für eine Ruhe auf der Flucht, eine phantastische Niederlassung des Übergangs.

Kein idyllischer Ort, sosehr er nach Zauberort aussieht, nach Brüder-Grimm-Ort. Doch weiß man, daß die Märchen böse sind. Ein verrufener Ort demnach? So auch wiederum nicht, es sei denn, das Gewohnte komme an ihm in Verruf, das Übliche, das Einsehbare, das Unabänderliche. Ein versteinerter Ort und ein Puppen-Ort, ein durchaus artifizieller Ort und eine Zuflucht der Empfindlichkeit, von der aus es sich noch fühlen läßt, mitfühlen und nachfühlen. – Solche Orts-Beschreibung gibt etwa die *Puppe* in *Eliza Eliza*:

»Wie viele Gelöbnisse brauche ich jetzt noch, wer soll mich wecken, wer mich wieder holen? Denn ich liege nicht im Schlaf, ich bin so warm wie kalt, ich bin den Schmerzen entwendet, den Gefahren, den Liedern der Heiligen. Keine Pförtnerstube wird mich aufnehmen, und es wird kein Gespräch darüber geben, ob ich erlaubt sei oder nicht, ich werde auch nicht blindlings in der Früh die Schatten der Glockentürme über den großen Vorhängen wahrnehmen, um bald erhoben zu werden, nein, nichts von alledem. Es scheint mir jetzt, daß nur mehr die Richtungen, die hinter mich führen, offen sind, mit ihren Luftzügen, ihrem Unbekannten, ihren unverlockenden Farben. Mit den aufbrechenden Gärten, von denen ich so wenig wissen möchte. Ich kann jetzt nicht mehr enden, keine Gosse im Frühlicht, kein Graben, über den die Erlen streifen, und das Brausen der Wagen zur Seite, nichts wird mich verhüllen, kein Sumpf, der meine hellen Füße bewahrt. Nur diese Truhen, leeren Fächer, Lavendelgerüche, und bald vergesse ich, wem ich ge-

höre, vergesse das Vergessen und das Vergessen vergißt mich. Von da an wird mich holen können, wer mich möchte.«
Das ist Beschreibung einer Lokalität und eines Zustandes, der »zu keiner Stunde« vorhanden ist, ein Ort der vollkommen offenen Richtungen, ein vollkommen poetischer Ort. »Es wird kein Gespräch geben, ob ich erlaubt sei oder nicht.« Dieser Ort freilich ist von höchster Zulässigkeit, da er ein durchaus künstlicher Ort ist und bleibt, ein Ort der – wie man gesagt hat – »freigesetzten Zeiten« meinetwegen, der kindlichen, magischen, unverlierbaren und unablässigen Zeit, geschaffen für die unablässige Poesie, die ihn – in Form von Prosa, aber das ist im Grunde sekundär, die literarischen Formen sind im Werk von Ilse Aichinger seit *Wo ich wohne* und *Eliza Eliza* abgebaut worden – mit Hilfe von Worten erkundet. Ein Ort schließlich, mit Worten geschaffen und für die Worte, die beim Wort genommen wurden, gründlich und einfach, nach Kinder-Art, ein Kinder- und Sehnsuchtsort, an dem immer noch Ilse Aichingers Mädchen Ellen sitzt und strickt: »Und sie strickte aus ihrer Sehnsucht eine runde, rote Mütze mit einer langen Quaste für den Wind. Sie strickte jede Nacht, aber die Sehnsucht nahm nicht ab, und die Mütze wurde so groß wie ein Heiligenschein, aber rot...«
Werner Weber hat einmal gesagt,[*] daß in der Kunst Ilse Aichingers die Zeit nicht ablaufe, sondern daß eine schwebende Gegenwart herrsche, ebenso wie das, was sie geschrieben habe, »ein Melden von der Grenze unter dem Zeichen des Todes« sei, »welcher dem Menschen beim Leben über die Achsel zuschaut«. Sicher ist, daß es ihr nicht auf festgelegte, geregelte Zeit ankommt, so wenig wie auf die eindeutige Situation, die eindeutige Szenerie gar. Szene, Zeit, Augenblick, Landschaft, menschliches Verhalten zu bestimmten Handlungen und Geschehen werden jeweils durchlässig gemacht und in ein »Jenseits« von kausalem Zusammenhang und registriertem Zeitablauf versetzt. Diese »Drehung«, wie Weber das genannt hat, ist für mich eher entschiedener Transport, eine Aufgabe von Realien, von erkennbaren Zuständen, wenn schon hier und dort, Innen- und Außenwelt derart voneinander geschieden gesehen werden sollen.
In dem, was Ilse Aichinger geschrieben hat, war von jeher wenig voneinander geschieden und unterscheidbar, wenig voneinander getrennt: das Ende nicht vom Anfang. Vom Ende, vom Tod her hat sie das Leben – etwa in ihrer berühmten *Spiegelgeschichte* – aufgesucht und gefun-

---

[*] Vgl. S. 75 ff.

den. Und gleichsam vom Rücken der Dinge und der Schicksale her ist sie an ihr Erzählen gegangen, an ihre Expeditionen, die sie mit jenem träumerischen Mute unternahm, den ihr einst Joachim Kaiser nachsagte, einem Mut, der träumerischer Protest, träumerische Revolte war gegenüber dem dingfesten Leben, gegenüber der Resolutheit des Sichtbaren, Erkennbaren, Beweisbaren. »Wohin willst du? Nach Hause? Glaub ihnen doch, wenn sie sagen: es ist hier und es ist dort. Was suchst du? Es ist unauffindbar«, heißt es gegen Ende der *Größeren Hoffnung*. Die in träumerischer Unruhe gehaltene Prosa – wie ihre Szenen- und Hörspielkunst, ihre Stimmenführungskunst etwa in den *Knöpfen* – ist ein Traumreden und -wandeln, das nicht in Passivität und passivem Ungefähr, in passiver Ungenauigkeit der rêverie beharrt. Es will entdecken, aufsuchen, Land entdecken und Land nehmen. Es ist auch nicht auf schieres Bild und Gleichnis aus, auf schieres Symbol, auf schieres Modell und modellhaften Mythos. Es will durchaus etwas Absolutes. Es will es mit Hilfe der Sprache, mehr und mehr, daher der »Rückzug« aus der epischen »Geräumigkeit« des frühen Romans in sogenannte Kurzprosa oder wie immer man das Uneinordbare von *Wo ich wohne* und *Eliza Eliza* benennen mag.

Zum Absoluten gehört bei Ilse Aichinger der unablässige Versuch, das Unschreibbare – das Unbeschreibbare ohnehin – zu schreiben, zu fixieren, festzuhalten, indem man es angeht, es in – immer wenigeren – Sätzen zu befestigen, als gäben Sätze Halt, wo sie doch bestenfalls Anhalt geben können, was sie weiß, was sie erfahren hat. Sie unternimmt es dennoch und schreibt auf, was sich entziehen will: Fremdes Dasein, fremd belassen, nicht metaphorisiert, nicht durch schönen Kunstgriff angenähert, belassen in der Entrückung, in der Entfernung, die verbaliter nicht überwunden werden kann, jedenfalls nicht durch Beschreibens-Annäherung. Sie verzichtet auf die Neugier, die hinter Identität, hinter Erscheinung kommen will. Sie überläßt ihre Wesen, ihre Personagen sich selber: in *Eliza Eliza* auf diese Weise den *Vater aus Stroh* wie das *Milchmädchen von St. Louis*, die Maus und die Hirten, den grünen Esel und die Puppe wie den Engel.

Das geschieht mit einer Art Gelassenheit, die mit allem rechnete, mit einem Geltenlassen, dem Geltenlassen jenes »tiefen Raums, in dem während der Kindheit... die Szenen abliefen« und deren Dimension die »erwachsenen Leute« verloren haben, wie Ilse Aichinger einmal es anläßlich einer theoretischen Äußerung – solche Äußerungen sind bei ihr äußerst selten – formuliert hat, oder – wie es in ihrem Prosastück *Nach mir* heißt: »Legen wir alles zusammen, wir wissen, daß die

letzten Nachmittage immer schon angebrochen waren, das Mückenzeug fing sich darin, Schritte der Neunjährigen auf fremden Terrassen, Eisschieberstöße, Stöße von Holz, Holz fuhr aneinander, mir stand alles offen. Manchmal ein Geflüster, das mein Kopf durchbrach, rasch dahin und ich segnete es ein. An Regennachmittagen die Berichte von Papierfabriken und Steinbrüchen, Bilanzen früherer Jahre (die späten haben mich nie verlockt)... Die Gewöhnungen an den Tod sind verschieden...«
Geltenlassen als geheimes Bescheidwissen, geheimes Miteinander-Verständigtsein, schließlich im Blick auf den zu erwartenden Tod, auf diese Rechnung, die aufgeht, Bilanzen früherer Jahre – eine ganz typische Aichinger-Wendung – das Aufsuchen dessen, was war, Kindheit, junge Jahre, das Aufsuchen der Kinder, die in ihren Erzählungen immer wieder im Mittelpunkt stehen, im Mittelpunkt einer ihnen gehörigen Welt – »nach der Melodie eines Kinderliedes« – nach der Weise eines Märchentextes, der aus dem Nichts entsteht, aus dem Alltag mit seinen Zufällen und seinen Verrichtungen, seinen Verschrobenheiten und seiner individuellen Einsamkeit, aber Alltag – sagte Werner Weber und meinte damit den Alltag der *Größeren Hoffnung* – »in schwere Träume übersetzt, die Todesnot in bös-schimmernde Märchenschleier geschlungen«.
Aus dem Alltag dieser frühen Bücher ist Ilse Aichinger später immer weiter fortgegangen. Sie hat die märchenhaften Kräfte ihrer Gestalten, ihrer Figuren, die sich immer deutlicher zu Figurinen zusammenziehen, gefördert, indem sie sie immer mehr aus dem täglichen Verkehr zog und immer inniger in den poetischen Raum als einen intensiven Sprachraum versetzte. Sie hat ihnen Stimmen mitgegeben, die einander immer vernehmlicher angleichen. Alles wirkt wie aus dem gleichen Sprechraum entlassen und ist es wohl auch in den letzten Prosabänden. Sie hat dabei die Einzelheiten nicht aufgegeben, hat vielmehr ihre Aufmerksamkeit bis ins Winzige, den winzigen Gegenstand, erweitert. Die kurzen Prosa-Berichte von *Eliza Eliza* sind geradezu vom Schauder des winzig Konkreten angerührt. Durch solches genaue Hinsehen, Hinhören, das nicht zwanghaft wird, nicht zum Tic entartet und ebensowenig zur Draperie, zur poetischen Staffage, erhält sich Ilse Aichingers Sprache an ihrem verletzlichen Leben, kräftigt sich ganz unmerklich ihre Labilität, ihre zarte Konstitution, schützt sie sich wohl auch vor allem, was sie widerlegen könnte, schützt sie sich vor – Sprachlosigkeit, die gewiß auch hier droht und durch das Filigran mancher Sätze scheint.

Das Wort, das auf diese Weise das Wort behält, könnte man sagen, nicht in Verstummen, in Schweigen endet, das Wort, dem sein Stoff nicht ausgeht – die Träume, die zu Tage liegen, die allgegenwärtig sind, die schlimmen Träume, die verheerenden Träume, die Tag- und Nachtmahre und die guten Träume, die das Blau dichten, kein Romantikerblau mehr, ein Blau, das sich vom Schwarzen abgelöst hat und in die Schwärze zurückfallen kann! »Und Träume schlagen so die Augen auf« –: ich komme nochmals auf Hofmannsthals Gedichtzeile. Sie ist mit vergleichsweise großem Augenaufschlag geschrieben, einem melodischen Augenaufschlag. Ilse Aichinger kennt dagegen den erschreckten, den jähen Aufschlag der Augen, die mitansehen müssen, die mitangesehen haben und mitansehen werden. Sie kennen den zeitlosen Schrecken, der wiederkehrt und sich aufs neue ereignet. Nicht lediglich die Müdigkeit, die Morbidezza des großen Österreichers. Diese Träume scheuten sich nicht, sich mit der Wahrheit zu konfrontieren, auch und gerade mit der politischen, deshalb auch mit Hitler und was ihm folgte, darum auch mit Nachstellungen und Terror.

Die märchenhaft entrückte Sprache Ilse Aichingers in den verschiedenen Phasen, die sie seit dem Roman von der *Größeren Hoffnung* durchgemacht hat, ist der Wahrheitssuche dicht auf den Fersen geblieben. Darum durfte sie damals Hoffnung hegen, und über den umkämpften Brücken – am Ende des Romans – stand der Morgenstern. Darum auch konnte sie zwar fragen: »Wer von euch ist kein Fremder? Juden, Deutsche, Amerikaner, fremd sind wir alle hier. Wir können sagen ›Guten Morgen‹ oder ›Es wird hell‹, ›Wie geht es Ihnen?‹ ›Ein Gewitter kommt‹, und das ist alles, was wir sagen können, fast alles. Nur gebrochen sprechen wir unsere Sprache. Und ihr wollt das Deutsche verlernen? Ich helfe euch nicht dazu.« Sie fährt dann fort: »Aber ich helfe euch, es neu zu erlernen, wie ein Fremder eine fremde Sprache lernt, vorsichtig, behutsam, wie man ein Licht anzündet in einem dunklen Haus und wieder weitergeht.«

»Es scheint mir jetzt, daß nur mehr die Richtungen, die hinter mich führen, offen sind«, heißt es bei der *Puppe*. Diese Offenheit, diese Freiheit zum Offenen, zum Traum, der nicht tatenlos bleibt, zum Märchen, das neben mir und in der Sprache beginnt, ist es, für die sich Ilse Aichinger bereitgehalten hat, seit sie schreibt.

ELISABETH ENDRES

Ilse Aichinger

Als Ilse Aichinger 1952 bei der Tagung der Gruppe 47 in Niendorf vorlas und dann auch den Preis der Gruppe erhielt, wurden literarische Vergleiche gezogen. Immer wieder fiel der Name Franz Kafkas, und einer der diskutierenden Literaten erlaubte sich die Fehlleistung, von ›Fräulein Kafka‹ zu sprechen, um sich natürlich sofort zu verbessern. Die Dame hieß nicht so, aber sie schien wenigstens so zu schreiben.
Verständlicherweise hat sich Ilse Aichinger gegen diese Fixierung zur Wehr gesetzt. Sie ist keine Epigonin, also auch keine Kafka-Epigonin. Das stimmt, eine direkte literarische Traditionslinie führt nicht von Kafka zu Aichinger. Wobei freilich mit Entschiedenheit festgestellt werden muß, daß Aichingers Dichtung sich jenseits der Grenzüberschreitung der Literatur befindet, die mit den berühmten Sätzen vollzogen wurde: »Nackt, dem Froste dieses unglückseligsten Zeitalters ausgesetzt, mit irdischem Wagen, unirdischen Pferden treibe ich mich alten Mann umher. Mein Pelz hängt hinten am Wagen, ich kann ihn aber nicht erreichen, und keiner aus dem beweglichen Gesindel der Patienten hebt den Finger. Betrogen! Betrogen! Einmal dem Fehlläuten der Nachtglocke gefolgt – es ist niemals gutzumachen.« So schrieb Kafka, als er im Winter 1916/17 die Geschichte *Ein Landarzt* vollendete, und diese Passage muß man im Ohr haben, wenn man sich mit der modernen Dichtung auseinandersetzt, also mit jener Literatur, die vielleicht aus anderen, aus zeitgeschichtlich begründeten Motiven heraus das Klima der Gegenwart des zwanzigsten Jahrhunderts mit dem ›Frost dieses unglückseligsten Zeitalters‹ gleichsetzt. Und zu dieser Literatur zählt Ilse Aichinger, die natürlich noch etwas mit Kafka gemein hat: sie vertraut dem Realismus nicht. Das, was uns verwundet, ist nicht durch spiegelbildliche Wiedergabe darzustellen. Sie verläßt sich auf Metaphern, auf eine irreale Wiedergabe der Welt.
Sie hatte, als sie in Niendorf auftrat, bereits einen Roman geschrieben, der 1948 in Amsterdam veröffentlicht worden war, aber erst später in

der Bundesrepublik Beachtung fand: *Die größere Hoffnung*. Hinter diesem Titel könnte man irgendeine Art von billiger Versöhnung, von heiler Welt vermuten. Aber das Buch erzählt vom Unheil dieser Welt. Das ›unglückseligste Zeitalter‹ läßt sich mit Daten einkreisen, es war die Nazi-Zeit – in der österreichischen Heimat der 1921 geborenen Autorin. Die Jugendverfolgung, der Terror der nächtlichen Verhaftungen, die Transporte in die Vernichtungslager, der staatlich befohlene Massenmord – sie machen die Welt aus, in der es ein kleines Mädchen namens Ellen gibt, das seinen Weg geht, der sich von der großen Hoffnung auf irdische Rettung zur größeren Hoffnung, dem Stern jenseits des Untergangs, zubewegt. In dieser Gestalt der halbjüdischen Ellen spiegeln sich autobiographische Momente: Ilse Aichinger war auch eines der »Kinder mit den falschen Großeltern«. Und daß sie einen nur allzu tüchtigen Nazi-Vater hatte, der die jüdische Mutter und sie verriet, machte die Lage auch psychisch schlimmer. Hier ist nichts mehr mit dem in diesem Fall allzu oberflächlich stimmigen Kontrast zwischen den Geschlechtern zu erreichen.

Halten wir uns an das zarte Mädchen Ellen, an ihre Träume und an die Träume der Gefährten. Da gibt es den Gang auf das Konsulat, das durch ein Visum die Flucht ins Ausland ermöglichen soll. Da wird Zuversicht ausgespielt, durch irgendeine Heldentat hofft man sich das Menschen- und Bürgerrecht ertrotzen zu können. Es kommt anders. Der vernichtend isolierende Judenstern ist nur eine Vorstufe zur allnächtlichen Angst, die schließlich Ellen und ihre Großmutter um das tödliche Gift kämpfen läßt. Für die Großmutter wird es die Erlösung.

Nichts wird beschönigt, nichts wird verschwiegen. Und doch findet eine Transsubstantiation statt. Das Unheile wird zum Boten des Heils: Ellens Hoffnung ist der Wind, ihr Tröster der Haifisch, der helfen kann, wie es nur Haifische können. Ellen sagt es dem Konsul: »Der für den Wind und für Haifische bürgt, der bürgt auch für mich.«

Das Irreale als Rettung. Judenkinder, die ein Weihnachtsspiel aufführen in der Hoffnung, damit die Gefahr bannen zu können. Es gibt Allegorien, und die leuchten stark. Man muß nur die Verfolgung verwandeln können; auch der Judenstern, das Zeichen der totalen Degradierung, wird zum Davidsstern, zum bethlehemitischen Stern. Ein älteres Mädchen ermahnt die Kinder: »Geht dem Stern nach! Fragt nicht die Erwachsenen, sie täuschen euch, wie Herodes die drei Könige täuschen wollte. Fragt euch selbst, fragt eure Engel.« Diese ima-

ginativ-symbolische Sprache beherrscht das Buch. Selbst Ellens Schicksal macht eine Verwandlung durch. Sie entflieht einem Deportationszug und gerät auf real nicht ganz durchschaubare Weise in die Gesellschaft von Dieben, Plünderern und schließlich von fremden Truppen. Aber ihre Gestalt nähert sich zusehends einer schwebenden Figuration der Hoffnung. Das Geschehen wird hinübergeführt in den Bereich der Bilder. Vielleicht kann eine solche Bannung der Geschichte nur von einem Menschen vorgenommen werden, der auf der Seite der Opfer stand. Ellens Ende ist traurig, ist tragisch. Sie gerät zwischen die Fronten im Kampf um Wien; sie soll einen Brief befördern, eine explodierende Granate tötet sie. Aber der Stern – leuchtet auf als der Morgenstern der größeren Hoffnung.
Nicht immer läßt sich die Zeitgeschichte so direkt aufnehmen. Doch der Raum des Irrealen bleibt erhalten. Hier wird die größere Hoffnung zur Figur – gezeichnet von den Stigmata der Zeit.
Männer und Frauen mußten den Fluch ›dieses unglückseligsten Zeitalters‹ erdulden. Aber vielleicht waren die Frauen empfindsamer. 1953 wurde das Hörspiel *Knöpfe* von Ilse Aichinger urgesendet. Die Hauptfigur dieser Dichtung, eine junge Fabrikarbeiterin, entkommt der drohenden Gefahr, die der automatischen Industrie entspricht. Sie wird nicht objektiviert. Das heißt, sie arbeitet zwar an der Herstellung von Knöpfen, aber sie geht nicht so in dieser Arbeit auf, daß sie sich schließlich wie ihre Kolleginnen in Knöpfe verwandelt. Ihr gelingt es, den Hexenbann der industrialisierten Welt zu brechen. Im Gegensatz freilich zum Ende des Romans *Die größere Hoffnung* mangelt es dem Schluß des Hörspiels *Knöpfe* am Glanz des Utopischen. Man ist gerade noch davongekommen in dieser wirtschaftswunderlichen Welt. Aber so schön die Sprache auch sein mag, so zauberisch die Wörter klingen – der Verrat ist stärker als die Verkündigung, vielleicht weil die Gefahr nicht so absolut ist.
Spürte Ilse Aichinger das, weil sie eine Frau war? Diese Frage läßt sich nicht leicht beantworten. Eine positive Antwort birgt die Gefahr in sich, daß die männliche Gegenseite die literarische Aufgabe der Frau reduzieren würde auf ein Aufspüren von Gefahren mit dem hinreichend bekannten Appell an die weibliche Intuition. Aber der literarische Rang von Aichingers Werk bedarf derartiger Appelle nicht. Die Linie, die von dem Erstling über den Erzählungsband *Der Gefesselte* (1953) und den Dialogband *Zu keiner Stunde* (1957) bis zu dem faszinierenden Buch *Eliza Eliza* (1965) und schließlich dem wichtigen Gedichtband *verschenkter Rat* (1978) führt, erweist sich als

Entwicklungslinie einer konsequenten künstlerischen Ausdrucksfähigkeit.
Sehen wir von dem Erstling ab, so finden sich in diesem Werk keine Bruchstücke einer persönlichen Konfession, es sei denn auf sehr raffiniert verschlüsselte Weise. Ilse Aichinger liebt die Irrealität, die im ursprünglichen Wortsinn außer-ordentlichen Begebenheiten und Situationen. In ihrer *Spiegelgeschichte* beginnt das Leben einer jungen Toten sich in der Zeit umzukehren. Alles rollt noch einmal ab, aber vom Ende dem Anfang zu. Das Mädchen verläßt den Sarg, das Krankenhaus; das Unrecht, das sie erlitt, schwindet hinein in die Stunden, bevor es geschehen war. Der Schmerz verliert seine Kraft, denn die Stunde, da sie ihren Freund kennenlernte, ist jetzt im Spiegel der verkehrten Zeit die Stunde des Abschieds. Das Verlernen muß erlernt werden. Die Todesstunde vermählt sich der Geburtsstunde. Und die ganze Geschichte wird in der zweiten Person erzählt: »Deine Geburt, du kommst zur Welt, du lebst... ›Es ist zu Ende‹–‹, sagen sie hinter dir, ›sie ist tot!‹ Still! laß sie reden!«
Die typische Geschichte einer Frau, deren Leben passiv ablief? Vielleicht! Ilse Aichinger geht es in erster Linie um den Zwischenbereich, um die Magie des Nicht-Faßbaren, das synästhetisch für die Verwirrung des Realen steht. Sein und Schein werden auseinandergerissen, in Antithese gebracht und auf scheinbar widersinnige Weise wieder zusammengefügt. Aichingers Helden und Heldinnen empfinden die Plage als Wohltat, sie fallen aus der Zeit heraus; die Häuser, die sie suchen, sind »aufgelassen im vorläufigen Sinn des Wortes. Besetzt im immerwährenden.«
Man könnte diese verkehrte Welt, die ausgetauschte Zeit mit aller Härte zu einer Decouvrierung der Infamie des Daseins emporstilisieren. Ilse Aichinger blieb dieser letzten Konsequenz ihrer Kunst gegenüber zurückhaltend. Sie liebt die Ambivalenz, den schwebenden Zustand, sie meidet die Brutalität der Extremsituation. Sie verliert sich dabei mitunter ins Vage, Unentschiedene. Aber sie findet zu einem neuen künstlerischen Ausdruck. Sie führt den Reichtum der möglichen Assoziationen unseres Wissens und unseres Gefühls in die Literatur ein.
Eliza Eliza (1965) ist ein großes Buch der deutschen Nachkriegsliteratur. Ilse Aichinger hat hier die Kunst des Irrealen in konsequenter Weise weitergeführt und in eine neue Qualität umschlagen lassen. Ich möchte für ihre Art der Darstellung eine Bezeichnung vorschlagen, die auf frühere Surrealisten auch zuträfe, die aber vor allem Ilse

Aichinger gerecht werden könnte: Es handelt sich bei ihr um die totale Chiffre. Da ist in der ersten Geschichte des Bandes etwas über einen Vater zu lesen, der sich auf dem Eis hält; er stellt sich vor als Eislandfahrer, als Gefährte Amundsens, als Kenner der unteren Meere. Und wer besucht diesen Mann im Eis? Natürlich ein schneeweißer Müller, der alles an Berufskleidung angezogen hat, was der Winterimpression entspricht.
Es gehört zum Wesen der Chiffre, daß sie mögliche Dechiffrierungen zuläßt. So könnte man denn auch Ilse Aichinger an dieser oder jener Stelle auf ein real Gemeintes festlegen. Aber damit täte man der Dichtung Gewalt an. Die Chiffre dieses Buches teilt jedem Wort eine Vielzahl von Dechiffrierungsmöglichkeiten mit und läßt es gerade dadurch im Bereich des Ungewissen.
Die hohe Sprachensensibilität der Dichterin offenbart sich in dieser Vieldeutigkeit. Ebenso leuchtet eine skurrile vis comica auf. Dies wird besonders deutlich in den märchenähnlichen Gebilden. So in der *Nachricht vom Tag*, die keineswegs das meint, was man sich auf den ersten Anhieb darunter vorstellt, vielmehr vom Tag, einer menschenähnlichen Person, einer Allegorie berichtet. Der Tag, in Rotterdam geboren, jagt über die ganze Welt auf der Suche nach drei Mädchen. Seine Erlebnisse sind mitunter heiter. In Alaska liest er ein Buch mit dem Titel: »Der gestirnte Himmel über uns, eine Astronomie in kurzen Zügen, für die Jugend bearbeitet und verlängert von einem Herrn Catskill«.
So belustigend derartige groteske Einfälle sich auch anhören mögen – Ilse Aichinger verliert sich nicht in sorgenlosen Wortspielen; sie ironisiert zwar die *Bauernregeln*, aber sie weiß, daß auch die Ironie die Welt nicht erlöst. Auch die Heiterkeit des irrealen Raums reagiert auf die seismographisch erfaßten Erdstöße. Die totale Chiffre stellt keine Flucht vor der Wirklichkeit dar, im Gegenteil, sie hat die Unsicherheit in sich aufgenommen. In der Geschichte von der Dame mit dem Fächer, in dem sich eine Familie eingenistet hat, deren jüngere Tochter Eliza heißt, öffnet sich die Tür zu einer vergangenen Katastrophe. Ist Eliza die verratene Gefährtin früherer Tage? Ist sie das verlassene kindliche Ich der Dame? Ist sie die weibliche Komponente von Ilse Aichinger? Vielleicht, man weiß es nicht so genau. Am Ende wird das Mädchen, das die Dame noch eben rettete, zum Zeitungsblatt, zum Faltspiel. Die Dame ist Eliza. Die surreale Welt setzt sich aus den Traumbildern der Angst und der Schuld zusammen.
Es gibt Phantasien über Herodes, den Kindermörder, den Gegenspie-

ler einer größeren Hoffnung. Es gibt eine Skizze über den *Querbalken*. Was ist er? Die fragende Person erhält viele Antworten, unsinnige, widersinnige Auskünfte. Er sei ein Schiffsbestandteil, eine alte, längst nicht mehr gebräuchliche Synagogenform. Und doch sind all diese Definitionen nur eine Flucht vor der einen Antwort, auf die »noch finstere Durchgänge« verweisen könnten. Ilse Aichinger fügt in Klammern hinzu: »(auf die Höfe der Staatsgefängnisse zum Beispiel, in denen die Galgen stehen.)« Also wir wissen doch, was Querbalken sind, oder nicht? Und was sie mit Synagogen zu tun haben – oder nicht?

Die von der Dichterin erfundenen, phantastisch ausgestatteten Welten des Irrealen sind keine heile Welten. Sie haben wohl ihren eigenen magischen Glanz; ihre künstlichen Ordnungen sind von einer Verzauberung bestimmt. Sie mögen manchmal an Schneekristalle erinnern, doch sie entstanden durch den Frost dieses unglückseligsten Zeitalters. Und vielleicht weiß eine Frau besser Bescheid über die Innenwelt der Außenwelt der Barbarei.

Ilse Aichinger, bekannt als Erzählerin, Verfasserin prägnanter Kurzprosa, als Hörspielautorin, hat selbstverständlich auch Gedichte geschrieben. Das nahm man hin. 1978, als das Buch *verschenkter Rat* erschien, erkannte man, daß Ilse Aichingers Gedichte wichtig sind. Dieser Band hat nichts mit Mode zu tun. Alles, was Ilse Aichinger gelernt hatte, was sie im Bereich des Irrealen und der totalen Chiffre formte, wurde hier zusammengefaßt, verkürzt, lakonisch und prägnant ausgedrückt. Bilder der Natur, Bilder des Wissens und der Überlieferung werden aneinandergereiht. Und die Worte ballen sich zusammen. Einer einzelnen Imagination sind Assoziationen zugeordnet. Die Mythen werden zurechtgebogen, der Heilige Martin wird aufgefordert, Schwert und Sattel zu lassen und dem Bettler, dem Ich des Gedichts, den ganzen Mantel zu geben. Das ist in jedem Sinn des Wortes verständlich, es ist bitter. Zum Abschluß sei das Gedicht zitiert, das sich *Spaziergang* nennt:

»Da die Welt aus Entfernungen entsteht,
Treppenhäuser und Moore,
und das Erträgliche sich verdächtig macht,
so laßt es nicht zu,
daß hinter euren Ställen die Eltern,
kurz auffliegen und glänzend
in die glänzenden Weiher stürzen,

daß euer Rauch noch steigt
vor den Wäldern,
lieber wollen wir warten,
bis uns die goldenen Füchse
im Schnee erscheinen.«

So verschränkt sich das poetische Bild denn doch zur Hoffnung, der Hoffnung auf das irreale Glück: goldene Füchse.

IV
Originalbeiträge

ILMA RAKUSA

Die Fremdsprache der Ilse Aichinger
Collagierte Splitter

> »Aber ich habe mich auf meinen Querbalken
> eingelassen und ich muß ihn bestehen.«

Variation: Aber ich habe mich auf die Sprache eingelassen und ich muß sie bestehen. Der Querbalken Sprache. Dieses sperrige Material, das mit der Sache, die es bezeichnet, partout nicht übereinstimmen will. Wult wäre besser als Welt. Arde wäre besser als Erde. Weil weniger brauchbar. Noch weniger brauchbar. Da die Wörter sind, wie sie sind, ist Vorsicht geboten. Lieber fragen, als wissen. Lieber suchen, als zum Naheliegenden greifen, zu dem, was auf der Zunge liegt. Daher der Querbalken. Der Querbalken auf der Zunge. Ist er überwunden, hat sich das Bessere davongemacht. Mitsamt den Zusammenhängen. Namensstaub? Worterweckung. Wagemut? Und ob.

I. Fragen

Umsonst und vorbei, der Mond hat umsonst geschienen oder nicht? Hat es viel Sinn gehabt, daß ihr die Balken schräg eingesetzt habt und die Lampen als Kugeln an die Hausmauer? Wird uns kein Dachsparren verraten, kein Rauch kein Eber? Wird uns kein Seiler und keine Taube grüßen und wird es uns nicht wärmer als Schatten sein? Was ist ein Querholz? Ist es ein Name oder ist es ein Herz, ein Zeugnis oder ein Zug zum Gesunden? Ist das nicht wesenlos? Der ungefähre Gleichklang der Vokale? Die ganze edle Reihe und wie sie mit Stricken nacheinander warfen? Geschenk, Geschenk? Ist es denn erlaubt, von Hasen zu sprechen, wenn es nur noch vier sind? Welche Zahl ist es, die den Namen schützt? Wäre es nicht möglich, die Pokken seitlich abzustreifen? An den dürren Föhren links und rechts? Wäre es dann nicht möglich, das Ganze abzuändern? Abzuändern? Ich meine: Pocken zur Mährenzeit? Ist das nicht ausgefallen? Beharrt der Schnee besser oder fällt er eher ab? Wie sollte ich Amen sagen, ehe ihr es sagt? Stoßen Sie den Karren nur hinein oder springen Sie mit, binden Sie sich vorher los von Privas oder nicht? Aber ich? Kenne ich mich? Mich – mich – mich – mich? Wie heißt die letzte Frage? Wie heißt sie? Soll man wieder beginnen, die alten rührseligen Geschichten zu erzählen? Das Mitleid heraufzubeschwören? Ob du zum Apfelreis tauchst oder zur abgesoffenen Klosterküche? Ob du noch was summst, wenn es dich hochspült? Hemlin, Hemlin, wo bist du? Wieviel Milch verdrängte Keats, der im Millimeterraum starb? Was hat Krikett mit zerriebenen Satteldecken zu tun, mit den Sammelbriefen aus Übersee? Wonach richtet man sich? Der Bund zwischen uns und uns, wollen wir ihm Ehre antun? Lösen wir ihn? Soll erweitert werden? Wer riet mir, mich an die Sprossen zu halten? Soll ich mich daran halten? An meine vierte zittrige? An meine liebste? Sehen, was sie kann? Wer sah Tyrrhus, sah den Korb? Wen, wessen Herzschlag, die Felle kreuzen, werden rasch vertauscht, wer sah ihn? Ist Melbourne in Ordnung? Die Finsternis, dann die Schlängelwege, zuletzt die Reihenfolgen, vor, haupt, nach, wie kommt das? Ist es jetzt finster? Ginger, Quadalupe oder Kumawi? Ermattet oder nicht, wer fragt dich, Blinder?

II. Komposita

Querbalken, Schiffsbestandteil, Synagogenform, Flußauen, Gittermuster, Schattenpflanze, Drachenwolke, Querholz, Kirchturmnähen, Kriegsspiele, Windspiele, Elcharten, Hirschkühe, Marsfelder, Sturmreste, Längsschiffe, Rosenkranzfeste, Zillenhölzer, Konditorssöhne, Altersheime, Hochzeitsurkunde, Ladenholz, Vogelherzen, Filzhund, Pflaumengärten, Grasmücken, Staatsgefängnisse *(Querbalken)*. Nordwestkanäle, Schneewolke, Bauernreise, Seeschwämme, Hagelschauer, Raketenhafen, Holzschuppen, Flickenteppich, Wetterwiege, Totenbilder, Heimatbilder, Pilgerkörbe, Spiegelbilder, Tempelgesimse, Binsenkraut, Pflugschar *(Bauernregel)*. Weißwaren-, Wurzelerzeuger, Hutständer, Flickerlichter, Ziegenhirten, Erntevorschriften, Fichtensprößlinge, Tanzfiguren, Oststürme, Maisgeruch, Spiegelfechter, Scherbenlichter, Alleebäume, Kohlmesser, Tempelquergänge, Maisstroh, Lichtstreifen, Staubwolke, Begräbnis-, Erschöpfungspausen, Eis-, Schotterhalden, Zephirluft, Steinblöcke, Höhlenbau *(Port Sing)*. Jagdgegenstände, Lederhocker, Westafrika, Pappdeckel, Schlangeninseln, Kranichschwarm, Mutterland, Hakenschuhe, Schwimmvögel, Wüstenlehrerin, Nußschale, Flossenschule, Sturmwind, Herzblatt, Tempelvorbau, Kompottlöffel, Kindertage,

Brackwasser, Löwenaugen, Vergißmeinichtsorte, Deckstauden, Missionsschulen, Leuchtfeuer, Generalsnamen, Hakenwürmer, Wüstenfüchse, Buntrock, Kehl-, Lippenlaute, Robbenfang, Affenbrot, Erdnuß, Wattebausch, Backwerk, Himmelfahrt, Holzlichter *(Die Schwestern Jouet)*. Fellhändler, Vaterländer, Namenssinn, Pulverdampf, Urväter, Stockschirme, Haarschleifen, Namensstaub, Papphülle, Kramläden, Kinderzeit, Schleckwerk, Wetterfahnen, Pestwolke, Speisewege *(Ajax)*. Westsäulen, Außenseiter, Strukturentwerfer, Jagdgegner, Westsäulenliebhaber, Schlachtfelder, Nichtsänger, Blechreste, Zwischenräume *(Die Liebhaber der Westsäulen)*. Schwitzkasten, Gewerbeschule, Spinngerät, Fluggerät, Gehgerät, Krückenausstellung, Netzflickermethoden, Rocksaum, Tollwütigenhorde, Kleiderständer, Tollwütigenanstalt, Kinderfuhrwerk, Kegelberg, Störsender, Warumheuler, Viehverwertungsanstalten, Lügengeschichten, Häkelschnüre, Bildungsanstalten, Brandstellen, Absaufkarte, Höhlengelächter, Kuhhäute, Schafkoppelpächter *(Privas)*. Geldscheinspitzen, Schalttafeln, Buspreislisten, Kapellengelée, Wasserstand, Rohrpost, Mastbienen, Restfrage, Imbißstätten, Viehzaun, Trompetenstöße, Lampentricks, Nadelöhre, Einziehnadelöhre, Roßhaarkurs, Teezeit, Zehenspitzen, Zoll-, Vermessungsämter *(Albany)*. Sehstörungen, Sektenbildungen, Gehbehinderungen, Südwestströmungen, Palmenstamm, Seehundsbänke, Rettungskommando, Morgenblätter *(Die Vergeßlichkeit von St. Ives)*. Kopfzerbrechen, Millimeterraum, Farbnachlaß, Satteldecken, Sammelbriefe, Schutzfarben, Meßband, Teilstriche, Vorlicht, Gewaltsache *(Surrender)*. Spinnwegfäden, Hohlzäune, Papprollen, Geheimsachen, Fetzenthemen, Strohmann, Scherbenhügel, Pappmühlen, Walkmühlen, Zundermühlen *(Bergung)*. Revolutionsarchitektur, Erdlochfrage, Rabenflügel, Steigbügel, Leitersprossen, Leiterwerk *(Sur le bonheur)*. Schwindelerreger, Kettenhemd, Leseanleitung, Nähfaden, Wortlaut, Stromtäler, Schneidertisch, Ringelschwänzchen *(Queens)*.

III. Eigennamen

Tina, Isaak, Auguste, Edison, Rahel, Adolphe, Ajax, Kensington, Peggy, Ellen, Penzance, Melissa, Albany, St. Ives, Wisconsin, Alissa, Auckland, Hemlin, Jenkins, Privas, Mary, Ambros, St. Louis, Thyrrus, Eliza, Litford, Muzot, Melbourne, Chrigina, Rahel, Dover, Denver, Ophelia, Greenberg, Anne, Cordelia, Quentin, Port Sing, Joe,

Kumawi, Quadelupe, Pedro, Joan, Galy Sad, Annie, Bilbao, Aaron, Silberschmidt, Mazarin, Koks, Reisnitzer, Irrgänger, Gloucester, Karfunkel.

Drei Dinge, die mir bei Ilse Aichinger besonders auffallen. Sie fragt, ohne verunsichert zu sein oder zu verunsichern – fragen = sagen = dem Zugriff der Träume aussetzen –, sie greift zum kompakten Kompositum, das ein Maximum an Bildhaftigkeit verspricht, um das Bild immer wieder hinter sich zu lassen – was ist ein Roßhaarkurs, ein Vorlicht, eine Mährenzeit? –, sie setzt Namen, die sich fremd und vieldeutig behaupten – Hemlin, ein Knirps, eine Stadt im Staate Jackson, eine von Veronese skizzierte Dame, ein Briefkopf, »eine Art unvernünftiger Freude aus in sich vernünftigen Anlässen«, ein Monument, »rund, macht Schwierigkeiten«.
Nicht Irritation, Verwunderung stellt sich bei diesen Wörtern ein, Verwunderung darüber, wie selbstverständlich sie sich behaupten. »Sie liegen offen. Intra muros. Sind da.« Da wie der Satz: »Hell ist wahr.« Keine Widerrede. Denn wer da spricht, hört nicht auf, aufzugeben. Surrender. Aus einer Position, die das »Minimum unterbietet«, die sich als »entfernbares Zwischendasein« oder als »mißratene Verzweiflung« bezeichnen ließe, entsteht Sicherheit ohne Apodiktik.
Die Poetik der Ilse Aichinger basiert auf dem Paradox, auf der Reduktion, auf dem »Schweigen«. Eine Poetik der Untertreibung: »die Kargheit messen«, »einschränken und zuschauen«, »zum Zweitbesseren übergehen«, »nebenbeisprechen«. Eine Poetik der »genauen Ahnungen« und der stillen Subversion: »Das heißt, im Spiel mit den Wörtern seine eigene Lautlosigkeit in die ihre einbringen. Das heißt in diesem Zeitalter, in dem alles erzählt und nichts angehört wird, alles auf den Kopf stellen. Der Erzählwelt Schweigen abfordern, der Welt, sich selbst, den Wörtern, den Klängen.« So erst gewinnen die Wörter »den Reiz, der eine späte Spielart der Notwendigkeit ist«.
Spiel als Notwendigkeit, Schreiben als Schweigen – »Ergebnis des genauesten, stillsten Hinhörens«. Der Horcher, der Träumer ist konzentriert. Kontrolliert? Auch das. Nicht alles taugt, was von weit her kommt, und Zweifel – an Balkonen etwa – ist angebracht. Guter Zweifel, der bewirkt, daß Wörter wie »Heu« oder »Schnee« zum plastischen Wortding werden, das sich gleichsam abtasten, abschmecken läßt, zu einem Fremdwort, zu einer kleinen Epiphanie.
Im Ruin der Zusammenhänge leuchtet das Wort. Neu und fremd.

Wisconsin und Apfelreis. Die Dame sinkt, die Bordüren krachen, sonst ist es schön still. »Bergung«, heißt das. Und es heißt, Privas sei »ein Schwitzkasten, eine Anstalt für tollwütige Lieblinge, sagen wir, ab vier«. Nichts, was dagegen spräche, im Gegenteil. Schon sind unsere Rockfalten tollwütig, schon sind wir da, wo Ilse Aichinger uns haben will: in Privas. Privatim, oder auch nicht, jedenfalls sind die Küsten nicht mehr weit, auch die Brandstellen nicht.

Der gebrannte Leser

Er weiß, daß »kein Wort ohne Widerwort, kein Spruch ohne Widerspruch« (Gisela Lindemann) bleibt, daß statt der Übereinkunft die Setzung gilt, die Widersetzung. Er schert aus – nicht in die Virtualität, sondern in die Aichingersche Wirklichkeit, eine kristalline Wortwelt, die nichts opak läßt. »Was sind Gründe? Was Gründe sind.« »Wie heißt die letzte Frage? Wie heißt sie? Ja. So heißt sie.« »Wie er ist? Ja so.«
Da die herkömmliche Logik sanft verabschiedet wird, haben solche Aussagen nichts Tautologisches. Der gebrannte Leser vertraut sich ihnen an; die Lust, sich ihnen nicht anzuvertrauen, ist ihm längst vergangen: wegen der Einsamkeit. Wird er nicht angeredet, befragt, zum Mitwisser gemacht, zum Co-Autor? Wenden sich die »schlechten Wörter« nicht beharrlich-dialogisch an seine Kompetenz? Er winkt gelegentlich ab, zielsicher müde, unsicher, ob er »alle Sprünge übersteht«. Doch beschworen ist verschworen. Ist »verzweifelt in einer unerhörten Freiheit«, auch das. Der gebrannte Leser liest, liest mitunter gegen jede Evidenz, und entdeckt »die Unausweichlichkeit der sprachlichen Erscheinung«, »den Tod zu ihren Seiten«. Das Schweigen. Die Angst. Und liest weiter. In freudigem Schrecken.
Eine Zumutung? Nein.

HANNA JOHANSEN

...aber das ist wohl nicht möglich.
Beim Lesen von Ilse Aichinger

Wenn es doch endlich einmal gelänge, in unsere Sprache ein Wort einzuführen, welches Denken und Fühlen nicht trennt. Ich habe es satt, mich immer für das eine und damit gegen das andere entscheiden zu müssen. Und wieviel Unglück ist erst dadurch entstanden, daß die Menschen auch danach gehandelt haben.
Mir ist es unbegreiflich, daß unsere Sprache einen Begriff für den ständigen Wellenschlag unseres Bewußtseins zu schaffen vergessen hat. Oder es hat ihn schon einmal gegeben, und unsere Vorfahren haben ihn verschoben, mit Absicht. Nachdem sie so viele Kriege als unvermeidbar empfunden und bis zum bitteren Ende durchgekämpft haben, traue ich ihnen das ohne weiteres zu. Das ist nicht so absurd, wie es klingt. Wer das Denken isoliert, um das Gefühl abzuspalten, der ist auch für jede andere Ideologie anfällig.
Statt einen neuen Begriff einzuführen, könnten wir uns auch jetzt und hier zusammentun und miteinander die Bedeutungen der Wörter, wie sie jetzt sind, verschieben: eine Bedeutungsverschiebung, wie es sie gibt, seit es Sprache gibt.
Ich schlage vor, das Wort »Denken« in die Mitte zu stellen, dorthin, wo es all die gewöhnlichen Bewegungen des wachen Bewußtseins bedeuten würde. Und wenn dann jemand die sehr begrenzte Tätigkeit meint, die wir heute denken nennen, obwohl dieses Denken ja kaum je wirklich vorkommt, dann könnte er dafür ein anderes Wort nehmen. – Und das Wort »Fühlen« könnten wir auch besser ausnützen als bisher. Wir würden es für den Hautsinn gebrauchen, der durch den heutigen Wortgebrauch so sehr im Schatten steht, wie wir uns das eigentlich gar nicht leisten können.
Dann würde die Gesamtheit unserer Körperwahrnehmungen zusammen mit unseren Erinnerungen und dem, was wir sonst noch wissen, die Grundlage bilden für das unablässige Denken unseres wachen Gehirns und seine Auseinandersetzungen mit der Welt.
Und dann gäbe es endlich eine Möglichkeit, sich auszudrücken, ohne

daß wir unweigerlich etwas vermissen, was wir für das Gegenteil zu halten gewohnt sind. Wo bleibt das Gefühl? Wo bleibt die Logik? Die hinter solchen Fragen stehenden Impulse können wir uns für ernstere Gelegenheiten aufheben.
Wenn ich etwas zu Aichinger-Texten sagen will, fällt mir als erstes dieser Charakter unserer Terminologie auf: Sie entstellt die Wirklichkeit unter dem Vorwand, sie zu ordnen.
Anders bei Ilse Aichinger: sie beginnt zu sprechen und läßt sich dann führen oder, wenn Sie so wollen, ablenken von den Dingen, die in der Nähe sind, sei es in der wahrgenommenen Außenwelt oder im wahrnehmenden Kopf. Sie weigert sich, kleine Dinge gering zu achten oder wegzuschieben. Und wenn sie es doch tut, entschuldigt sie sich dafür. Sie denkt sich in eine Schneise hinein und befindet sich naturgemäß dann im Wald und umgeben von Dingen, welche ein zielgerichtetes Handeln oder Denken ignorieren, beiseiteschieben oder zertreten würde. Und diese Dinge sind dann nicht nur in der Nähe, sondern wirklich nah und verdienen Aufmerksamkeit.
Das kann aus Rücksicht geschehen. Aber auch aus Verzweiflung oder aus Widerstand. Daraus folgt:
Wenn ich mir beim Lesen Zeit nehme, tue ich das mit der Hoffnung, beim Abwinkeln der Gedanken einem Geheimnis näher zu kommen.

»Um Bahnbedienstete oder sonst Leute, die die Brücke passieren, kümmert er sich nicht, er weicht ihnen höflich aus, und auch das Stampfen und Pfeifen der Züge, die zuweilen, während er darüber geht, unter der Brücke durchfahren, läßt ihn gleichgültig.«
Es ist die Rede von einem Esel, der »Mein grüner Esel« heißt. Der sich um die Menschen, die da ihrer geregelten Arbeit nachgehen oder in Geschäften unterwegs sind, nicht kümmert. Er stört sie nicht, weicht ihnen höflich aus, hat einfach nichts mit ihnen zu schaffen, ebensowenig wie mit den Eisenbahnzügen, so laut sie auch sein mögen.
Aber zum Hinunterschaun wendet er den Kopf, nicht wegen der auffällig vorbeidonnernden Züge, sondern wegen der Geleise, die immer da sind, notwendig für das Darüberfahren der Züge.
»Oft wendet er den Kopf seitwärts und schaut hinunter, auch zumeist dann, wenn kein Zug kommt, und nie für sehr lange. Mir scheint es, als wechselte er dann einige Worte mit den Geleisen, aber das ist wohl nicht möglich.«
Ein Satz, der mich immer von neuem beschäftigt. Warum ist das nicht

möglich? Weil Esel nicht sprechen können? Weil Geleise leblose Materie sind und weder zuhören noch antworten können? Oder weil es sich nicht gehört, die sprachlose und von uns Menschen einfach nur benutzte Materie ernst zu nehmen und eines Wortes zu würdigen?
Das sind meine Fragen. Der Text geht weiter, als müßte man gar nicht fragen. Als wäre ein solcher Wortwechsel wirklich nicht möglich in einer Geschichte, in der ein grüner Esel möglich ist, der jeden Tag beim ersten unmerklichen Nachlassen des Lichtes erscheint.
Und mit dem nächsten Satz ist sie scheinbar schon bei den Pragmatikern:
»Und zu welchem Zweck auch?«
Soll hier behauptet werden, daß so etwas keinen Zweck hat, nirgends hinführt? Sollen wir das glauben? Zugegeben, auf das Funktionieren des Eisenbahnverkehrs hätte ein solcher Wortwechsel keinen Einfluß. Aber wenn ich eine derartige Frage lese, erwacht mein Widerspruchsgeist. Ich will einfach nicht glauben, daß deswegen der Wortwechsel zwischen dem Esel auf der Brücke und den Schienen am Boden unterbleiben sollte. Ich fühle mich zu diesem Unglauben und der Unwilligkeit, das hinzunehmen, außerdem auch angestiftet durch den Text, durch die bemerkenswerte Beziehung zwischen den beiden Sätzen. Erst wird die Sache für unmöglich erklärt, und dann wird bezweifelt, daß es einen Zweck hätte. Was geschieht zwischen den beiden Sätzen? Trauer? Resignation?
»Ist er jenseits der Mitte der Brücke angelangt, so verschwindet er nach einigem Zögern, ohne umzukehren. Darüber, nämlich über die Art seines Verschwindens, täusche ich mich nicht.«
Das ist also kein bloßer Eindruck wie der, der Esel wechsle einige Worte mit den Geleisen. Das ist eine Gewißheit. Und dann heißt es:
»Ich verstehe das auch ganz gut, ...«
als sei da eine Enttäuschung oder doch wenigstens ein Nachdenken über etwas Unglaubliches vorangegangen.
»Ich verstehe das auch ganz gut, weshalb sollte er sich die Mühe nehmen und umkehren, da er den Weg doch kennt.«
Als ginge man Wege deshalb, weil man etwas noch nicht kennt und weil man wissen will, was es auf dem Weg Neues gibt. Das ist etwas anderes, als wenn man ihn nur ginge, um ein Ziel zu erreichen. Womit ich nicht sagen will, daß sich beides gegenseitig ausschließt.
Das Ziel ist im Weg enthalten.
Das ist einer von den Gedanken, die mir beim Lesen von Aichinger-Texten immer wieder in den Sinn kommen. Und bezeichnenderweise

gilt er zugleich für die Form und für den Inhalt. (Ich trenne diese Begriffe nur deshalb, weil es tatsächlich vorkommt, daß die Gebärde der Sprache etwas anderes mitteilt als ihre Worte.)

Es ist nicht möglich, eine Erzählung wie *Mein grüner Esel* mit anderen Worten zu wiederholen.
Wir wissen alle, warum: weil der Inhalt in der Sprache dieser Erzählung erscheint. Und das ist keine Erfindung der Kunsttheoretiker. Es ist klar, daß ich mein Kind nicht trösten kann in der Sprache der Aufsichtsratsmitglieder.
Und bei Ilse Aichingers Kunst ist das mehr als ein allgemeines Prinzip. Sie macht Ernst damit.
Der Ernst rührt daher, daß sie nicht mit der Sprache zu spielen wünscht. Deshalb nicht, weil es ihr um das geht, was sich dort ereignet, wo auch die Sprache ihren Ursprung hat.
Darum ist sie auch nie ironisch. Ironie wächst auf dem Boden einer uneingestandenen Feindseligkeit.
Die Bewegung der Gedanken sind der Verlauf der Geschichte. Das Umfeld der Gedanken und ihrer Elemente, der Wörter, machen den Raum der Geschichte. Wie groß die Geschichte ist, erfährt man beim Lesen. Und jeder Leser erfährt naturgemäß eine andere Geschichte.
In einer der Erzählungen heißt es:
»Dagegen begann ein breiter blaugrüner Lichtstreifen sich rasch auszubreiten; er überzog Roggen und Bohnenkraut, Himmel und Hölle und die Holzstücke vor ihnen.«
Hier dringt Hölle in das Bild einer vorgestellten Landschaft ein; einfach deshalb, weil in unseren Köpfen Himmel und Hölle eine fast unzertrennliche Verbindung eingegangen sind.
Hier wird nicht nach Kategorien getrennt, so wenig, wie sie in unseren Köpfen von Natur aus getrennt vorkommen. Wir zwingen uns nur gegenseitig dazu, uns das vorzumachen, weil wir meinen, sonst nicht überleben zu können.
Den Himmel der Landschaft und den der Religion voneinander zu trennen, wäre ein künstliches und nicht etwa ein realistisches Verfahren.
Bei einem Wort wie Hölle sieht man schon auf den ersten Blick, daß die Bedeutung, die es für einen Leser hat, sich nicht vorhersagen läßt. Das gilt natürlich auch für den Himmel. Und warum sollte es nicht für Roggen und Bohnenkraut und Holzstücke gelten?
Wir haben hier eine Gelegenheit, die Freiheit der eigenen Gedanken

wahrzunehmen und zu benutzen, statt uns einem Text einfach zu unterwerfen.

»*Bauernregel.*
Sie entsteht aus reiner Beobachtung. Man kann zum Beispiel nicht auf die Ballungen über den Nordwestkanälen Rücksicht nehmen, sie sind der Kontrolle entzogen. Nur einmal ging ein älterer Bauer los.«
So fängt es an. Der Bauer will mehr als den Wetterbericht. Er will an den Ursprungsort der Erscheinungen, mit denen er sich täglich herumschlägt.
»Er hatte Lust auf eine Schneewolke und auf die westschottischen Wälder, von denen es immer heißt, daß sie nicht beständig sind. Das war es, was ihn daran verlockte.«
Das Unbeständige verlockt ihn also. Kann ich das sagen? Ist es nicht schon falsch? Es heißt: »... die westschottischen Wälder, von denen es immer heißt, daß sie nicht beständig sind. Das war es, was ihn daran verlockte.«
Und einer Heimatgemeinde will er nichts verdanken:
»Totenbilder, Herbstbilder, Bilder über Betten, das alles war ihm schon immer zuwider gewesen.«
Er will weg. Und er hat seine eigene Methode: er selber, sein Sack und seine Rakete. Und seine Rakete funktioniert so:
»... daß ihr Ziel die Hälfte ihres halben Gegenteils ist und selbst das nur ungefähr. So kam er nach Mekka.«
Hier fangen wir an, mit den in unseren Köpfen vorhandenen Religionskategorien den Text zu begleiten. Und dann:
»In Mekka war das Wetter gut.«
Als Touristen waren wir, die Leser, auch schon unterwegs. Wir sehen uns die Bilder an:
»Eine Wallfahrt mußte gerade zu Ende sein, Reste von Pilgerkörben schwammen im heiligen Fluß und der Himmel war glasblau.«
Kein Problem, sich das vorzustellen. Vielleicht taucht noch der Gedanke auf an einen ausgesetzten Säugling in einem dieser Körbe, und was dergleichen mehr ist. Und dann:
»Ein Krokodil sah schläfrig über die Uferböschung.«
Nun beginnt eine Geschichte. Ich erwarte Handlung. Meine Erwartungen haben etwas mit den Wörtern Krokodil, schläfrig und Uferböschung zu tun.

»Der Bauer betrachtete es ruhig. Wäre er danach ausgewesen, so
wäre er jetzt am Ziel, ...«

Er wäre jetzt am Ziel, wenn er eine Pilgerfahrt hätte machen wollen,
um den Sinn seines Seins zu bekräftigen oder seinem Gott zu danken.
Oder hätte es etwas mit dem Krokodil zu tun? Hätte der Bauer sich
am Ziel fühlen sollen, nachdem nun durch jenen Auftritt eine Handlung ins Haus steht? Eine Geschichte? Ein Drama?

»Wäre er danach ausgewesen, so wäre er jetzt am Ziel, aber selbst,
wenn man voraussetzte, daß alles mit allem zu tun hatte, konnte
man das nicht gut behaupten.«

Natürlich könnte eine Frau, die eine solche Geschichte erfindet, auch
das noch behaupten. Ich vermute, diese Geschichte ist unter anderem
erfunden worden, um die Sache mit dem Ziel zu bestreiten.

»Zwischen den Körben schwamm ein ertrunkener Pilger den Fluß
hinunter.«

Vielleicht ein Mensch, der am Ziel war? Und eine Tragödie, daß er am
Ziel ertrunken ist? Oder ist ihm damit ein Wunsch erfüllt worden?
Oder etwas anderes?

»Pilger ertrinken oft, dachte der Bauer, während das Krokodil ihm
immer noch schläfrig zublinzelte. Pilger benützen Fähren und
Fähren gehen unter.«

Der Bauer in der Geschichte denkt nach und benutzt dabei das, was er
weiß, was er gehört und gelesen hat. Dann kehrt er von seiner Abschweifung zurück.

»Aber was hatte das mit dem Wetter zu tun?«

Schließlich war er losgegangen, weil ihn der angebliche Ursprungsort
des Wetters verlockte.

»Der Fluß war matt, von den ewigen Spiegelbildern der Tempelgesimse erschöpft. Und auch die Luft, die nichts spiegelte, war
matt.«

In unserem Kopf die Bereitschaft, uns das alles so vorzustellen, wegen
der vielen Dinge, die wir schon über den heiligen Fluß und über Mekka
gelesen haben, und trotz allem, da ja bekanntlich Mekka nicht nur nicht
am heiligen Fluß, sondern an überhaupt keinem Fluß liegt.

Wo befindet sich der Bauer? An einem Ort, wo kein Leben ist, wie im
erschöpften Mittelpunkt der Welt:

»Hier ballte sich nichts, hier entstand nichts, kein Nebel verließ das
trockene Schilf und kräuselte sich in Richtung Nordosten oder
auch in eine andere Richtung, kein Mondstrahl, der das hier berühren mochte, berührte seinen Hintergarten daheim, kein Hauch, der

sich hier erhob, ließ sein Binsenkraut gedeihen oder verderben, darauf hätte er fast schwören können. Nichts veränderte seine Fliederbüsche, seinen Hafer, die Raben auf seinem Dach.«

Er wollte der Bauernregel auf die Spur kommen. Und hier, wo jede Verbindung aufgehört hat, fällt ihm all das ein, was seine Arbeit, sein Leben und sein Haus ausgemacht hat. Und er denkt daran mit Liebe und Fürsorge. War das sein Ziel? Dieser Gedanke hat nun Platz neben der Tatsache, daß er einer Heimatgemeinde nichts verdanken will, weil ihm ihre Bilder zuwider sind.

»Wie kam es dann, daß es gerade hier geschah?«

Hier geschieht, was zu Hause nicht geschieht. Da gibt es keine Gemeinsamkeiten. Die Fremde ist vollkommen. Er ist im Niemandsland: kein Ort, wo ein Mensch Fuß fassen oder auch nur sein Verhältnis zu seinem Gott ins reine bringen könnte, zu Allah, zu Buddha oder zu welchem immer.

»Wie kam es dann, daß es gerade hier geschah?«

Was? Nicht nur das vorher Beschriebene, sondern auch das Folgende, das Zukünftige:

»Während der Bauer sich umwandte, um zu seiner Rakete zurückzufinden, erhob sich das Krokodil rasch aus der lauwarmen Flut und verschlang ihn.«

Das tun Krokodile in Geschichten. Man fürchtet es bereits, kaum daß sie auftreten. Und ausgerechnet jetzt, da der Bauer hätte zurückwollen, dorthin, wo er nicht fremd ist und die Welt wirklich, jetzt geschieht es.

»Der Bauer gab keinen Laut von sich. Lag vielleicht doch eine Absicht von seiner Seite darin? War das ein Weg, um den alten Regeln auf die Spur zu kommen, die die Winde leiten?«

Hier, wo er weit genug weg war von den Orten, wo zu Hause das Wetter angeblich herkam und die ihm am Anfang der Geschichte eine so große Enttäuschung bereitet hatten.

Die Frage aber, ob er mit diesem letzten Schritt am Ziel war, bleibt unbeantwortet:

»Wir wissen es nicht. Denn der Bauer blieb nicht am Leben wie Jonas im Wal, er konnte sich nicht demütigen, sich nicht bekehren, keinen Bericht geben, auch keinen Wetterbericht, ...«

Daß wir andere Geschichten kennen, nützt uns also nicht viel, vorausgesetzt, daß wir es für nützlich halten, eine Antwort zu bekommen. Das ist die Weigerung, ein Material mit vorschnellen Erklärungen zu erledigen.

Aber wir erfahren doch noch etwas, über die Rakete, die seine Methode war, sich zu bewegen.

»Seine Rakete steht immer noch auf der elenden Straße, die den heiligen Fluß entlangführt. Allmählich sieht sie wieder einer Pflugschar ähnlich, schade darum.«

Oder sie war nie etwas anderes gewesen, und es war leicht möglich, sie in der Vorstellung zu etwas anderem zu machen. Zu einer Methode, sich zu bewegen, fortzukommen, zu erfahren. Vorübergehend. Und endgültig. Schade.

Der Bauer hat darauf bestanden, in die Fremde zu gehen. Und er hat, allerdings nach Enttäuschungen, sich dagegen gewehrt, seinen Weg auf ein Ziel auszurichten.

Ist der Weg das Ziel?

Und ist der Tod die Antwort?

Am Schluß heißt es dann:

»Es gibt übrigens Theorien, die sagen, Mekka läge gar nicht am heiligen Fluß. Das ist leicht möglich.«

Daß Mekka nicht am heiligen Fluß liegt, ist eine Tatsache und gewiß keine Theorie. Aber Theorien sollen der Aufhellung des Unbekannten dienen. Und infolgedessen könnte dieser Gedanke als Theorie womöglich zu einem Erkenntnisvorgang etwas beitragen, als bekannte Tatsache dagegen nicht.

Fällt damit nun die Geschichte zusammen? Nein, denn all die Latten, aus denen sie zusammengezimmert ist, stehen noch da. Aber zuerst ist der Sack des Bauern, den ich hier nicht erwähnt habe, abhanden gekommen. Dann hat sich die Rakete zurückverwandelt. Und nun der Schauplatz, der auch der Schauplatz des Todes ist.

»Das ist leicht möglich.«

So heißt es. Hier hat also nicht die Absicht bestanden, ein neues Weltbild aufzurichten. Dieser Satz wird ausgesprochen im Bewußtsein, daß es immer massive Tatsachen gibt, die gegen etwas Vorgestelltes sprechen.

Der Satz klingt nach allem schüchtern, traurig, resigniert. Und er enthält auch das, was alle Schüchternheit im Kern enthält: Auflehnung. Der Macht der Tatsachen zum Trotz wird die Geschichte nun nicht vom Tisch genommen wie ein Schloß aus Bauklötzen, das dem Mittagessen weichen muß, sondern sie bleibt stehen. Mit gutem Recht, weil sie ja deswegen geschrieben worden ist.

Damit wird behauptet, daß Vorstellungen, welche Widersprüche enthalten zu bekannten Tatsachen, einen Platz beanspruchen in der Welt.

Daß sie wegen ihrer Widersprüche nicht für nichtig erklärt werden. Ich beobachte in mir den Wunsch, den Widerspruch aufzulösen, und erfahre, wie es ist, ihn auszuhalten.

Die Frage, ob die Geschichte möglich ist oder nicht, bekommt auf diese Weise den Sinn, den sie im Zusammenhang mit Kunst immer hat: keinen.

Hier wird nun die Rolle, die der Beobachter beim Hervorbringen der Beobachtungen spielt, ernst genommen. Das heißt, der Mensch wird ernst genommen und die Art, wie es die Dinge in seinem Kopf gibt. Daß das nicht die Gestalt von geradlinigen Geschichten oder logischen Essays annimmt, empfinde ich als realistisch und infolgedessen als tröstlich.

Deshalb kann es mir als Lüge erscheinen, wenn mir ein Bild unseres Lebens gegeben wird in der Gestalt eines Handlungsdramas, nach Möglichkeit beschränkt auf das sogenannte Notwendige und Wahrscheinliche. Früher habe ich gemeint, es wäre ein Fehler von mir, wenn ich niemals irgend etwas auf diese Weise zu erleben und zu begreifen vermochte. Das werde ich schon noch lernen, habe ich gedacht. Das glaube ich jetzt nicht mehr. Kein Mensch tut das. Ich will es jedenfalls nicht hoffen. – Es steckt eine gehörige Menge von ideologischer Brutalität dahinter, wenn die Menschen sich gegenseitig mit der Forderung nach denkerischen Höchstleistungen auf die Finger klopfen.

Ist die Vorstellung von einem Gedankengebäude nicht schrecklich? Aber wer kennt nicht den Wunsch? Wer möchte nicht Ordnung schaffen in seinen Gedanken und in den Gedanken der andern? Und warum? Weil die Wahrheit anders ist und das Leben sich immer anders abspielt. Nicht auf den Bahnen, die sich die Architekten der Gedankengebäude ausgedacht haben. (Ich habe Vernunft gern und brauche sehr viel davon. Sonst würde ich das nicht sagen.)

Ich sehe es als einen Akt der Verweigerung an, wenn Ilse Aichinger diesen zerstörerischen Apparat nicht bedient. Sie verweigert das, damit sich unsere Einsicht vertiefen kann, unsere Einsicht in das, was in uns ist, und in die Art und Weise, wie die Menschen miteinander umgehen und was sie aus der Welt machen. Und infolgedessen muß ein neuer Weg beim Schreiben gesucht werden.

Ich möchte gern zeigen, wie es in dieser Erzählung nicht darum geht, etwas zu erzählen, sondern etwas zu entwickeln. Es entsteht beim Sprechen. Und daher trägt hier eine Tatsache, die bekannt ist, nicht unmittelbar zur Erkenntnis bei, sondern erst in der Auseinandersetzung.

Ich nehme immer an, wir schreiben alle, um die Wahrheit zu sagen. Die Wahrheit zu schreiben, ist deswegen so schwierig, weil sie unbekannt ist. Eine Wahrheit, die bereits bekannt ist, noch einmal aufzuschreiben, das ist so, als würde man eine Nuß, die schon geknackt ist, noch einmal umständlich mit einem Nußknacker aufmachen. Das ist dann entweder eine Täuschung oder ein Zauberkunststück.
Ich denke an die Stewardessen, die uns im Flugzeug die Rettungswerkzeuge vorführen. Schon wenn man das erstemal zusieht, meint man, es längst zu können, einfach deshalb, weil die Frau, die es uns vormacht, bereits so gut Bescheid weiß. Dabei stimmt das gar nicht; ich könnte wohl im Notfall immer noch nicht damit umgehen. Und trotzdem diese Versuchung, beifällig zu nicken und nicht aufzupassen. Das liegt nicht am Inhalt der Mitteilung, sondern an der Form und noch mehr an der Intensität, mit der die Dinge erfaßt werden.
Wenn wir schreiben, um einer unbegriffenen Wahrheit auf die Spur zu kommen, dann ist die Triebfeder ein starkes Gefühl, nämlich daß die Dinge eine unerklärte, ungesehene, ungeheure und unbeschreibliche Seite haben. Was bei dieser Arbeit herauskommt, hat, wenn es der Mühe wert sein soll, den Charakter der Erstaunlichkeit und der Unbegreiflichkeit.
Daraus entsteht beim Leser leicht der Eindruck, einen Text nicht zu verstehen. Wenn Nichtverstehen bedeutet, daß die Worte für sich verstanden werden, aber die Zusammenhänge im Dunkeln bleiben, dann kann eine Literatur, die ein solches Gefühl auslöst, auch eine naturgetreue Nachbildung der Welt sein, die ebenfalls solche Situationen anbietet. Je genauer ich hinsehe, desto öfter.

Wie wir die Dinge wirklich erleben und denken – das ist eine unterdrückte Wahrheit. Unterdrückt mit dem Zweck der Einschüchterung. Ilse Aichinger schreibt Texte, die diese Einschüchterung verweigern, sich aber beständig damit auseinandersetzen. Darum ist die Beschäftigung mit ihnen so lohnend.
Wenn sie in der Erzählung *Die Rampenmaler* sagt:
»Der blaue Zwilch, auf zwei Rücken verteilt und nicht einmal gut. Wieviel ließe sich da sagen. Mir kommen die Tränen. Ist es davon?«
Dann fühle ich mich aufgefordert, der Frage nachzugehen. Es ist eine Gelegenheit, einen Blick zu werfen in die Perspektive der Seele (die ich damit allerdings weder vom Geist noch vom Körper trennen, sondern einfach nur gern so nennen möchte). Tränen rühren bekanntlich

nicht immer von dem her, was im Augenblick ihres Kommens sichtbar im Vordergrund steht. Das kann ein starker Eindruck sein, welcher es den zurückgehaltenen Tränen erlaubt, hervorzubrechen. Woher kommen sie also? Von dem, was jenseits von diesen Vordergrundsätzen gestanden hat, weiter oben?
»Im Lichte meiner Gewohnheiten, so dachte ich. Bedeuten nichts. Ich weiß. Die beiden da vorn räsonnieren auch nicht.«
Ist das Gefühl, die eigenen Gefühle bedeuteten nichts, hier der ausreichende Grund zum Weinen? Oder nicht, wenn man bedenkt, daß andere Leute sich auch zusammennehmen und nicht räsonnieren? Vielleicht ist es etwas anderes, weiter vorne.
»Ich dachte auch nur vorhin, weil es meine Rampe ist, zu meinen Aufgaben gehörig, hinter meinen Schienen.«
Wie Sie alle kann ich das Wort Rampe nicht hören, ohne einen Krampf von Wut und Entsetzen zu fühlen und die quälende Frage nach meiner eigenen Verantwortlichkeit.
An dieser Stelle höre ich wie an anderen weitere, unausgesprochene Fragen, die auch nicht durch eine Antwort aus der Welt zu schaffen wären. Zum Beispiel: Was sind das für Schienen? Wohin führen sie? In die Deportation? – Mit Sicherheit führen sie hier im Textzusammenhang auch zum nächsten Gedanken. Es heißt:
»... hinter meinen Schienen. Im Lichte meiner Gewohnheiten.«
Das Wort Schiene ist, ganz gleich, wo man es hinstellt, auch ein Geleise, das unmittelbar weiterführt zum Gedanken an Gewohnheiten. Es ist ein Wort und liegt infolgedessen immer auch im Licht seiner andern Bedeutungen. Das haben Worte so an sich, daß Gedanken auf ihnen in mehr als eine Richtung springen können und sie auch gleichzeitig in sich tragen. Ein Wort enthält Akkorde von Bedeutungen, die je nach dem Kontext verschieden klingen, sogar die ganz unauffälligen wie »mein« oder »das«.
Zurück zur Frage nach der Herkunft der Tränen. Einen Schritt weiter. Zurück.
»Mit zwei Tellern Grießbrei die Stufen hinuntersteigen, die Geleise überqueren, nichts verschütten. WENN ES GEFÄLLIG IST. Ja, so.«
Also Reue und Trauer darüber, wie wenig einfach es ist, den Bedürfnissen der andern gerecht zu werden oder ihnen zu helfen, was ja nicht das gleiche ist? Die Qual, es immer schon falsch gemacht zu haben? Oder nur Lösungen gefunden zu haben, die das Elend nicht vermindern konnten?

Oder, wenn wir in der Perspektive weitergehen, gleich dahinter:
»Besser, man sagt gar nichts mehr, man ist auch zu ungeduldig, man verlangt zu viel. Und das viele zu rasch. Man sollte es anders machen.«
Bittere Erfahrungen, durch die Wiederholung nicht erträglicher, Grund genug zu weinen. Aber man will sich ja nicht lächerlich machen und hat deshalb all das längst verarbeitet, bewältigt, hinter sich gelassen.
Oder ist es noch ein Stück weiter weg, der Mond, das Kofferradio und die Dämmerung, die schlecht steht dazwischen?
Die eine zutreffende Antwort gibt es nicht. Wir sind nicht in einem Kreuzworträtsel.
Ich wollte gern zeigen, wieviel eine solche Frage wert ist. Mehr als eine Antwort. Eine Antwort hätte den Leser abgespeist, fortgedrängt und seine Teilnahme eher verhindert als geweckt, ob es sich nun um Tränen handelt oder nicht. Fragen sind gut. Wer weiterfragt, ist noch unterwegs und lebt. Und wie wenig ist eine Frage wert, die nichts als eine Antwort und nicht weitere Fragen hervorruft! Sie isoliert, sie schneidet ab.
»Mir kommen die Tränen. Ist es davon?«
Von einer andern möglichen Antwort auf diese Frage möchte ich auch noch sprechen. Sie heißt: Ja, und ist auch vorstellbar. Entstammen nicht zwei gebeugte Rücken, bekleidet mit schlechtem Zwilch und schaufelnd, einer Szene aus der schlechtesten aller möglichen Welten? Grund genug für Tränen, Erbitterung und Ohnmacht.
»Wieviel ließe sich da sagen?«
Eine rhetorische Frage? Wohl nicht. Eher eine Aussage über die Stelle, wo die Grenze zum Unaussprechlichen verläuft. Und eine Klage darüber, daß das Leid seiner stummen Natur nach unausgesprochen bleibt.
Über Nelly Sachs sagt die Autorin das, was hier auch gilt:
»Sie ermutigt den genauen Leser immer wieder zu dem Versuch, seine Stummheit in Schweigen zu übersetzen, in das engagierte Schweigen, ohne das Sprache und Gespräch nicht möglich sind.«

Was ist möglich und was ist nicht möglich?
Das ist eine Kategorie aus der Welt der unerfüllten Wünsche und wird gern benutzt für die Abwehr und Vernichtung von Bedürfnissen, Phantasien und Hoffnungen. Ein Argument der jeweils Stärkeren, die oben bleiben wollen. Infolgedessen ist es eine zerstörerische Katego-

rie. Produktiv ist nicht das Mögliche, sondern das Vorstellen und die Hoffnung.

Der Gedanke, daß die unmenschlichsten Taten, die man sich vorstellen kann, nicht nur möglich sind, sondern sogar wirklich von Menschen begangen werden, der ist schwer zu ertragen. Muß man nicht dagegen aufbegehren? Oder die Unterwerfung unter eine solche Kategorie verweigern?

Die Verantwortung des Schriftstellers liegt weniger in der Entscheidung für bestimmte Inhalte oder Wirkungen, die er auszulösen beabsichtigt, als an der Stelle, wo das fertige Werk dann Wirkungen hervorbringt. Unverantwortlich ist in meinen Augen: wenn Literatur verleitet zu (unter anderem) Gedankenlosigkeit, Gleichgültigkeit, Lieblosigkeit, Hochmut, Brutalität.

Zur Verantwortung des Schriftstellers gehört weiterhin: daß er weiter geht als dorthin, wo man sich abgesichert fühlt. Und das heißt, neuen Raum zu betreten. Man muß sich unbedingt an das heranmachen, was sich noch nicht greifen läßt. Nicht nur an das, was sich schon genau formulieren ließe. Das wäre ein Schritt zu wenig, es sei denn, man würde es als erstaunlich, aber nicht als Gewißheit zeigen.

Alles auf der Welt ist eigentlich unerklärt.

Das ist eine der Erkenntnisse bei der Aichinger-Lektüre.

Valéry sagt: Jede Sicht, die nicht befremdet, ist falsch.

Wenn nun aber jemand hinginge mit nichts im Kopf als dem Wunsch, zu befremden, so würde wohl nicht viel dabei herauskommen. Darin wäre zu viel Abhängigkeit enthalten, zu viel Taktik und infolgedessen Leere. Hier dagegen wird formale Neuerung nicht um ihrer selbst willen gesucht, sondern weil etwas ans Licht soll, das sich anders nicht sichtbar machen läßt.

Man sagt zwar, daß das Vertraute beruhigt. Aber kann es nicht sein, daß es über Ängste beruhigt, an deren Entstehung es beteiligt ist?

Wenn man meint, daß jede Sicht, die nicht befremdet, falsch sei, dann heißt das umgekehrt auch: Eine Sicht, die befremdet, enthält mit Sicherheit ein Element, das lebendig und wichtig ist, nämlich das Befremdende. Da sich jemand bewußt dafür entschieden hat, ist es das Zeugnis einer Auseinandersetzung und nicht eine Schablone.

Und Ilse Aichinger gebraucht in *Die größere Hoffnung* Worte, die abermals zeigen, wie moralisch-politische Analyse und das Prinzip ihrer literarischen Arbeit voneinander untrennbar sind:

»Der haßt, ist fremder, als der gehaßt wird, und die Fremdesten sind die, die sich am meisten zu Hause fühlen.«

PETER HORST NEUMANN

Fünf Zeilen Prosa
Ein Gedicht von Ilse Aichinger

Mein Vater

Er saß auf der Bank,
als ich kam.
Der Schnee stieg vom Weg auf.
Er fragte mich nach Laudons Grab,
aber ich wußte es nicht.

Woran erkennt ein Kind seinen Vater, woran ein Vater sein Kind? Darüber sind Bibeln, Romane, Komödien und noch mehr Trauerspiele geschrieben worden, auch manches *Suchbild* und mehr als ein vergeblicher *Brief an den Vater*. Gedichte nicht allzu oft, sieht man vom Kirchenlied ab mit seinen Anrufungen und Preisungen des Vaters aller Väter und Kinder. Dieses Gedicht aber dürfte eines der kürzesten, härtesten, nüchternsten, traurigsten sein. Fünf Zeilen, kein überflüssiges Wort, drei Prosa-Sätze, die sich in Poesie verwandeln, sobald man erkennt, was durch sie hindurchweht. Wie Schnee. Soll man es nachzusprechen versuchen? Man müßte diesen Text meditieren, vielleicht so:

Wo ist dein Vater?...Weit weg, im Schnee... Er wird dich erwarten, wenn er dein Vater ist. Geh zu ihm... Bin schon gegangen, es war ein Weg durch die Kälte, kein Weg ins Warme. Ungeschützt saß er auf einer Bank... War da ein Haus?...Es war kein Nachhauseweg... Du hattest ein Zeichen der Freude erwartet oder wenigstens ein Zeichen seiner Erwartung... Er hat sich nicht einmal aufgerichtet, um mich zu begrüßen... Wenn es dich schmerzt, bedenke, daß er vielleicht nicht mehr fähig war, sich zu erheben, wie lange mochte er schon im Schnee gesessen haben. Der freilich erhob sich, du hast es bemerkt – »Der Schnee stieg vom Weg auf« –, nimm es als Bild für die Vergeblichkeit deines Weges zum Vater, auch Schnee, wenn er aufsteigt, kehrt nicht dorthin zurück, wo er herkam... – Immer steht zwischen Vater und Kind eine Frage. Gleichgültig, wer sie stellt und in welchen Worten sie sich verbirgt. Selbst wenn sie niemals ausgesprochen würde, müßte sie doch beantwortet werden. Sie besiegelt die Fremdheit oder setzt der Fremdheit ein Ende, sie ist die Examensfrage der Kind- und Vaterschaft. Hier ist es ein trostlos-absurdes Examen: wo, bitte, liegt Laudons Grab? Alle Verlorenheit ballt sich in dieser Schulmeisterfrage aus der alten Habsburgerzeit – wie Schnee –, und wieviel Ratlosigkeit und Trauer liegt in dem einen Wort »aber«, wenn der Gefragte sein Überfragtsein sich eingesteht, so, als hinge an der richtigen Antwort noch irgendein Glück.

Von des Freiherrn von Laudon (1717–1790) Ruhmestaten berichteten einst die österreichischen Schullesebücher, vom Sieg bei Kunersdorf, von der Stürmung der Festung Glatz. Ein Rokoko-Held aus Maria Theresiens Streitmacht. In Karlsbad, heißt es, führte er Promenadengespräche mit Christian Fürchtegott Gellert. Vielleicht, wer weiß, haben sie dort auch über Literatur, vielleicht über Fabeln gesprochen. Da könnte beiläufig etwas zur Sprache gekommen sein, was auch dieses späte Gedicht noch betrifft: ob eine Fabel ihre Wahrheit in Versen oder in Prosa aussprechen, als »Moral« formulieren oder besser in Bildern bei sich behalten sollte. Es sind strategische Fragen.

Wo aber liegt Laudons Grab? Etwa in einem Park bei Hadersdorf, nahe Wien? Nein, diese Antwort ist viel zu genau, sie berührt kaum den Sinn dieser Frage. Laudons Grab liegt auf den Friedhöfen des toten Wissens: in einem zerfledderten Lesebuch der Geschichte, in einem alten Lexikon. Aber wer weiß das noch, außer den verstorbenen Vätern, die draußen im Schnee sitzen auf der Bank und uns frieren machen mit Fragen, auf die wir die Antwort nicht wissen.

Mein Vater

> Er saß auf der Bank,
> als ich kam.
> Der Schnee stieg vom Weg auf.
> Er fragte mich nach Laudons Grab,
> aber ich wußte es nicht.

(Eine Erzählung von Ilse Aichinger beginnt: »In der alten Remise wohnt mein Vater, mein Vater hält sich auf dem Eis. Wer es nicht glaubt, kann ihn mit mir besuchen...« Weder erklärt die Erzählung jenes Gedicht, noch das Gedicht die Erzählung, sie gehören aber zusammen. Die Erzählung hat den Titel *Mein Vater aus Stroh*.)

RICHARD REICHENSPERGER

Orte, Untergänge
Zu Ilse Aichingers Gedicht
Außer Landes

»Wir müssen fort.«
Aichinger, Erinnerungen für Samuel Greenberg

»Die Auswanderung von Juden aus Deutschland
ist ausnahmslos für die Dauer des Krieges verboten.«
Erlaß des Reichssicherheitshauptamts
(RSHA), 23.10.1941 [1]

Es fällt auf, daß Orten in der Dichtung Ilse Aichingers immer wieder eine lebensbedrohende oder lebensbewahrende Dimension zukommt.
Das beginnt in *Die größere Hoffnung* mit den drängenden Bitten Ellens um ein Visum und mit dem Versuch der Kinder, ihrer zum Kerker gewordenen Heimat in einer verzweifelt erhofften Kutschenfahrt zu entkommen.
Es setzt sich fort in der schleichenden Vertreibung in *Wo ich wohne* und in *Erinnerungen für Samuel Greenberg*, dem schweren Traum einer Emigration. Eine radikale Engführung zeigt dann der Prosaband *schlechte Wörter* mit seinen Orten Privas und Dover, ihren Irrenanstalten, Gescheiterten, Vergessenen, Verlassenen: Orte, in denen man »gebückt gehen lernen, toben lernen, hüpfen lernen« kann »wie überall« – wie dort, möchte man einfügen, wo man das Leiden in solchen Orten zu teilen auf sich nimmt, die Freundschaft der Sabberer und Kieselspieler und nicht diejenige der Erfolgreichen sucht.

Verwoben mit den Orten der Gefährdung, des Leidens und des Untergangs ist aber in Aichingers Werk mit gleicher Intensität eine paradox mit den Leiden wachsende Hoffnung, eine Topographie der Freiheit, der Geborgenheit und Gemeinschaftlichkeit: Diese Linie zieht sich von den Beschwörungen Wiener Straßen und Plätze in *zu keiner Stunde* hin zu *Kleist, Moos, Fasane*, hin zur Küche der Großmutter und zur *Hilfsstelle* im erzbischöflichen Palais.

Die Spannung zwischen Gefährdung und Geborgenheit, Heimat und Heimatlosigkeit, Kindheits- und Todesorten findet sich auch, und besonders deutlich, im Gedichtband *verschenkter Rat*. Das emotionale Spektrum reicht hier von der geisterhaften Mittagsstille in *Attersee* zur stummen Kälte in *Ortsanfang* und *Ortsende*.

Dazwischen erstreckt sich eine Topographie, die von Wien aus (*Gonzagagasse, Ohne Jahre, Befehl des Baumeisters beim Bau der Prinz Eugen Straße, Meiner Großmutter*) in die Landschaften der ehemaligen Monarchie reicht – nach Görz und Gradiska (*Königsreim*) und nach Triest: Orte, die es in dieser Weise und Weite nicht mehr gibt, ebensowenig wie den Kaiser, den Beschützer des Judentums, der im Text *Erinnerungen für Samuel Greenberg* in die Emigration getrieben wird.

Unter den vielen Richtung und geographischen Halt suchenden Gedichten in *verschenkter Rat* findet sich auch eines, das in größter sprachlicher Anspannung Flucht- und Suchbewegung zusammenführt, Vertreibung und Hoffnung, Verlust und Widerstand.
Es gehört zu den weniger bekannten Gedichten Ilse Aichingers und trägt den Titel *Außer Landes*:

Außer Landes

1 Bücher aus fremden Büchereien,
2 die erstarkten Tauben.
3 Käme es auf die Orte an,
4 die wir zu verlassen
5 im Stand sind,
6 mit ihrem Himbeergesträuch,
7 den Tüchern,
8 die sich schon im Winde falten,
9 sie wechseln still hinter uns,
10 während wir bleiben,
11 auf den warmen Rücken
12 der Gärten, steinern
13 oder aus Sand.

Eine intensive klangliche Geschlossenheit prägt dieses Gedicht, das doch von einer Situation der Unsicherheit und Disharmonie, von einem Zustand »Außer Landes«, zu sprechen unternimmt.

Diese Einheit im Disparaten beginnt mit den für Aichingers Lyrik so charakteristischen Umlauten:[2] Bücher/Büchereien – käme – Himbeergesträuch – Tücher – während – Rücken – Gärten. Als ähnlich strukturierend erweisen sich die dominierenden hellen Vokale »e« (42 ×!) und »i« (21 ×), zugleich mit den Zwielauten.

Beachtet man darüber hinaus noch die Konsonantenverbindungen mit »st« (in Spitzenstellung bei »im Stand sein« – »still« – »steinern«, in Mittelstellung in einem Bogen von »die erstarkten Tauben« zu »Himbeergesträuch«) und den intensiven Einsatz des »r« (21 ×) und der Nasale »m« und »n« (zusammen 33 ×!), so verfestigt sich auf phonetischer Ebene der Eindruck unumstößlicher Geschlossenheit.

Diese klangliche Verwobenheit aber setzt sich ab von den Zerklüftungen, Spannungen und Antinomien auf den Ebenen der Syntax und der Semantik. Im Zusammenspiel der Sprachebenen vollzieht sich eine mit Reibungen und Synkopen angefüllte, extrem beschleunigte Bewegung, ein Changieren zwischen ruhender Einheitlichkeit und spannungsgeladener Bewegtheit: Es ist, als würde das Gedicht aus seiner eigenen sprachlichen Energie den Funken schlagen, der den verlorenen Ort wieder sichtbar macht.

Durch den Blick auf die Satzzeichen und die anschließende Großschreibung lassen sich in diesem Gedicht sofort zwei Gesamtsätze erkennen:[3] Der erste umfaßt die beiden Anfangszeilen, der zweite erstreckt sich in großer Dynamik über 11(!) Verszeilen, enthält sechs eng aufeinander bezogene finite Verben und entfaltet ein mehrfach geschichtetes Spektrum an Teilsätzen.

Die Aufbrechung und Auffaltung wird besonders deutlich mit dem Beginn des zweiten Gesamtsatzes: »Käme es auf die Orte an (...)«
Der Satzanfang steht dabei gleich in der auffälligen, semantisch noch zu deutenden, Form des Konjunktiv II. Es ist hier nicht eindeutig entscheidbar, ob damit ein Konditionalsatz oder ein Wunschsatz einsetzt: Beide Möglichkeiten werden in Aichingers Lyrik öfters besonders eng zusammengeführt, etwa in *Briefwechsel*: »Wenn die Post nachts käme / und der Mond / schöbe die Kränkungen / unter die Tür: / Sie erschienen wie Engel / in ihren weißen Gewändern / und stünden still im Flur.«

Sehr bezeichnend ist nun, daß das Nomen dieses Satzes so genau bestimmt wird, als handle es sich nicht um einen kraß im Widerspruch zum Gegebenen ersehnten Wunsch, sondern als sei es immer noch oder schon wieder greifbare Gegenwärtigkeit: Die Orte werden nämlich durch einen vierzeiligen Attributsatz (Z. 4–8) genauestens imaginiert.

Es handelt sich um Orte, die:

- »wir zu verlassen im Stand sind«
- »mit ihrem Himbeergesträuch«
- »den Tüchern, / die sich schon
  im Winde falten«

Überdies ist dieser lange Attributsatz in sich noch einmal strukturiert: so korrespondiert dem Relativsatz I. Ordnung in Zeile 4 ein Relativsatz II. Ordnung in Zeile 8; zwischen beide schiebt sich, wie eine schmerzende Erinnerung, ein weiteres Attribut: »mit ihrem Himbeergesträuch« (Zeile 6).

Der so drängend einsetzende Konditional- bzw. Wunschsatz wird aber nicht zu Ende geführt, durch die vierzeilige Sprachbewegung hindurch wandelt sich der Konjunktiv in einen Indikativ, der Wunsch- in einen Aussagesatz: »sie wechseln still hinter uns, / während wir bleiben (...)«

In Sprache und Wirklichkeit vollzieht sich in einer chiastischen Figur eine völlige Umkehrung der Verhältnisse, geht der hypotaktische Nebensatz über in zwei parataktische Sätze: »sie wechseln still hinter uns, / während wir bleiben«. Durch lokale und modale freie Umstandsangaben wird dieser errungene Zustand (scheinbarer?) Ruhe abschließend noch präziser bestimmt: »auf den warmen Rücken / der Gärten, steinern / oder aus Sand.«

In dieser komplexen, gebrochenen und gleichzeitig streng gegliederten Satzstruktur zeigt sich eine Spannung zwischen Auflösung und Ordnung, vorwärtsdrängender, verwandelnder Bewegung und Beharren – ein Widerstand und Widerspruch, der auch in der Semantik zu erkennen ist.

Dies ist zunächst klar einsehbar in den das Gedicht durchziehenden starken Antithesen: »Bücher aus fremden Büchereien, / die erstarkten Tauben«; (...) Orte (...) / die wir zu verlassen / im Stand sind (...) sie wechseln still hinter uns, / während wir bleiben / (...) steinern / oder aus Sand.«

Wenn der Titel *Außer Landes* eine Lage außerhalb der Grenzen des Heimatlandes signalisiert; wenn er – wie in der schönen Definition von »außer« in Daniel Sanders' *Wörterbuch* von 1874 – »etwas Nicht-Miteingeschlossenes, ...als nicht hinzugehörig Ausgeschlossenes«[4] umfaßt: wenn es sich so verhält und wenn das von Sanders angeführte »Außer Landes sein, gehn etc.« auch noch verstärkt wird durch die erste Zeile des Gedichtes (»Bücher aus fremden Büchereien«) – warum sind dann in einer solchen Exil-Situation die Tauben »erstarkt«? – Tauben, die doch als das traditionelle Symbol von Frieden und Geborgenheit gelten?

Ähnliches, nur umgekehrt, gilt auch für die das Gedicht abschließende Antithese »steinern, / oder aus Sand«, worin »aus Sand« jede Verfestigung, aber auch jede eben noch gefundene Sicherheit wieder aufhebt und in Bewegung verwandelt.

Bis in Details hinein ist die Grundspannung zwischen Aufbruch und Bleiben, Hoffnung und Resignation, aufweisbar: so etwa, wenn in Zeile 8 von den Tüchern die Rede ist, die sich – durch das Adverb fast bedrohlich herausgehoben – »*schon* im Winde falten«, diese Verschärfung aber gleich wieder zurückgenommen wird – »sie wechseln *still* hinter uns (...)«

»Tücher, / die sich schon im Winde falten«: Hier verläuft auch die semantische Spiegelachse des Gedichts, sowohl vor- wie zurückverweisend: Nach diesem Vers kehren sich die Verhältnisse um. Nicht mehr »wir« verlassen die Orte, sondern »sie« (die Orte!) »wechseln still hinter uns, / während wir bleiben«.
Nicht beliebig, sondern vom Text her genau gesteuert, stellt sich die Assoziation zu einer gebräuchlichen Redewendung ein: »Den Boden unter den Füßen wegziehen / verlieren«.

Wie genau in *Außer Landes* die Orte durch einen vierzeiligen Relativsatz bestimmt werden, wurde bereits bei Behandlung der Syntax gesagt. Zu ergänzen wäre aber noch, daß eine nähere Bestimmung durch Relativsätze ein ganz grundlegendes Verfahren bei Definitionen ist.[5]

Und gerade auf Definitionen von Orten zielt Aichingers Sprache hin. In *Außer Landes* definiert sie dabei allerdings einen Ort, den es im Moment des sprachlichen Festmachens schon gar nicht mehr gibt. Es ist eine »rückwärtsgewandte Utopie«, denn das für die Zukunft Ersehnte wird wie aus der Erinnerung heraus vorgestellt: Orte »mit ihrem Himbeergesträuch«.

Auch der so auffällige und in Aichingers Lyrik so wichtige[6] Konjunktiv II verweist auf die Spannung von Nicht-Mehr und Noch-Nicht: »Käme es auf die Orte an, / die wir zu verlassen im Stand sind.«
Der Konjunktiv II sagt ja für sich allein noch nichts darüber aus, ob der durch ihn ausgedrückte Wunsch erfüllbar ist oder nicht. Er sagt nur, daß der Wunsch im Widerspruch steht zum Gegebenen.[7]
Das scheinbar unumstößlich Gegebene wird im Konjunktiv II konfrontiert mit einer anderen kraftvollen Vorstellung, und diese Vorstellung reißt den Horizont auf.[8]

So ergibt sich aus dem Zusammenspiel von Phonetik, Syntax und Semantik eine bewegte Spannung, die sich nach der Katastrophe des Holocaust nicht mit billigem Trost abspeisen läßt, sondern die selbst durch die Sprache sich – und anderen, auch den Toten, Ermordeten – den Trost im Widerstand erst neu erringt.
Auch die Opposition zwischen den beiden Verben »verlassen« (Z. 4) und »bleiben« (Z. 10) wird durch das Mittelglied »wechseln« (Z. 9) nicht in eine billige Synthese, sondern in beständige Bewegung aufgelöst: Keine Ruhe ist möglich, solange Situationen »Außer Landes« verwaltungstechnisch verordnet werden.

Das Gedicht bekämpft die Bedrängnis durch sein Drängen, verwandelt sprachlich die Ausgrenzung in eine Entgrenzung, beklagt den Verlust von Heimat und weigert sich, sie für immer verloren zu geben. Es ist ein Beben der Darstellung, welches das Dargestellte zum Bersten bringt, um es neu aufbauen zu können. Anders: heimatlich. Und ohne Gewalt.

(für Helga Michie)

Anmerkungen

1 zit. nach: Joseph Walk u. a. (Hrsg.), *Das Sonderrecht für die Juden im NS-Staat. Eine Sammlung der gesetzlichen Maßnahmen und Richtlinien – Inhalt und Bedeutung*, Heidelberg/Karlsruhe 1981, S. 353.
   Wenigstens hingewiesen sei hier auch auf ein Buch, das den Themenkomplex jüdischer Auswanderung aus Österreich passim behandelt und in seinem Anhang eine erschütternde Aufgliederung der Auswanderung nach Ländern enthält: Hugo Gold, *Geschichte der Juden in Wien. Ein Gedenkbuch.* Tel Aviv: Edition »OLAMENU«, 1966. Zur Judenverfolgung in Österreich vgl. überdies: *Der Gelbe Stern in Österreich. Katalog und Einführung zu einer Dokumentation, Studia Judaica Austriaca*, Bd. V, Eisenstadt: Edition Roetzer 1977 (darin bes. den Beitrag von Jonny Moser: *Die Katastrophe der Juden in Österreich – ihre Voraussetzungen und ihre Überwindung*, 67–133).
2 Es seien hier nur als markanteste Beispiele angeführt: *Marianne, Widmung, Briefwechsel, Spaziergang, Selbstgebaut, Winter, gemalt, Gonzagagasse*; alle in: Ilse Aichinger, *verschenkter Rat*, Frankfurt 1978.
3 »Satz« ergibt sich hier allein aus der Betrachtung der Interpunktion, die Satzgrenzen werden bestimmt durch das Indiz »Punkt/Fragezeichen/Ausrufungszeichen und nachfolgende Großschreibung«.
   Diese rein operationale Satzdefinition schlägt Hans Glinz vor, in: ders., *Deutsche Grammatik I: Satz-Verb-Modus-Tempus*, 2. verbesserte Aufl., Frankfurt 1971, S. 26.
4 Daniel Sanders, *Wörterbuch der deutschen Sprache. Mit Belegen von Luther bis zur Gegenwart.* Erster Band A–K, Zweiter unveränderter Abdruck, Leipzig 1876, S. 61.
5 Auf diesen Sachverhalt weist u. a. Hans Jürgen Heringer in seiner Behandlung der Relativsätze hin, in: Heringer, *Wort für Wort. Interpretation und Grammatik*, Stuttgart 1978, S. 170.
6 vgl. etwa das erste und das letzte Gedicht in der Sammlung *verschenkter Rat*, *Gebirgsrand* und *In einem*; überdies: *Widmung* und *Briefwechsel*.
7 So beschreibt Hennig Brinkmann in seiner Inhaltsgrammatik den Konjunktiv II, in: Brinkmann, *Die deutsche Sprache. Gestalt und Leistung*, 2. neubearbeitete und erweiterte Auflage, Düsseldorf 1971 (1962), S. 373.
8 Brinkmann, *Sprache*, a.a.O., S. 374; 379: »Der Konj. II entwirft eine Vorstellung, die aus dem gegebenen Horizont herausführt. Hinter dem Vorhang öffnet sich der Blick in eine andere Dimension.«

   – Herrn Prof. Walter Weiss, Salzburg, danke ich für die kritische Lektüre des Manuskripts.

V
Rezensionen

Über »Die größere Hoffnung« (1948)

»Die größere Hoffnung«

So oft und so laut haben wir nach dem Buch unserer Zeit gerufen! Nun hat es eine Zwanzigjährige, Ilse Aichinger, geschrieben, und viele werden jetzt erst betroffen erkennen, was sie eigentlich verlangt haben. Die Zeit löst sich erschütternd und quälend in ihre Elemente auf, in Not der jungen Seelen und Ungewißheit der reifenden Geister. Hinter der Wirklichkeit, die wir alle erlebt haben, steht – wir merken sie nur als übergroßen Schatten – die Überwirklichkeit, die sie allein erklärt und erträglich macht. Es geht um ein persönliches Schicksal, aber die Weltgeschichte als Weltgericht gibt ihm seine Maße.
Ilse Aichinger schildert die traumhaften Erlebnisse eines halbwüchsigen Mädchens, Kind einer jüdischen Mutter und eines Offiziers, der in der Uniform ihrer Peiniger Dienst macht. Die Handlung führt von 1939 bis zum Tode des Mädchens im Bombenhagel 1945. Es ist ein Leben zwischen den Rassen, zwischen den Zeiten, zwischen Gut und Böse eines menschlichen Überganges. Angst und Verlassenheit beherrschen jede Empfindung. »Wie David gegen Goliath«, erzählt die Dichterin, »kämpfte Ellen gegen Verlassenheit, gegen das neue furchtbare Bewußtsein, das seinen Kopf wie ein häßlicher Wassermann aus den Fluten der Träume hob.«
Das ergibt keinen Roman im üblichen Sinn. Weit mehr eine Phantasie, den Traumgesang einer Jugend, die aus jeder Gewißheit in ein Meer von Leid gestoßen wurde und nicht mehr die Ufer einer neuen Zeit gewann. Vieles bleibt unklar und skizzenhaft, aber jeder Satz ist empfunden und in seiner Art »gedichtet«. Es läßt sich darüber streiten, ob eine solche Form der Darstellung, die kaum einmal die Vision mit einer realen Schilderung vertauscht, über die Einmaligkeit des Themas hinaus in der Literatur Platz und Berechtigung hat. Aber so wie das Buch nun einmal vor uns liegt, als Zeugnis eines außerordent-

lichen Talentes, als der Anruf einer Stimme, wie sie aus Österreich noch nicht zu hören war, wiegt es, wie immer sein Erfolg beim Publikum sein mag, alles andere auf, was man bisher als die literarische Ernte der jüngsten Generation in die Hand bekam.
Vielleicht stellt man das Buch noch am besten durch einen Vergleich mit dem Surrealismus dar. Auch in den surrealistischen Ausstellungen steht der überraschte Besucher immer wieder vor Bildern, die ihn magisch anziehen, auch wenn sie ihn befremden, und ihn beschäftigen, gerade weil er ihren Sinn fürs erste nicht auflösen kann. Wie es dort dem Betrachter ergeht, der in der Mitte des Bildes ein gespenstisch erleuchtetes Gesicht, daneben von ihm getrennt einen Rumpf von ganz anderen Proportionen, daneben eine Baumwurzel, eine Schaufel, einen Krug findet und sich nun erst alles wie ein metaphysisches Bilderrätsel zusammendenken muß, so ergeht es hier mitunter dem Leser mit den Visionen der Dichterin. Ihre entfesselte Phantasie verlangt eine Art Arbeitsteilung mit dem Leser. Er muß erst wieder zusammenbinden, was sie aufgelöst hat. Glückt es ihm, dann hat er zugleich das Bild einer Jugend und einer Zeit gewonnen, die ihn sonst noch lange erschrecken werden, ohne daß er ihnen auf den tiefsten Grund kommt.
Wie bei den sichersten Könnern unter den Surrealisten, glaubt man auch bei Ilse Aichinger, daß sie auch anders kann, als sie diesmal mußte und wollte. Das Einzelne, wenn es auch nicht im üblichen Halt und Zusammenhang steht, ist oft sehr plastisch dargestellt. Wenn sie von einem Soldaten sagt: »Er hatte gelernt, zu schießen und sich zu ducken, aber doch nicht gelernt, erschossen zu werden oder auch nur ein wenig allein zu sein«, dann ist eine Millionenstimmung klar ausgedrückt, wie es kaum einer der handgreiflichsten Realisten in allen Kriegsbüchern der letzten Jahre vermochte.
Die Szenen des Buches sind meist wie Skizzen, die Farben verschwimmen, aber die Anlage ist groß. Schon der Anfang, wie das junge Mädchen im Haus des Konsuls im Kampf um das Visum einschläft, gewinnt die ganze Phantasie auch des widerstrebenden Lesers. Auch die Szene, in der Ellen ihrem Vater in seiner klirrenden Uniform begegnet, ist von gespenstischer Überdeutlichkeit. Und wie die Dichterin die Todesstunde der Großmutter schildert, die sich, um ihrer Verschleppung zu entgehen, von der Enkelin Gift reichen läßt, und dann mit dem letzten Schluck Wasser, der noch im Glase ist, getauft wird, das ist die stärkste Szene, die ich in den letzten zehn Jahren in einem neuen Buch gelesen habe. Bild und Einbildung, Symbol und

Realität sind zu einem einzigen Leben im Wort und in der Anschauung verbunden. Endlichkeit und Unendlichkeit – muß der Mensch nicht in beiden zugleich leben? Das schwermütige Wort Grillparzers zu dieser harten und doch erlösenden Wahrheit tritt vor die Erinnerung des Lesers: »O, Mensch, der nur zwei Fremden, doch keine Heimat hat!«

Ob Ilse Aichinger einen Roman schreiben wird, der diesem Beginn, der alles andere als ein Roman ist, an Bedeutung gleichkommt? Das Gewicht des ersten Buches für die Entwicklung und die Erkenntnis neuer Dichtung ist groß, aber daß Ilse Aichinger darüber hinauswächst, ist doch noch die größere Hoffnung des Lesers, den sie wirklich ergriffen hat.   schr.

FRIEDRICH SIEBURG
»Die größere Hoffnung«

Literarische Anfänger gibt es bei uns nicht mehr. Die frühesten stammelnden Laute werden von den Aufnahmewagen registriert, die auf der Spur der jüngeren Talente durchs Land fahren. Über die Windeln beugen sich erwartungsvoll die Verlagslektoren. Die Kommenden rufen mit ihren ersten lallenden Lauten Pressekonferenzen ein, die stark besucht werden. Nach jeder Zeitkatastrophe setzt eine Art von schlechtem Gewissen gegen die junge Generation ein, das der letzteren zu starker Publizität verhilft. Die Angst, wichtige Symptome zu verpassen, beherrscht das geistige Leben. Zum Abwarten ist keine Zeit, und so werden die Erstlinge, die sich vielversprechend durch die Scholle drängen, herausgerupft und ans Licht gezogen, dem sie vielleicht gerne still und organisch entgegengereift wären. Den ehrenhaften und fruchtbaren Zustand des Anfängers wiederherzustellen, erscheint nach der heutigen Lage ziemlich aussichtslos. Zwar sinkt die Zahl der Menschen, die literarische Bücher lesen, dafür aber wächst die Menge jener, die sich und uns fragen, ob wir noch (oder schon) eine Literatur haben. Und um eine bejahende Antwort, die sich offenbar nicht von selbst einstellt, zu finden, wird an den zarten Pflänzchen gezerrt, bis sie fast aus der Krume geraten. Es ist zu hoffen, daß Ilse Aichinger, um deren Roman *Die größere Hoffnung* es sich hier handelt, dabei keinen Schaden nehmen wird. Ihre Begabung ist des Schutzes wert und braucht Schutz, weil hier ein höchst poetischer

Sinn eine ihm ungemäße Aufgabe zu lösen versucht. Die Autorin schildert eine Gruppe von Kindern im letzten Kriegsjahr, und diese Kinder stehen gegen die Welt. Sie sind wegen ihrer Abstammung zur Ausrottung und zum Untergang bestimmt, vor allem Ellen, die diesen Untergang sucht, die mitleiden will, da sie nach dem Scheitern ihrer Hoffnung auf Auswanderung die größere Hoffnung der Menschenliebe entdeckt. Aber sie wird sich dieser Hoffnung erst völlig bewußt, als das Geschoß, das sie zerreißt, schon auf sie zugeflogen kommt. Judenstern, Grenze, Visum, Verhaftung, Verhör, Mißhandlung, Bomben und schließlich die Schlacht –, das sind die trostlosen Stichworte dieses Kinderdaseins, das erst mit dem Tod aus der Welt des Spielens tritt. Aber dieses Spielen, so will die Verfasserin, entlarvt »den immer währenden Irrtum der Welt, vor allem zu tun und nur nebenher zu sein.« So wird das Spielen, dem die Kinder sich in tausend Formen hingeben, zur eigentlich echten Existenz. Dieser Gedanke ist uns heute nicht fremd, aber wir sind nicht sicher, ob Ilse Aichinger ihn wirklich zu Ende gedacht und völlig gestaltet hat. Denn es ist ja wohl von keinem Standpunkt aus ergiebig, dem Spiel einen gleichsam »erwachsenen Sinn« zu unterschieben und den Kindern bedeutungsvolle Antworten in den Mund zu legen, etwa der Art, daß eines von ihnen auf die Frage, ob an diesem Hause ein Blitzableiter sei, erwidert: »Jeder von uns ist ein Blitzableiter.« Ist von fremden Sendern die Rede, so wird den Kindern gesagt: »Es gibt unzählige! Jeder von euch trägt ihn in sich.« Wenn die Kinder gefragt werden, warum sie im dunkeln spielen, antworten sie: »Damit man besser sieht.« Wenn Ellen ihr Profil im Spiegel zu sehen sucht, heißt es: »Auch die Welt ist auf der Suche nach ihrem Profil.« Wie unter solchen Umständen Ellens Vernehmung durch die Polizei verläuft, ist leicht auszudenken. Nach ihrer Adresse befragt, sagt sie: »Dort, wo man wohnt, ist man fast nie zu Hause.« Das leuchtet dem Schreiber ein, und er erklärt seinem Vorgesetzten: »Wie heiße ich? Franz. Aber was heiße ich? Wer bin ich? Was soll ich bedeuten?« Die Absicht ist klar, der Schreiber ist ein Erwachsener und fragt wie ein Kind, aber die Kinder wissen den Sinn von allein, weil sie spielen, und antworten wie Erwachsene. Sie sagen: »Was wir tragen, trägt uns.« oder: »Bleibt, um zu gehen, und geht, um zu bleiben.« oder gar: »Je mehr wir weggehen, desto mehr sind wir hier.« Das gleiche Symbolspiel wird mit den Dingen vorgenommen, mit den Wolken, mit den englischen Vokabeln, die »nach einem Fährmann« rufen: »Übersetzt mich! Übersetzt mich!«, mit dem Kirschbaum, der Geburtstagstorte. Wenn schließlich auch der Judenstern dieser Art von Verwandlung ausgesetzt wird, macht sich ihr Widersinn fühlbar, denn dieses Schreckenszeichen spottet der Poetisierung und wird durch den Versuch sogar von seiner verruchten Bedeutung befreit. Es ist bezeichnend, daß zwei Szenen, nämlich die Kinderjause und der Selbstmord der Großmutter, die besten Stücke des Buches sind, eben weil sie schlechthin erzählt sind, ohne nach der angedeuteten, sprichwörterartigen Doppeldeutigkeit zu streben. In allen Fällen jedoch steht die echte Ergriffenheit der Verfasserin außer Frage.

Man hat der letzteren eine gewisse Abhängigkeit von Kafka nachgesagt – ganz zu Unrecht. Denn Kafkas Darstellungsweise ist völlig real, fast naturalistisch, und von höchster Einfachheit. Bei ihm gibt es keinen Unterschied zwischen Vordergrund und Hintergrund. Nichts wäre abwegiger, als wenn man seine Erzählungen phantastisch nennen wollte. Ihr Tiefgang entsteht durch das fast eigensinnige Festhalten an der Alltäglichkeit. Auch die schönen Anfangskapitel von Kasacks Roman *Die Stadt hinter dem Strom* sind nicht phantastisch, sonst würden sie uns nicht so stark in ihren Bann ziehen. Ilse Aichinger hingegen geht genau den umgekehrten Weg. Sie nimmt eine gründliche und vollständige Poetisierung der Welt vor und raubt dieser Welt dadurch ihre Schrecken, ja ihr Geheimnis, ohne ihr das Licht der Versöhnung mitteilen zu können. Wenn überhaupt eine literarische Abhängigkeit zu spüren ist, dann weist sie allenfalls auf Wiechert, dessen Bemühungen, aus jedem Wort und Ding ein Symbol zu machen, sich hier wiederholen, allerdings in einem heftigeren und ungeduldigeren Tempo. Man spürt, daß die Verfasserin von der Fülle ihres Gefälles fast bedrängt wird und ihren Stoff oft geradezu als ein Hindernis empfindet. Dem Willen, Zeugnis von unserer Zeit abzulegen, steht ein dichterischer Drang gegenüber, der sich um jeden Preis Bahn zu brechen sucht und dadurch dieser bösen Zeit eine Relativität verleiht, die ihr nicht zukommt.

WALTER MARIA GUGGENHEIMER

Das Feuer hat Hunger

»So wahr ich lebe.«
»Wie wahr leben Sie?«

Es stehen schwer erträgliche Sätze in diesem Buch. Sätze wie: »Denn die Küsten Gottes sind Flammen über dem finsteren Ozean, und wer landet, verbrennt.« »Aber niemals kann das Wort den Mund vergessen, der es gesprochen hat.« »Und wie schrecklich wäre es, wenn sich nicht alles drehen würde! Man könnte den Pol nicht mehr finden!« Das sei doch alles sehr schön? Sogar richtig? Gewiß gewiß. Aber wo ist es hingeraten, all dies Schöne und Richtige? In Ellens, des oft zornigen und immer höflichen Kindes Geschichte; in die Geschichte der jüdischen Kinder mit den falschen Großeltern, mit vieren oder auch, um wieviel quälender, mit nur zweien. Doch schon verwandelt sich ihnen die idiotische Realität der Erwachsenen in die sinnvolle qualvolle Wirklichkeit des Lebendig-Seins überhaupt. Immer wieder setzt diese Geschichte an in einer Wiener Welt, die Abschied nehmend (Abschied nach Auschwitz) »Servus« sagt, und wo Torten gekauft und von den Verfemten nicht gekauft werden dürfen. Und immer entgleitet sie in einen Traum, düster trostvollen Traum, gleitet auf zauberischen Rhythmen wie diesen: »Und darüber schwebte die Mondsichel in der Hand eines fremden Schnitters, der sie nicht fallen ließ.« »Nichts anderes blieb als das fliehende Knistern der Seide, die Furcht aller Schleier, zerrissen zu werden.« »Und der Regen rauschte wie ein Vorbeter, den niemand versteht.«
Das sind keine Metaphern, »jedes Wort ist ein Einfallstor«. Der nächtliche Besuch beim Konsul, der den »großen Nachweis« nicht geben kann; das verbotene Ringelspiel; die vorgeblich vergebliche Flucht zur Grenze in der schwarzen Kutsche mit Columbus und dem kleinen König David; das gespenstische Krippenspiel der Judenkinder mit dem Agenten der Geheimpolizei in ihrer Mitte, – durch all diese fieberhaft erregenden Szenen redet Ellen ihre kühle, oder erzürnte, oder verzweifelte Kindersprache, ruft der entschwundenen Mutter ihr »es gilt nichts« nach, und von dem alten Schrank sagt sie zum stummen Käufer, stoßweise und mißtrauisch: »Im Herbst kracht er, als ob er ein Herz hätte.«
Zwei Stil-Ebenen liegen derart schräg übereinander, möchte man sa-

gen (und manchmal, manches Mal rutscht die Autorin auch zwischendurch): in die Lyrik der vertrauten Dinge tönt überdies unablässig der schwere Gong, der Weihrauchduft der zauberischen Inkantation, der Litanei, der Wortklanghexerei. Und klingt zurück in einen Singsang, zu dem ihrerseits jäh die rechthaberische, die ungeduldige, die unduldsame Kindersprache werden kann. Gehört jedoch nicht die dritte Sprache ebenfalls zu diesem unsteten Schattenspiel, eben jene der schwer erträglichen, der schönen und richtigen Sätze? Heinrich Böll, ein Bewunderer der Aichinger, hat immerhin vermerkt, es sprächen bei ihr die Erwachsenen alle in Sprichwörtern, in Deutlichkeiten: »Der haßt, ist fremder, als der gehaßt wird.« »Wo es gefährlich wird, tut es nicht mehr weh.« »Du selbst bist der Vorsprung; der Vorsprung vor dem Nichts.« So grübelt sich die Aichinger in ihre Zitate; imgrunde dankt man es dem Verlag, daß er der Versuchung, der höchst naheliegenden, widerstand, hier in einem Erstlingsbuch routiniert zu streichen, – dem Verlag, der der Perfektion des Vererbten verschworen schien, und der mit diesem einen einzigartigen Buch den mutigen und folgeschweren Schritt in unsere dunkle faszinierende Zukunft getan hat.
Ilse Aichinger hat unterdessen ein paar kleine Etuden geschrieben, gradus ad Parnassum virtuositatis. Ein Einleitungssatz wie dieser aus der *Größeren Hoffnung* sollte freilich an Kunstverstand nicht mehr zu übertreffen sein: »Drei Minuten vor Abfahrt des Zuges vergaß der Zugführer das Ziel der Fahrt.« Und an verführerischer Grausamkeit und Kraft nicht zu überbieten ein Kapitel wie jenes vom Tod der Großmutter: es fällt der von den Henkern Gejagten inmitten dieses überdimensionalen Märchens kein Märchen mehr ein, mit dem sie sich das Gift, das vor Gewalt und Erniedrigung rettende Gift, von der unerbittlichen Enkelin erkaufen könnte; und als die, von irrem Mitleid zerrissen, es ihr gereicht hat, bleiben die Schergen aus.
Ja, natürlich, das ist es, ein grandioses klingendes Märchen, dieses Buch; Märchen des Weges von der jüdischen Geduld und ihrer Schwermut zur christlichen Tapferkeit; einer fanatischen, frenetischen, gefährlichen Tapferkeit, die nur in letzter Preisgabe Genüge findet – »mag es immerhin den Kopf kosten, wenn es nur nicht das Herz kostet«. Die verlangend nach dem jüdischen Stern greift, »der geheimnisvollsten Idee der geheimen Polizei«. Die Tapferkeit sagt: »Du mußt allein gehen« sogar zur blutig geschlagenen tanzträumenden Bibi; und »Alles, sagte Ellen und ließ sich ohne Widerstand auf die Wachstube zerren«, »durch Gänge, wie durch Leiber gedunsener Schlangen«.
Zur Qual der Intensität, die, um Aufschub bittend, aus dieser Lektüre

flüchtet wie aus einem schicksalhaften Tag, gesellt sich »die entsetzte Verwirrung des vernünftigen Menschen durch den Funken fremder Gnade«, dies Entsetzen vor einem Taumel jubelnder Selbstzerstörung. Unverzerrt aber beharrt, beide, Furcht und Mißtrauen beschämend, die Kinderstimme der Zuversicht, der je größeren Hoffnung:
»Aber Sie radieren zu viel! hätte die alte Lehrerin den lieben Gott gewarnt. Zuletzt bleibt ein Loch!«
»Aber meine Liebe, hätte da der liebe Gott gesagt, gerade das habe ich gewünscht! Schauen Sie durch, bitte!«
»Entschuldigen Sie, jetzt verstehe ich alles!«

KARL AUGUST HORST

In extremis

Moralische Erkenntnis vermag die jüngste Literatur meist nur im Paradox zu vermitteln. Das Paradox aber ist, wie Pascals und Kierkegaards Beispiel lehren mag, Ausdruck einer persönlichen Krise, die als Symbol einer Gesamtkrise gelten kann. An die Stelle teleologischer Entwicklung tritt die eschatologische Situation. Die Weltgeschichte wird zum Weltgericht. Die Horizontale des Geschehens wird vertikal durchbrochen. Zunehmender Sinnentleerung der objektiven Geschichte entspricht ein wachsender metaphysischer Druck. Die Katastrophe gilt als Augpunkt und ultima ratio.
Daß der Aphorismus eines Oscar Wilde umkehrbar ist und in dieser paradoxen Spiegelwirkung seinen Hauptreiz hat, ist nichts Neues. Daß Kierkegaard das Paradox zum Ausdruck des Religiösen macht, ebenfalls nicht. Neu aber ist, daß Skepsis und Gläubigkeit aufeinander anwendbar geworden sind, daß die Krise des Gottlosen und die Krise des Bekennenden sich kaum mehr trennen lassen. Entfällt nämlich die Materialisierung des Glaubens in Fleisch und Blut, in der Geschichte und im Verhältnis zum Nächsten, so kann Gott nur noch dialektisch gefaßt werden. Wir stehen in der Krise, deren Ausdruck das Paradox ist.
Die Bücher, die sich unter diesem Gesichtspunkt behandeln lassen, sind untereinander sehr verschieden. Der Referent wird folglich Diagnose und Kritik auseinanderhalten müssen. Die Diagnose arbeitet nicht mit Argumenten des Für und Wider; sie hebt Symptome hervor,

die für eine bestimmte Situation oder Krise typisch sind. Die Kritik hat es mit der künstlerischen Ausprägung der Konzeption zu tun.
In dem Roman *Die größere Hoffnung* von Ilse Aichinger stoßen wir auf den Satz: »Wer sich nicht selbst das Visum gibt, bleibt immer gefangen.« Ähnlich bei Edzard Schaper in *Die Freiheit des Gefangenen* (1950): »Wir können eine Freiheit erringen, wie sie keine Mauer je zu ersticken vermag.« Vergebene Schuld wird zum Baustein für die Burg des Glaubens. »Aber wir müssen selber bauen, mein Freund.« Oder bei Romain Gar *Kleider ohne Leute* (1951): »Ich war eine Ratte, eine armselige Ratte, die sich in einer zusammengeschrumpften und sinnentleerten Epoche in ihr Loch geflüchtet hatte; und es gab keinen Menschen, der den Deckel von meinem eingebildeten Gefängnis hätte heben und mich befreien können, indem er mir einfach erklärt hätte: daß die einzige Tragödie des Menschen nicht darin beruht, daß er leidet und stirbt, sondern daß er sich selber seine Schmerzen und sein Sterben als Grenzen setzt.«
In allen drei Fällen wird die Freiheit als Paradox gefaßt. Gefangenschaft gilt als etwas Unwirkliches oder Eingebildetes, das durch höhere Erkenntnis überwunden werden kann. Ausweglosigkeit oder Absurdität des Daseins zwingen zu autonomer Sinngebung. Pointiert ausgedrückt bei Ilse Aichinger: »Wer nicht ins Wasser gefallen ist, kann nicht gerettet werden.« Also ist Hoffnungslosigkeit die Voraussetzung »größerer Hoffnung«, ist Gefangenschaft Voraussetzung der Freiheit, sind Kleider ohne Leute Voraussetzung der von jeder Hülle und Maske befreiten Selbstbestimmung. Das Vakuum wird zum Garanten eines neuen Sinnes.
Ilse Aichingers Roman ist ein parabolischer Roman. Sucht man nach vergleichbaren Werken, so stößt man auf den Expressionismus der Prager Schule. Es ist ein großer und ein grober Wurf, ein Buch, das sich durchweg einer hochgespannten Sprache bedient und den Stimmbruch künstlerisch traktiert. Das Espressivo moduliert den Sinn. Die Art, wie die einzelnen Bilder des Romans vorgezeigt werden, erinnert an die Moritat. Nicht in abträglichem Sinne, da auch Büchners *Woyzek*, dem der Expressionismus so viel verdankt, von der Moritat hergeleitet werden kann. In Heft 11 seiner *Versuche* lehrt Bertolt Brecht, daß der Schauspieler seine Rolle nicht verkörpern, sondern »vorzeigen« soll, wodurch jener »Verfremdungseffekt« erzielt wird, der eine unbehinderte gesellschaftskritische Auslegung der Figur erlaubt. Die *Dreigroschenoper* beginnt als Moritat. Ilse Aichingers Roman ist auf den Kontrast zwischen nacktem Vorzeigen

(mit moralischem Hintersinn) und verströmendem Espressivo gegründet. Sie koppelt Büchners *Lenz* und Büchners *Woyzek*. Ihr Wurf ist zugleich eine Art literarischer Kaiserschnitt. Sie inspiriert sich am Bild, indem sie es ausdeutend zerstört. Zum Beispiel: »Der Romantiker Mond war von dichten Wolken überdeckt worden. Er schien unerwünscht inmitten dieser brennenden Realität.« Und so an vielen Stellen. Eine genaue Stilanalyse müßte zum selben Ergebnis gelangen wie eine Analyse des Inhalts, womit bezeugt ist, daß es sich tatsächlich um einen Wurf handelt. Das vorzeigende »So ist es«, am Schicksal jüdischer Kinder unter der Despotie demonstriert, beherrscht den grell erleuchteten Bühnenraum, während aus dem Orchester die entfesselte Stimme der ganz zur Flamme gewordenen Sehnsucht heraufschlägt und das Bild wegspült. Diese Hoffnung, diese Sehnsucht hat kein Ziel. Sie ist von ahasverischer Unrast getrieben, sie verzehrt die religiösen Inhalte – die Psalmen, das Evangelium, den Zarathustra – sie ist Flamme schlechthin, die ins Nichts verlodert. Die Heldin wird am Schluß, da sie über den brückenlosen Strom hinausstrebt, von einer Granate zerrissen. (...)

WALTER JENS

Ilse Aichingers erster Roman

Zwölf Jahre sind seit den Tagen vergangen, da Ilse Aichingers Roman *Die größere Hoffnung* erschien. Man erinnere sich: Borchert war schon tot, Böll und Celan, Ingeborg Bachmann und Schnurre hatten noch nicht begonnen. Es gab keine junge deutsche Literatur; der Faden schien zerrissen; was uns erreichte und was Rang und Würde besaß, kam von sehr weit her, aus Kalifornien oder dem Schweizer Exil. Spärliche Markierungen, Grenzpfähle – Kasacks *Stadt hinter dem Strom*, Elisabeth Langgässers *Unauslöschliches Siegel* – machten die Wüste nur noch sichtbarer.
Zu solcher Stunde also erschien das Buch einer bis dahin vollkommen unbekannten achtundzwanzigjährigen Schriftstellerin aus Wien, das in diesen Wochen wieder aufgelegt wurde.
Drei Jahre nach dem Ende des Krieges wurde in diesem Buch die Rechnung beglichen – reinlich, unerbittlich und konsequent. Neben die Dokumentation, neben Kogons *SS-Staat*, trat eine zweite Form der Abrechnung, das Scherbengericht der Poesie. Etwas Seltsames ge-

schah: Die peinliche Vermeidung aller Realien, der Verzicht auf die vertrauten Namen, Begriffe und Vorstellungen, gab den Konturen eine nicht minder grimmige Akkuratesse als der Beleg. Kein Hitler, kein SD, kein Auschwitz und kein militärisches Planspiel: und doch die ganze Wirklichkeit, und doch die zappelnden Galgen im Rachen des Walfisches.

Die Geschichte ist einfach: Ein Mädchen, erfüllt von kindlicher Klarsicht, traumgleich und zeitlos wie Antigone, erfährt, was es bedeutet, »ausgeschlossen« zu sein. Als Tochter einer jüdischen Mutter hat Ellen, von den Schergen gejagt, nur den einen Wunsch, bei den Juden eine Heimat zu finden. Da man ihr das Visum verweigert, bleibt ihr nichts als die größere Hoffnung, mit den »anderen« spielen zu dürfen. Aber auch die anderen stoßen sie wieder und wieder zurück, denn Ellen hat ja nur zwei falsche Großeltern, und allein wer deren vier besitzt, ist würdig, den Stern tragen zu dürfen.

Seltsames Wechselspiel! Die Gejagten werden zu Richtern, die Peiniger fürchten sich. Der Judenstern, die gelbe Narbe mit der Spinnenwebenschrift, verwandelt sich in das Gestirn von Bethlehem und in die Krone Israels. Wie David ins Heilige Land zog, so folgen die Kinder dem goldenen Zeichen, das bald, aller Schrecken entkleidet, zum Diadem des Martyriums wird. In Winkelverstecken, auf dem Speicher, in Hinterstuben, in dämmrigen Kammern und auf dem Friedhof, als Geleiter eines leeren, regenschwarzen Sargs, träumen Bibi und Herbert, Georg und Kurt den großen Traum der Erlösung.

Bild reiht sich an Bild, Geschichten von schweigsamen Menschen und redenden Dingen folgen einander wie kurze Szenen: Ellen, im Vorzimmer des Konsuls, der ihr das Visum bewilligen soll... ein Kind, das lang gewartet hat und nun, von Müdigkeit ergriffen, eine Landkarte von der Wand reißt, um sich auf ihr zu betten und die Arme von Ozean zu Ozean zu breiten; Ellen, in der Todesstunde der Großmutter, der sie umsonst das Gift zu entwinden versucht; Ellen, mit den Dieben im Keller – den Plünderern, die sie segnet mit der Kraft ihrer Unschuld, während draußen die Stadt im Aschenregen versinkt; Ellen, an der Hand des fremden Soldaten, auf dem Wege nach Hause, der Brücke entgegen, auf deren Schwelle sie die Granate zerreißt.

Schon dieser erste Roman zeigt Ilse Aichingers Meisterschaft in hellem Licht: hier die lyrische Prosa, kühne Bildlichkeit und zarter Verweis, dort der ganz knappe, zum Paradox zugespitzte Dialog. Kontinuierliches Erzählen hingegen, gemächliches Ausbreiten einer Fabel, biedere Abzeichnung des scheinbar Vorhandenen – all das ist nicht ihr

Metier. Unvergeßlich bleibt das Detail: Dinge, mit denen die Kinder vertrauter als mit Menschen umgehen, ein Bücherschrank, der knarrt, wenn die Eisenbahn vorüberfährt, oder ein Ringelspiel, das die Juden nicht berühren dürfen, eine Sandkiste, die ein Gartenwächter bewacht, bis sie am Ende, während des Angriffs, zum Sarg der von ihrer Mutter Vergessenen wird. Hier zeigt sich, ganz selbständig und sehr behutsam verwendet, die Kafkasche Technik, bestimmte Einzelheiten derart grell zu belichten, die Handlungsschwerpunkte dagegen so nebensächlich zu behandeln (Ellens Tod wird mit einer einzigen Zeile beschrieben), daß sich ein bizarres Wechselspiel von Hell und Dunkel ergibt. Die »Realien« dienen nur noch dazu, um winzige Absprungplätze zu schaffen, kleine Rampen, auf denen die Traumfiguren ihre eigene Szenerie errichten können.
Allein das Spiel hält die Kinder am Leben; wer nicht mitspielen kann, ist verdammt, denn er verliert sich an den Tag, tritt aus dem Kreis heraus und begibt sich der Möglichkeit, das Gestern in einem spielerischen Akt der Re-präsentation wieder lebendig zu machen, es zu erlösen und das Vergangene ins Heute hinüberzuretten. Allein die Liturgie der kindlichen Träume erweckt die Gestalten der Vorzeit aus dem Schlaf ihrer Gräber und erkennt im eigenen Leiden die Wiederholung eines mythischen Vorgangs, erkennt die geschichtliche Analogie: auch an den Ufern Babels weinten sie, auch die Nacht hat ihre Verfolger.
»Über den Brücken roch es nach Rauch. Die Nacht fieberte vor Aufregung, planlos griff ihre Dunkelheit durch die vielen Fenster. Ich muß Tag werden, stöhnte sie. Du wirst Tag werden, flüsterte jemand neben ihr, aber keine Nacht glaubt, daß sie Tag wird. Wer bist du? Sie sah niemanden und niemand antwortete ihr. Zum letztenmal warf sie ihre Dunkelheit aus und fing die Fremde ein. Die stand dort, reglos an die Mauer der alten Kirche gelehnt. Wer bist du? Ich bin die Verfolgung. Die Nacht erschrak. Die hier war ihr über und die größere Entdeckerin. Ihre Finsternis war schwärzer, durchdringender und undurchdringlicher, und ihr Schweigen war größer, da sie keinen Wind und keinen Mond mehr zum Geliebten hatte.«
So erschreckend es ist, daß die Traumzeichen der Nachkriegszeit heute, zwölf Jahre später, da das Zeichen des königlichen David wieder an den Mauern schwebt, nicht verblaßt sind – *Die größere Hoffnung* steht jenseits aller Aktualität. Ein kritischer, den zeitlichen Abstand nutzender Blick erkennt, daß der Roman nichts von seinem Zauber, dem Glanz der Bilder, der geschliffenen Härte chassidischer Paradoxien und der zarten Anmut der Metaphern verloren hat.

Es ist gut, daß Ilse Aichinger sich zu diesem Buch bekannte und wenig änderte. Vieles, gewiß, wäre nach dem *Gefesselten* und der Szenen-Sammlung *Zu keiner Stunde* noch knapper gefaßt worden, und ein geschulter Kunstverstand hätte manche realistisch getönte Milieuschilderung ebenso verworfen wie die ein wenig expressionistisch-wild geratene Landschaft des sehr für sich stehenden Kapitels *Flügeltraum*; auch sich gar zu simpel anbietende Antinomien (»wer fragen wird, ist schon gefragt«) wären dem Rotstift zum Opfer gefallen – allein, was tut's? Man muß zu seinen Anfängen stehen; vom zweiten *Faust* aus betrachtet, nimmt sich auch ein *Werther* sehr skurril und recht romantisch aus...

Kein Zweifel also: *Die größere Hoffnung*, ein Werk großer lyrischer Prosa, bleibt auch heute noch die einzige Antwort von Rang, die unsere Literatur der jüngsten Vergangenheit gegeben hat. Eine Antwort, die nicht nur Widerhall blieb, sondern als Ruf nach einem neuen, reineren Echo verlangt.

PETER HÄRTLING
Ein Buch, das geduldig auf uns wartet

In seinem Erinnerungsbuch *Bedroht, bewahrt* erzählt der Verleger Gottfried Bermann Fischer, wie er 1947 in Wien – er war aus dem amerikanischen Exil in das verwüstete Europa zurückgekehrt – Ilse Aichinger kennenlernte:

»Eines Tages meldete sich bei uns, auf Empfehlung des Kritikers und Journalisten Hans Weigel, ein bildschönes, dunkelhaariges Mädchen, krampfhaft ein Papierbündel unter dem Arm haltend. (...) Es war Ilse Aichinger mit ihrem Roman *Die größere Hoffnung*, den sie, fast noch ein Kind, in den vergangenen Leidensjahren geschrieben hatte. Wir lasen ihn, fasziniert, noch am gleichen Tag. (...) Ihr Buch erschien bald darauf als eine der ersten Publikationen des Wiener Verlages (...)«

So beginnt, 1948, die vertrackte Geschichte eines Buches. Ich bin mir nicht sicher, ob man überhaupt von einer »Wirkungsgeschichte« sprechen kann, eher vielleicht von einer dauerhaften, aber beinahe schon subversiven Gegenwärtigkeit. Die Verbreitung der ersten Auflage war ohne Zweifel schwierig. Das Buch erschien, kaum drei Jahre nach Kriegsende, in Wien, doch als Sitz des Verlages war Amsterdam ange-

geben. Da schlägt noch die böse Vergangenheit durch: Wien war 1936 für Bermann Fischer die erste Station auf der Flucht vor Hitler gewesen, und nach Amsterdam wurde die Verlagszentrale 1948 verlegt, als es sich erwies, daß Stockholm, wo ein Teil des Verlags während des Krieges Zuflucht gefunden hatte, für den neuen Anfang zu weit entfernt lag. Unmittelbar hat das alles nichts mit dem ersten Buch Ilse Aichingers zu tun. Und dennoch finden hier ein Verlag und eine Autorin zusammen, die sich verbunden fühlen müssen. Beide über zwölf Jahre hinweg Gefährdete, kundig in den Ängsten der Verfolgung. Beide davon gezeichnet. In der Geschichte des Verlags spiegelt sich das ebenso wider wie in der Fabel des Romans. Es war ein zwiefacher Beginn, wie er kaum einleuchtender zu denken ist.
Warum Ilse Aichingers einziger Roman nach solchem verheißungsvollen Aufbruch bis heute nicht entsprechend begriffen und aufgenommen wurde, will ich in drei Thesen versuchen zu erklären.

1.

Es gelang dem Verlag offenbar nicht, das Buch in ausreichendem Maße nicht nur in Österreich, sondern auch in dem damals noch viergeteilten Deutschland zu vertreiben. Ich schließe es daraus, daß ich, obwohl ich mich sehr bemühte, keine zeitgenössische deutsche Rezension fand. In Österreich selbst wirkte der Roman sofort, wurde von Hans Weigel und Friedrich Torberg gefördert, bekam einen Preis. Lag es allein an den gegebenen vertrieblichen Schwierigkeiten, daß, zumindest im Rückblick, die deutschen Leser wie ausgeschlossen scheinen? Hat das Buch nicht womöglich selber Widerstand geübt? Verlangte es von den im Wiederaufbau schon atemlosen, ihre Nazivergangenheit verdrängenden und umerzählenden Deutschen nicht zuviel? 1948 erschienen neben der *Größeren Hoffnung* unter anderem: *Jeder stirbt für sich allein* von Hans Fallada, *Sintflut* von Stefan Andres, *Die Unauffindbaren* von Ernst Kreuder und *Der Sand der Urnen* von Paul Celan. Auch Celans erster Gedichtband fand über Wien hinaus, wo er erschien, kaum Resonanz. In ihm war bereits das Gedicht zu lesen, das wie kein anderes wenige Jahre danach vor allem junge Leser bewegte: die *Todesfuge*. Hätte *Die größere Hoffnung* mit ihrer auf den ersten Blick vergleichbaren Bildersprache nicht ähnlich wirken können? Ist die Geschichte vom sich vielfältig offenbarenden und dennoch zu einem Ende führenden Stern, die Geschichte von Ellen, »der halbwüchsigen Halbjüdin«, der

»nur eine Möglichkeit geblieben« ist, »nämlich ganz sie selber zu sein«, ist diese Geschichte dem Gedicht nicht gewachsen? Wieso entdeckte eine ganze Generation Celans Gedicht und ließ mehr oder weniger Ilse Aichingers Roman aus? Wieso wurden Kreuders *Unauffindbare* gleich als Botschaft gelesen, wenn auch rasch wieder vergessen?
Alle Fragen lassen sich mit einer schlichten und geradezu verrückten Begründung beantworten: Ilse Aichinger fiel sich gleichsam selbst ins Wort, stellte sich ihrem Roman mit einem nun in der Tat unvergleichlichen Prosastück selber in den Weg: der *Spiegelgeschichte*. Auf sie gründet sich ihr Ruhm. Mit ihr ist sie da, ihre Stimme. 1952, also vier Jahre nach Erscheinen der *Größeren Hoffnung*, liest sie in Niendorf der Gruppe 47 ihre Geschichte vor. Sie überrumpelt ihre fachkundigen Zuhörer so sehr, daß die sich gar nicht erst kritisch auslassen, sondern einfach applaudieren. Und sie wird, nach Heinrich Böll und Günter Eich, zum dritten Preisträger der Gruppe gewählt. Das Aufsehen ist groß, die *Spiegelgeschichte* wird zum Muster einer neuen Erzählkunst erklärt. Hans Georg Brenner schreibt in der Zeitschrift *Die Literatur* am 1.6.1952: »Ihre *Spiegelgeschichte*, der rückwärtige Ablauf eines Mädchenlebens, in dessen Spiegelschau Tod und Geburt eins werden, ist vielleicht die seltsamste, zarteste deutsche Prosa der Nachkriegszeit, ein unheimlich vibrierendes Geheimnis, das sich keusch verhüllt.« Er gibt, pathetisch zugeneigt, den Ton an, der den weiteren Umgang mit den Erzählungen Ilse Aichingers bestimmen wird. Er verdeckt viel. Er nimmt vor allem die Zeit aus, in der die Geschichte entstand. Brenner war ein zu kluger Kritiker und ein zu kenntnisreicher Lektor, als daß er es nicht wissentlich getan hätte. Er spielte bewußt den Irrationalismus dieser Prosa gegen den oft rüden Realismus der sogenannten »Kahlschlag«-Literatur aus. Und er leitet, wiederum ohne es zu wollen, eine poetische Fluchtbewegung ein, die kennzeichnend ist für den restaurativen Geist der Adenauer-Epoche. Dabei scheint er allerdings, wie viele, den sanften und energischen Widerstand der Aichingerschen Prosa mißverstanden zu haben.
Im übrigen, um auf die *Größere Hoffnung* zurückzukommen, wurde der Roman im Zusammenhang mit dem Preis nur selten und peripher erwähnt, als ein Werk, das »nur einem kleinen literarisch interessierten Publikum bekannt« sei. Das Buch paßte nun ganz und gar nicht mehr ins Bild, das man sich machen wollte.

2.

Natürlich entdeckten Kritiker im Lauf der Jahre den Roman wieder. Es fragt sich, ob zu seinem Nutzen. Es genügt ein Beispiel, um vorzuführen, welche Verwirrung und Verheerung gutwillige Interpretationen anrichten können.

1963 schrieb Werner Weber für den von Klaus Nonnenmann herausgegebenen Band *Schriftsteller der Gegenwart* einen Aufsatz über Ilse Aichinger und ihr Werk*. Nicht zuletzt ihm – der als Redakteur an der *Neuen Zürcher Zeitung* damals die deutsche Literatur ohnedies mit großer Anteilnahme beobachtete und vorstellte – ist es zu verdanken, daß *Die größere Hoffnung* von neuem angemessene Aufmerksamkeit fand. Weber stellt das Buch prononciert in den Vordergrund. Doch er erläutert es nicht, sondern antwortet ihm in dunklen, verwischenden Bildern. Er läßt sich von der Dichtung hinreißen, dichtet nach und fügt dem Ganzen Schaden zu.

Das hört sich so an: »So ist in der Erzählweise Ilse Aichingers der Tag in den Traum und der Traum in den Tag verhängt. Die Seele spendet vielsagende Bilder in den Vorrat der Erfahrung. Die Wirklichkeit ist in leise Drehung versetzt; Abbild löst sich ins Inbild und löst sich wieder heraus. Es ist die Geste suchenden Wiederholens in einem Dasein zwischen Verrat und Verkündigung –«

Oder: »Ungeduld und Geduld der Seele im Aushalten des Lebenstages bestimmen bei Ilse Aichinger den Gang der Sprache...«

Nichts konnte und kann dem Roman der Aichinger so schaden wie dieser Jargon der Uneigentlichkeit. Den Sätzen, die oft ungebunden in der Erzählung stehen, braucht keine Bedeutung nachgesagt werden. Sondern es müßte gefragt werden, weshalb sie so alleine stehen.

Aber es ist kennzeichnend für die Interpretationen der späten fünfziger und frühen sechziger Jahre, nach Zeitlosigkeit zu suchen, für Überhöhung zu sorgen. Dem sich steigernden Konsumdenken entsprach ein die Wirklichkeit ausschlagender Ästhetizismus. Die schmutzige oder anrüchige Herkunft aus der Geschichte wurde in vermeintlicher Schönheit aufgelöst. Der unausgetragene Schmerz ging in einen falschen Seelenfrieden auf. Eine restaurative Kunstvorstellung hatte nicht nur den Kahlschlag hinter sich gelassen, sondern versuchte mit längst entleerten Formeln den beklagten »Verlust der Mitte« auszugleichen. Das war, meine ich, keine günstige Zeit für die *Größere Hoffnung*.

* vgl. S. 75 ff.

3.

Die, die folgte, war es auch nicht. Mitte der sechziger Jahre nahm die Literaturtheorie überhand, und Texte wurden zu Vorwänden für ideologische Exkurse. Ich bestreite nicht, daß solche Erkundungen nach den wolkigen, die Zeit ausschlagenden Exegesen der Nachkriegsjahre notwendig waren. Aber sie verselbständigten sich. Es schien, als hätten sie Literatur nicht mehr nötig, oder als fahndeten sie nach einer Literatur, die es noch nicht gab, die gewissermaßen für die Theorie geschrieben werden müsse. Die »bürgerliche Literatur« hatte nach der gängigen Meinung ohnedies abgewirtschaftet. Doch welche Literatur gab es sonst? Und was bedeutete überhaupt »bürgerlich«? Der Streit darüber ist zwar nur noch peripher, aber noch nicht zu Ende. Schreiben nicht auch die Gegner dieser Literatur nach ihren Mustern? Und war es, seit dem frühen neunzehnten Jahrhundert, nicht immer die »bürgerliche« Literatur, die sich selbst, ihre Formen, ihre Inhalte, in Frage stellte?

Für einen Roman wie *Die größere Hoffnung* war da wieder kein Platz. Die Literaturwissenschaft ließ ihn aus, manchen jüngeren Kritikern ist er unbekannt.

Vielleicht ist jetzt, nachdem die Theoretiker bescheidener geworden sind und der Literatur wieder ihr Vor-Recht einräumen, seine Stunde. Ich halte es für denk- und wünschbar und möchte darum auf drei Themen hinweisen, die in den Arbeiten über Ilse Aichingers Buch ausführlich nie behandelt worden und die uns wichtig und nahe geblieben sind:

a) *Die größere Hoffnung* ist das erste Buch nach dem Krieg, in dem die Fragen nach der Identität mit einer ungeheuerlichen Strenge und Schlüssigkeit gestellt und beantwortet werden. Ellen nimmt ihre Herkunft an. Die Halbjüdin bekennt sich zum Judentum. Wird sie dafür mit dem Tod bestraft, oder bedeutet Tod die Vollendung ihrer Übereinkunft mit der Geschichte?

b) Die Symbolwelt des Romans ist bisher fast ausnahmslos »symbolisierend« gedeutet worden. Man hat sie nicht *für sich* gelten lassen. Das Symbol des Sterns bekam in seiner Vielfalt einen Rand von Urteilen und Vorurteilen. Seine jeweilige Wirklichkeit wurde unter erklärenden Metaphern begraben. Und so wurde auch die erzählte Wirklichkeit des Buchs kommentierend überhöht. Ich wünsche mir eine unbefangene Auslegung.

c) Es wäre verdienstvoll, mit der Sprache dieser großen Erzählung ohne interpretatorischen Kitt umzugehen. Satz für Satz zu lesen.

Dann fiele auf, daß viele Sätze beklommen allein stehen; daß es eine eigentümliche und sehr schmerzliche Introversion des Satzes gibt. Und daß sie seither das Werk der Aichinger bestimmt.
In der *Größeren Hoffnung* steht:
»Der Apfel rollte über den Rand. Finster und erwartungsvoll lächelte der Liftschaft. Er wußte sich vieles zu schätzen. Bereitwillig verbarg er die Entscheidung zwischen gut und böse. Armer Apfel. Gekostet und verfault. Gekostet und nie zu Ende gegessen. Adam und Eva sind schuld, die Fäulnis nimmt zu. Und der Abfall wiegt schwerer als alle Festmähler.«
In dem 1978 erschienenen *verschenkter Rat* finden wir das Gedicht *Dorfweg*:

> Die Stare lästern im Herbst
> und manchmal höre ich die Türen zweimal schlagen,
> einmal davon im Traum.
>
> Wer gab uns die Bilder,
> die roten Äpfel
> im Garten des Kohlenbrenners,
> ungereimt, aber gesonnen zu unterliegen mit uns.

Ich bin kein Literaturwissenschaftler. Ich habe nur einige Vorschläge gemacht. Ilse Aichingers Roman hat lange, allzulange auf uns gewartet. Er ist, ich weiß es, so geduldig wie seine Autorin.

JOACHIM KAISER

Freundschaftlicher Widerspruch *

War es wirklich so? Hat tatsächlich der Erfolg von Ilse Aichingers *Spiegelgeschichte* den Roman *Die größere Hoffnung* so überschattet, daß dieser kühne und schöne Erstling nun – trotz gelegentlichen Einspruchs – schlicht unter den Tisch, sozusagen unter den Spiegel fiel?
Ich freue mich von Herzen über Härtlings Initiative, einem übersehenen Buch zur Gegenwärtigkeit zu verhelfen. Härtling hat auf seiner Seite die Autorität eines ganzen Symposiums, das Ilse Aichinger

---

* Kaiser antwortet auf Härtlings *Ein Buch, das geduldig auf uns wartet*, vgl. S. 141 ff.

jüngst gewidmet wurde. Trotzdem irrt er. Bei meiner Gegenargumentation kann ich mich nur auf mein Gedächtnis stützen. Und darauf, daß ich etwas älter bin als Härtling. Ich war dabei, als Ilse Aichinger in Deutschland ein wenig berühmt zu werden begann. Das verlief, wenn ich mich nicht sehr täusche, anders, als Härtling meint.
Zu der Zeit, da man die *Spiegelgeschichte* noch nicht kannte und Ilse Aichinger laut Härtling zwar in Österreich, nicht aber in der Bundesrepublik Echo und Aufmerksamkeit provozierte: Zu dieser Zeit war sie ein zartes, vielgeliebtes Wunderkind zwischen Guggenheimers Frankfurt und Inge Aicher-Scholls Ulm. Ich zitiere aus dem Klappentext ihrer 1951 im Wiener Jungbrunnen-Verlag (»mit Erlaubnis des S. Fischer-Verlages«) erschienenen Erzählungs-Sammlung *Rede unter dem Galgen* den letzten Satz: »Lebt gegenwärtig in Frankfurt am Main als Lektor des S. Fischer-Verlages, weil ihr in Österreich keine Existenzmöglichkeit geboten war.«
Aber sie »lebte« damals nicht nur (vielgemocht, denn kein Intellektueller konnte sie anschauen, ohne für sie zu schwärmen, sie wirkte nämlich so introvertiert und zerbrechlich, wie es Ingeborg Bachmann, die weitaus kräftigere und bewußtere, nie gewesen) irgendwo in der Bundesrepublik: man war auch auf ihre Produktion aufmerksam.
Bereits im Februar 1951 veröffentlichten die *Frankfurter Hefte* – die damals vielgelesen und eminent meinungsbildend waren – Ilse Aichingers Novelle *Die geöffnete Order*. Ein bedeutendes Prosa-Stück. Der junge Offizier, der nach undeutlicher Krise eine Order überbringen muß, verbotenerweise öffnet und liest, daß sie auf seine Erschießung lautet. Er macht einiges durch, glaubt sich bewacht, verfolgt. Im Lazarett klärt alles sich auf. Der Stabsoffizier wendete sich ihm zu, letzter Satz der Novelle, und »sagte, nur um noch irgend etwas zu sagen: ›Ihr Glück, daß Sie den Wortlaut der Order nicht kannten. Wir hatten eine merkwürdige Chiffre für den Beginn der Aktion‹«.
Diese bedeutende Novelle konnte nicht wirkungslos bleiben. Im Dezember 1951 erschien dann Walter Maria Guggenheimers große Besprechung des Romans *Die größere Hoffnung*.* Und von denen, die damals (alles das spielte sich ein bis zwei Jahre vor dem großen Gruppe-47-Erfolg der *Spiegelgeschichte* ab) zum literarischen Kreis um die *Frankfurter Hefte*, des S. Fischer-Verlags, die Ulmer Anfänge

* vgl. S. 134 ff.

gehörten, kannte gewiß jeder auch den Roman. Ob R. H. Wiegenstein, Kuby, Alfred Andersch oder J. K.
Und nun fragt Peter Härtling höchst begreiflicherweise, warum denn nichts von dieser »Kenntnis« in die Öffentlichkeit drang.
Antwort: Es lag nicht an der *Spiegelgeschichte*, sondern an der Art des Romans und an der Zeit, in der er erschien. »Wir« hatten nämlich kurz nach dem Krieg nicht jene poetische Freiheit gegenüber Phänomenen wie die Nazi-Judenverfolgung und des KZ-Staates, die eine junge, als Halbjüdin betroffene Dichterin – sich einfach nahm!
Ich schrieb damals eine ausführliche Rezension: *Können Haie trösten?* – deren Überschrift auf ein wunderbares, berauschendes Traumbild des Romans anspielte: Judenkinder, ohne Visum, auf der Flucht über den Ozean. »Groß und licht und unerreichbar tauchte die Freiheitsstatue auf aus dem Schrecken.« Aber: »Ein Haifisch schwamm neben ihnen her. Er hatte sich das Recht ausgebeten, sie vor den Menschen beschützen zu dürfen... Der Haifisch tröstete sie, wie nur ein Haifisch trösten kann...«
Dergleichen liest sich heute herrlich. Doch damals machten vielen Lesern und Freunden der Ilse Aichinger diese klingenden, berauschenden Metaphern auch Angst. Gewiß, da ist auch von durchgehaltener »Identität« und von der Annahme des jüdischen Schicksals die Rede – wie Härtling hervorhebt. Aber man lese einmal jenes Kapitel nach von der *Angst vor der Angst*, wo Ellen sich jubelnd den Judenstern anheftet, den sie als Halbjüdin eigentlich nicht zu tragen brauche. Und man wird spüren, warum 1950 doch viele Angst vor dieser damals fast ruchlos wirkenden »Freiheit« hatten. Auf Seite 241 sagt die »Verfolgung«: »Konzentration, wissen Sie, Konzentration des Menschen«.
Ellen versteht: »Ach, so heißen diese modernen Lager.«
»Ja.«
Dergleichen bedeutete damals, obschon relativiert als Ausdruck kindlichen Mißverstehens, durchaus Zumutung.
Ich befinde mich, obwohl ich den Roman rühmen will, jetzt in der blödsinnigen Situation, zu zitieren, was ihm damals gewiß schadete. Wir vergessen nämlich zu leicht, wie dogmatisch eine jede Zeit ist (nur merkt man das immer erst später). Als die *Frankfurter Hefte* besagte *Geöffnete Order* publizierten, eine Kriegsnovelle, da gaben sie, denn der Krieg lag noch nicht lange zurück und sie wollten nicht für »militaristisch« gehalten werden, dem Text, ich erfinde nichts, eine Vorbemerkung bei: »Die Geschichte meint den Menschen. Daß sie seine

Situation an einem kriegerischen Beispiel erweist, ist zufällig, das Beispiel ist einer Kulisse gleich auswechselbar.«

Über dergleichen lächelt man heute. Ich erinnere mich, wie 1949 der Historiker Professor Wilhelm Treue lauthals schimpfte und in der Pause ging, weil er, als er im Göttinger Theater den »Prinzen von Homburg« sah – Uniformen akzeptieren mußte.

Anders ausgedrückt: Die traumsichere, visionäre Kunst der jungen Ilse Aichinger – in einer knappen Erzählung wie der *Geöffneten Order* oder in der völlig persönlichen Novelle wie der *Spiegelgeschichte* dargeboten – wurde bewundert. Daß Ilse Aichingers poetische Gewalt sich auch von so Schrecklichem wie der Judenverfolgung und KZ nicht zügeln ließ: es war nicht so leicht zu ertragen. Darum (Härtling polemisiert auch zu heftig gegen Werner Weber, der etwas von diesem Problematischen getroffen hat) setzte sich die *Größere Hoffnung* einst nicht durch. Heute wäre es an der Zeit. Da gibt es Kapitel einer Mischung aus bewältigender Angst, aufgehobener Zeitgeschichte und messianischer Hoffnung, wie sie niemand mehr seither so gespannt, so wienerisch Mahlerisch/Schönbergisch überspannt, zustande brachte. Darf ich den Wort für Wort reine Lyrik umschließenden Beginn des Kapitels *Im Dienst einer fremden Macht* zitieren, wirklich nur den ersten Satz:

»Die Wolken reiten Manöver, mitten im Krieg reiten sie Manöver, reiten toll und tänzelnd und tief über den Dächern der Welt, tief über diesem Niemandsland zwischen Verrat und Verkündigung, tief über der Tiefe.«

Wer schreibt ihr das nach?

Über »Der Gefesselte« (1953)

CHRISTOPH RAHMER

Ilse Aichingers »Poesie«

Gewiß, es ist nicht alles, was in dem 104 Seiten schmalen Erzählband gedruckt steht, so geschrieben, daß man es nicht schnell wieder vergäße. Aber einige der kleinen Geschichten haben etwas an sich, das dem Leser ins Herz sieht, wenigstens zwei aber sind unvergeßlich.
Die eine, *Spiegelgeschichte* genannt, trug Ilse Aichinger im Frühjahr 1952 in Niendorf den Preis der Gruppe 47 ein. – Zu Recht. Ein junges Mädchen liegt im Sterben. Eine Stimme flüstert eindringlich sanft auf sie ein; in immerwährender Rede läßt die Stimme noch einmal die Spule des kurzen Lebens ablaufen, vom Ende her zum Anfang hin, spiegelverkehrt.
Am Grabe, das sich öffnet, kaum daß es geschlossen ist, beginnt die Geschichte. Der Leichenwagen rollt zurück ins Spital, das Mädchen erhebt sich gesund gleich nach dem Augenblick, in dem es zusammenbrach, es begegnet seinem Freund, als es ihn zum letztenmal sieht, und trennt sich von ihm gleich nach der Minute der Begegnung, wird wieder ein Kind mit langen Zöpfen und stirbt im Augenblick der Geburt.
Als Elas Tridet auf den Gedanken kam, ein Leben rückwärts ablaufen zu lassen, machte sie eine Geschichte daraus, die zeigte, wie grotesk unser Dasein sich in dem Moment ansieht, wo wir nur den Uhrzeiger in Gegenrichtung kreisen lassen und jeden Tag dem Kalender ein Blatt hinzufügen statt es herunterzureißen.
Dasselbe Mittel in Ilse Aichingers Hand zielt auf einen ganz anderen Effekt. In der Umkehrung des Lebensablaufs wird die Wirklichkeit unwirklich, Geburt und Tod fallen im Punkte Null zusammen. Das ist auch formal kunstvoll kontrapunktisch gearbeitet: wie Station um Station dem fortschreitenden Verfall des – scheinbar – wirklichen

Sterbens ein Anwachsen der Lebenskraft des sich verjüngenden Mädchens in seiner – scheinbar unwirklichen – Vorstellung korrespondiert.

In der *Rede unter dem Galgen* ruft der mit dem Strick um den Hals den Zuschauern zu: »Wie lange lebst du noch, da unten, du, der links von dir, dich mein ich – wieviel Jahre hast du noch zu leben? Du weißt es nicht, soll ich dir's sagen? Eins! Und jetzt der rechts, wie viele Stunden? Eine! Und der daneben – wie viele Augenblicke? Einen, sag ich dir! Ihr glaubt mir's nicht? ... Keiner von euch lebt nur um einen halben Vogelschrei länger als ich, keiner von euch lebt länger als noch einen Augenblick.«

Kein Mensch lebt länger als einen Herzschlag, ob er »heute« stirbt oder »erst in zehn Jahren«. Das Leben ist dem Traum gleich. Um das zu begreifen, braucht man nur die Zeit auf den Kopf zu stellen, und alles wird transparent.

Mit der größten Selbstverständlichkeit erweckt Ilse Aichinger einen Jungen, der auf einem Plakat in die Sonne läuft, zu »wirklichem« Leben. »›Du wirst nicht sterben‹, sagte der Mann, der die Plakate klebte.« Und nun wünscht sich der Junge, sterben zu dürfen, denn Sterben muß das Geheimnisvolle all der »wirklichen« Kinder, die er vor sich sieht, sein. Für einen Moment lebt er, um sofort überfahren zu werden.

Friedrich Sieburg bemerkte zu Ilse Aichingers Roman *Die größere Hoffnung*, er poetisiere die Realität so sehr, daß jene an Bedeutung verlöre.* Da sie sich in jenem Werk ein Zeitthema zum Vorwurf genommen hatte, traf seine Bemerkung zu: »Dem Willen, Zeugnis von unserer Zeit abzulegen, steht ein dichterischer Drang gegenüber, der sich um jeden Preis Bahn zu brechen sucht und dadurch dieser bösen Zeit eine Relativität verleiht, die ihr nicht zukommt.«

Für die Erzählungen aus dem *Gefesselten* gilt dies nicht. Oder nur als Lob. Denn sie sind keine »Zeitthemen«, sondern frei geschaffene Stoffe, die Unwirklichkeit des Wirklichen zu beweisen und die Wirklichkeit des Unwirklichen, ohne, das ist das Merkwürdige, den Menschen dabei sich schwindeln zu machen.

---

* vgl. S. 131 ff.

Erfassung des Unfaßbaren?

»Vergeblich suchte sie das Unfaßbare in harte Worte zu fassen.« Dieser Satz ist aus einem unveröffentlichten Roman, aus dem Ilse Aichinger las; er kennzeichnet das Unterfangen dieser jungen Dichterin: was an Schwebendem, Flüchtigem, Ungefährem in uns geschieht – weiche Konturen wie sturmverwehte Wolken –, will in das »harte« Element der Sprache gegossen werden. Ein Gegensatz, unter dem gerade die echte zeitgenössische Dichtung leidet – und von diesem Leiden sucht man sich durch die verschiedensten Techniken zu befreien.
Zumindest im deutschen Sprachbereich wirkt die Dichtung der Aichinger ungewohnt. Sie hat zweierlei Wert: Einmal ist sie *echte* Dichtung (Verdichtung, Ideogramm, Verzicht auf breite Darstellung), sodann ist sie echte *Frauen*dichtung, etwas noch Selteneres als das erstere. Virginia Woolf in England, Gertrude Stein in Amerika mögen geistige Ahnen der Aichinger sein. Hier wie da das Bestreben, durch Sprachautomatismen ins Herz innerer Vorgänge zu treffen, die sich dem Begriff entziehen: Man macht aus der Not eine Tugend, indem man die Starrheit der Sprache übertreibt, um durch Kontrast innere Differenzierungen zu aktivieren. Die Verfasserin scheint sich dieser Methode durchaus bewußt zu sein, deshalb das Monotone ihres Vortrags, die betonten Zäsuren im Satzduktus, das Taktmäßige der dialogischen Phrasierung (eine Art Hemingway-Dialog, eigentümlich aus dem Munde einer Frau, die ihn für Zwecke verwendet).
In der Erzählung *Der Hauslehrer* bemühte sich die Dichterin, kaum Wahrnehmbares der Kinderseele, Übergänge zwischen Spiel und Wirklichkeit, durch eben die starren Wortwiederholungen zu spiegeln, durch die vor 50 Jahren Gertrude Stein in Paris eine bahnbrechende, verspottete und persiflierte literarische Erscheinung geworden ist. *Mondgeschichte*, vielleicht die interessanteste und differenzierteste Produktion, die an diesem Abend zu Gehör gebracht wurde, mischt Ironie und Vielschichtigkeit, dem »pattern«-Schema der Pound, Joyce und Eliot folgend (Ilse Aichingers Mann Günter Eich gebraucht diese Technik im Hörspiel). Die Archetypen »Miß Universum« und »Ophelia« verschmelzen miteinander, desgleichen ihre Handlungs- und Wirkbereiche; sie bilden wesentliche Komponenten der weiblichen Seele, die zugleich die Kollektivbewunderung und die Einsamkeit braucht, gleichzeitig sich dem männlichen Urteil unterwirft und narzißtisch in die kühlen Mondbereiche der Unberührbarkeit entschwindet, keiner Instanz untertan.

Seegeister ist ein Kabinettstück der Existenzdichtung; seit Sartre ist der »existentielle Denker« Kierkegaards zur dichterischen Parabel (ungünstigenfalls Floskel) geworden. Auch Kafka wird häufig bemüht – in *Seegeister* wird wie im *Kübelreiter* Kafkas etwa die drängende Frage nach Eigentlichkeit oder Uneigentlichkeit der Existenz (Heidegger) durch Verlängerung des realistischen Möglichen in die surrealistische Parabel gespielt. Ilse Aichingers Gestalten leiden unter ihrer Kontaktkrise und belügen sich, indem sie die »Not als persönliche Note« tarnen: ein künstlerisch eindringliches Stück von Gegenwartskritik.

Am wenigsten überzeugt wohl trotz zauberhafter Details die Technik der Aichinger im geplanten Roman; Chiffren, Ideogramme sind nicht seitenlang aufzunehmen, außerdem erlahmt in den Stoffmassen des Romans die Spannung, die Verdichtungsfähigkeit des Autors. Der Dialog beginnt zu klappern, die Persönlichkeitsumrisse drohen Klischee zu werden. Die Kunst der Aichinger, aus Existenzphilosophie, Logismus der »Wiener Schule«, Freud, Jung, angelsächsischem »pattern«-Assoziationismus und Kafka gewoben, ist so verletzlich, daß sie der »kleinen Form« verbunden bleibt.

Ehrlich interessierter Beifall der Zuhörer.

wm.

Über »Zu keiner Stunde« (1957)

HANS EGON HOLTHUSEN

Im Rücken des Todes

Nach einer Pause von fast vier Jahren ist dieser Tage ein neues Buch von Ilse Aichinger erschienen: *Zu keiner Stunde,* eine Sammlung von 18 meist kurzen Dialogen, der ganze Text keine hundert Seiten lang. Vorherrschend ist die Duoszene, gelegentlich sind auch mehrere Sprecher beteiligt. Szenenwechsel ist selten: nicht fabulöse Mannigfaltigkeit wird angestrebt, sondern Einheit – nicht des Ortes, nicht der Zeit, sondern der imaginären Situation. Ein Polizist vor dem Portal der französischen Botschaft kommt ins Gespräch mit dem Dienstmädchen von gegenüber, das die Hunde ausführen und das jüngste Kind seiner Herrschaft aus dem Park holen will. Einfache, elementare Töne werden angeschlagen: schönes Wetter heute, der Himmel, der aufkommende Wind, Schnee, die Tauben, diese schon mit dem Zusatz: »Ich weiß nicht, was die bedeuten«: plötzlich: »Die alten Propheten hätten sichs auch nicht träumen lassen, daß sie aus Stein in die Kirchsäulen gehauen werden, mitten im Reden.« Man begreift, daß der Polizist das Mädchen überreden will, sich mit ihm und den Hunden gemeinsam in ein steinernes Bild verwandeln, aus den Bedingungen der hiesigen Zeit erlösen zu lassen: »Wir bleiben dann für immer zusammen! Das Wort!« Aber das Mädchen, kleingläubig und störrisch, versagt sich – »Ich will auf keine Säulen« –, und »der Prophet Elias fährt in einem roten Wagen am Himmel über ihnen vorbei.«
Ein anderes Stück heißt *Sonntagsdienst.* Die Stewardeß des Passagierflugzeuges London–Johannesburg trifft bei sinkendem Tageslicht auf einen Assistenzarzt in einer Nervenklinik. Erörtert wird die große, unabsehbare Verfremdung, die an Sonntagnachmittagen den Menschen befallen kann. Für den Arzt ist es der Augenblick, »in dem Sie das Fenster aufstoßen und sich dienstfrei fühlen, ohne es zu sein«,

es heißt: die Spatzen füttern. Für die Stewardeß bedeutet es: Angst. »Aber ich bemerkte zum erstenmal, daß es Sonntag war. Und daß wir keine Richtung flogen, die uns Hoffnung gab, in einen Montag hineinzukommen.« Es bedeutet Feuer an Bord, Notlandung im Schlick – und »der zwölfte«, der nicht mehr zu retten war. Was aber will es heißen, daß diese beiden Stimmen gesprächsweise ineinandergreifen? Das Gegenüber von Mann und Mädchen ist hier, wie in anderen Szenen, vollkommen frei von sinnlicher Erhitzung und ohne eine Spur von dem üblichen literarischen Bonbongeschmack. Das bahnbrechende, wegeröffnende Verlangen, das wir Eros nennen, will hier etwas schlechthin Unbedingtes und Endgültiges: den Tausch der Schicksale. »Ich wollte Sie bitten«, sagt die Stewardeß, »von drei bis sechs meinen Dienst zu übernehmen.« Als der Arzt nach einigem Zögern eine zusagende Bemerkung macht, ist das Mädchen schon gegangen.

Wer nach dem Thema oder dem Sinn dieser Dialoge fragt, wird nicht leicht auf eine Antwort stoßen. Er wird sich zunächst in eine Art von schwindliger Nachdenklichkeit versetzt fühlen: sie entsteht dadurch, daß der deutende Verstand sich seiner mitgebrachten Kategorien mit einem Schlage beraubt findet: des Raumes, der Zeit und der klassischen Kausalität. Die Gespräche begeben sich buchstäblich »zu keiner Stunde«, nirgendwann und nirgendwo, es sei denn dort und dann, wo die Unterschiede zwischen Tod und Leben, Zeit und Ewigkeit, Hier und Dort, Damals, Heute und Dereinst nicht mehr gültig sind. »Weihnachten? Oh, es ist immer gleich nahe, ohne daß es freilich käme.« Eine sinnerschließende Situation ist gegeben, wo ein Gefühl von Balance entsteht, ein Entweder-Oder, das zur Entscheidung zwingt, nicht zum Handeln, sondern zur Innewerdung. Eine junge Dame im ersten Semester steht an der Pforte zum »Heim für auswärtige Studentinnen«, verhandelt um Einlaß, »alles ist nahe«, alles ist möglich, alles unmöglich, es ist die Pforte zur Ewigkeit. Schließlich zieht sie den Fuß zurück, die Türe schlägt zu. Eine Situation, haargenau die gleiche wie in Kafkas berühmter Legende *Vor dem Gesetz.*

Aber mit solchen Andeutungen ist noch kaum etwas gesagt über die eigentümliche Ausdruckskraft dieser Texte. Innewerdung – was ist das? Einmal, im letzten Stück, kommt ein Erdbeben vor, und vielleicht ist es dies Motiv, das uns den Schlüssel liefert. Ja, die Dichterin hat es darauf abgesehen, eine zutiefst liegende Selbstverständlichkeit in uns zum Beben zu bringen: unser Bewußtsein von der Identität der

Dinge mit sich selbst. Das Dasein weigert sich, sich als selbstverständlich zu nehmen, es kann sich nur verstehen, indem es sich selber begegnet, sich spaltet und tragisch verdoppelt. Daher die leitmotivisch wiederkehrenden Spiegelschrift-Erlebnisse: Schmerz und Gewißheit des Daseins reflektieren sich in der logischen Umkehrung einer Situation. So in dem Dialog *Wiederkehr*, wo drei tote Matrosen, kurz ehe sie in den Himmel fahren, ihre Rettungsringe zurückgeben an den alten Mann, dem sie sie einst abgekauft haben: sie sind »zu schwer« gewesen, und er darf sie wieder an sich nehmen, »als hätte er sie nie verkauft«. Oder jenes bettlägrige Mädchen, das von einem Vers, der »als junger Mann verkleidet« ist, Besuch bekommt, dasselbe Mädchen, das in dem sich entwickelnden Gespräch gestehen muß, es sei ihm soeben ein Vers gelungen. Wiederum der elementare Drang zum Zusammensein – »Und daß wir heute noch miteinander ausgehen werden! In die Meierei, in den Stadtpark –«, wieder das schmerzliche Erlebnis der Innewerdung im Auseinanderbrechen der Einheit von Innen und Außen (Vers und Vers): der junge Mann zieht sich traurig zurück: »Ich muß mich heute abend auf meine Decke legen und jemanden erwarten, der mich nicht sucht.« »Er demaskiert sich«, so lautet die szenische Anweisung, »indem er verschwindet.«
Diese spiegelschriftliche Kreisfigur, der logisch-überlogische Zirkelschluß, der das Absurde plausibel macht: bei Kafka ist er das Prinzip einer Hoffnung wider die Hoffnung, bei Sartre der Kerngedanke einer höchst effektvollen Dramaturgie, bei der Aichinger ist er ein Mittel, um die Pointe zu bilden, ohne die ihre kurzen, sketchartigen Gebilde strukturlos verwehen würden. Die Fülle der Welt und des Lebens ist ja nur als Andeutung und Anwandlung gegeben: ein Auktionar versteigert ein Stück Himmelsblau und eine Kommode, man bietet ein Kaninchen, ein Waldstück aus dem Jahre sechzehnhundertundvier und so weiter. Der die Pointe bildende Schock entsteht, als plötzlich die »Gitter dreier Kinderbetten aus der Infektionsabteilung« genannt werden. Das Mädchen, das »damals« an Scharlach erkrankte, starb gegen drei Uhr – »Der Geruch nach Lysol?« – »Verging mit dem Rauschen der Röcke« –, und wieder schließt sich der Kreis, indem es faktisch drei schlägt. Die Phantasie drängt sich wie ein Spaltpilz in die Identität der Dinge mit sich selbst, und der Leser, wenn er der Situation gewachsen ist, erschrickt über dem Gefühl, für einen Augenblick »hinter« die Zeit und dem Tode gleichsam in den Rücken geraten zu sein.
Die Form dieser Dialoge – die nicht alle gelungen sind, einige bleiben

unverständlich und scheinen mißglückt – ist derjenigen des Hörspiels angenähert, d. h. jener Art von dichterisch gesteigertem Hörspiel, wie sie bei uns in Deutschland vor allem Günter Eich entwickelt hat. Wo die menschliche Stimme schweigt, setzen Tierstimmen ein und andere sinnbildliche Geräusche; nicht selten ist im Wechsel der Sprecher auch ein Wechsel der »Tonebenen« gegeben und damit eine oft geisterhafte Veränderung des Wirklichkeitsbegriffs. Eich scheint das Vorbild zu sein, wenn durch solche »Überblendungen« ein Bewußtsein von Alleinheit erweckt wird, innerhalb dessen ganz verschiedenartige Schicksale, Seinsweisen, Wahrnehmungsarten mühelos durcheinander spielen. Aber während bei Eich noch eine gewisse poetische Fülle an gegenständlicher Welt beschworen wird, liegt bei seiner Frau die Poesie durchaus in der imaginären Pointe, »zwischen den Zeilen«, möchte man sagen, besser noch: in dem Hiatus zwischen Ausdrucksversuch und Ausdrucksversuch, wo denn, bei einem Maximum von sublimer Spannung, die Minute der Wahrheit entspringt. Gäbe es genaue Entsprechungen zwischen Dichtung und Malerei, so dürfte man es sich vielleicht erlauben, von einer Wendung zu abstrakter Poesie zu sprechen. Der Ausdruck, auch wo er sich bedeutend verdichtet, ist allem Überschwang des Gefühls, aller Rhetorik und jeder Möglichkeit, glänzend oder kostbar zu sein, streng abgeneigt, und nichts ist ihm fremder als der leere Metaphernprunk der landläufigen »surrealistischen« Lyrik. Trocken und glühend, hager und gespannt, wie ein Steinbrucharbeiter, ist er um das Heraushauen von ganz einfachen Sätzen bemüht, die, wenn in die richtige Anordnung gerückt, ein Geheimnis zum Sprechen bringen, das den meisten Menschen gleichgültig ist. Für die Monomanen einer »soziologisch« gesteuerten Welt- und Literaturbetrachtung ist das freilich nichts. Wer aber noch ein Ohr hat für die Ursprünglichkeit einer wahrhaft poetischen Initiative, der wird sich vielleicht einmal wieder veranlaßt sehen, das weitverbreitete Gerede, wir hätten keine Literatur, als ein unkritisches Vorurteil beiseite zu schieben.

GÜNTER BLÖCKER

Zwischen Andersen und Kafka

Ein Dienstmädchen, das die Windhunde der Gnädigen spazierenführt, dazu ein liebeshungriger Polizist, der das in völliger Nüchternheit und Verständnislosigkeit verharrende Mädchen überreden möchte, sich mit ihm zu ewigem Entzücken auf die Säule einer Kathedrale zurückzuziehen, und über beiden der Prophet Elias, der in einem roten Wagen am Himmel entlangfährt – das ist ein ins Österreichische gewendeter Chagall, der mit Worten gemalt ist. Wie der Maler sich nicht damit begnügt, die Welt zu reproduzieren, sondern ihre Elemente ergreift und daraus eine eigene, ihm gemäße Wirklichkeit aufbaut, so verfährt die Wiener Erzählerin Ilse Aichinger in den achtzehn Traumdialogen dieses Buches. Und man hat Grund, daran zu erinnern, daß, was dem Maler recht ist, dem Dichter billig sein sollte.
Es ist Ilse Aichingers Verdienst, daß sie in diesen imaginären Kurzszenen der Prosa die volle Souveränität der Phantasie zurückerstattet, die unser Nützlichkeitsdenken sonst allenfalls noch der Lyrik zubilligt. Die kleine Prosa der Aichinger hat nicht nur weltabbildende, sie hat auch weltschaffende Kraft. Diese Autorin hat selbst etwas von dem Zwerg mit der großen, grünen Mütze, der – in dem Titelstück des Bandes – den vor lauter Examenswichtigkeit und Berufsplänen farbenblind gewordenen Studenten zur Herrlichkeit der grünen Farbe erwecken möchte. Sie ist, was Theodor Däubler von Chagall gesagt hat: ein kosmisches Kind. Das bedeutet nicht etwa, daß sie schwärmt oder ins Nur-Phantastische ausweicht. Ihre außerordentlich exakte Phantasiewelt ist vielmehr eine geklärte, eine dichterisch gereinigte Wirklichkeit, in der wir uns mit um so größerer Treue wiedererkennen. Diese Stücke haben – etwa in der Mitte zwischen Andersen und Kafka liegend – die Freiheit und die Wahrheit des Märchens. Ihre Erschütterung kommt aus einer Art von kosmischem Requisitenspiel: etwa wenn eine arme Frau auf einer Auktion das Stückchen Himmelsblau zu ersteigern hofft, unter dem ihr Sohn verunglückt ist. Oder wenn – groteskes Symbol einer verkehrten Welt – eine Rinderherde in einer Gemäldegalerie untergebracht werden soll und Zoodirektor und Galeriedirektor ein schauerlich-gravitätisches Gespräch darüber führen.
Das Bändchen hat in all seiner Schmalheit Goldgewicht. In einer Zeit,

in der Autoren und Verleger Bestseller nach Kilometermaß verfertigen und vertreiben und die Literatur mit der Elle gemessen wird, tut es wohl, einem zierlichen Meisterwerk zu begegnen, das auf knapp hundert Seiten Fülle und Geheimnis des Lebens enthält.

Über »Wo ich wohne« (1963)

WOLFGANG MONECKE
Auf grünem Grund

Eine der Gestalten Ilse Aichingers wird aufgefordert, »zu Ende« zu erzählen. Was ist die Entgegnung? »Zu Anfang möcht' ich gerne erzählen, und sonst nirgendshin. Da wo die Leute mit den weißen Schuhen auf der Terrasse sitzen und die bunten Segel durch das gedrehte Gitter sehen.« Der Anfang, das Ziel des Erzählens, ist also ein Ort betrachtsamer Sicherheit, feiertäglich, und die Welt stellt sich von dort aus dar als farbiges Schauspiel – jedenfalls in den Augen des Bitteren und Schuldigen, der zu Ende erzählen soll. Aber sein Wunsch wird ihm abgeschlagen, er gilt nicht als kompetent. »Zu Anfang erzählt der andere.« Der andere ist ein Toter.
Daß wir es hier mit dem epischen Grundmotiv Ilse Aichingers zu tun haben, macht der vorliegende, abgewogene Band mit Nachdruck bewußt. Ja man zögert, es überhaupt als Problem des Erzählens anzusprechen, so oft wird man von ihm fixiert, auch in der Lyrik, auch im Dialog. »Die Welt ist aus dem Stoff, der Betrachtung verlangt«, sagt der Anfang eines Gedichts. Aber sind uns nicht Augen und Ohren, Geruch und Geschmack abhanden gekommen?
Den Ausgangspunkt zum Endpunkt machen, auf ihn sich hinbewegen, ohne ihn ins Auge zu fassen, die Welt erblicken, als führe man rückwärts, das ist ein Darstellungsproblem schlechthin in allen diesen Arbeiten. Sie erinnern an die wenigen, unendlich überlegten und doch sehr selbstverständlichen Pinselstriche östlicher Maler, von denen man manchmal nicht recht weiß, ob es mehr um den Zusammenhalt des Gebildes geht, das sie umschreiben, oder um die Unendlichkeit weißen Papiers darum her. Schweigen, Sprachlosigkeit sind immer zugegen. Könnte man sich zurückerzählen, der Zeit entgegen, sie aufhebend, wie ein Toter es können müßte – vielleicht fände man Worte und fände sich selbst?

Das klingt abstrakt, aber gleich die erste Erzählung des Bandes, *Spiegelgeschichte*, führt das Motiv exemplarisch durch. Die junge Frau, die an einer Abtreibung gestorben ist, erzählt sich zurück durch Elend und Lebensalltag bis hinein in ihre Geburt. Und es ist erstaunlich, wie weit diese Modellgeschichte das Absichtsvolle ihrer Konzeption aufzulösen weiß. Eine große, nicht ganz geheure Sachlichkeit waltet vor. Fast alles wird einfach beim Namen genannt, so als hätte man die Dinge in Ruhe gelassen, bis sie nur sie selbst sind und dadurch eine geisterhafte Unanfechtbarkeit bekommen.

Das wird möglich durch die impassibilité der Toten. Womit sich noch weiteres verdeutlicht: Hier ist keine Welt, in die man sich bewältigend hineinerzählt. Man muß sie sich widerfahren lassen. Der Erzähler handelt nicht mit ihr und stellt sie nicht aus sich heraus als einen Gegenstand, sondern er ist ihr Objekt. Er muß sie erwarten. Ein klassisches Kurzgedicht spricht diese Situation epigrammatisch aus:

»Denn was täte ich,
wenn die Jäger nicht wären, meine Träume,
die am Morgen
auf der Rückseite der Gebirge
niedersteigen, im Schatten.«

Mein grüner Esel heißt die Geschichte, die von einem solchen Traum berichtet, in ihrer Mischung von Naivität und hauchdünner Ironie ein besonders geglücktes Stück. Der grüne Esel, der vielleicht aus dem verfallenen Elektrizitätswerk kommt, herüber über die Brücke – »ich möchte nicht zuviel von ihm verlangen. Ich will mich damit begnügen, ihn zu erwarten, oder vielmehr: ihn nicht zu erwarten. Denn er kommt nicht regelmäßig.« Obwohl man »mein« Esel sagen darf, weil man ihn sieht, obwohl man von seinem Erscheinen lebt, darf man doch nichts von ihm erwarten, ja man muß lernen, so wenig von ihm zu wissen, »daß ich auch sein Ausbleiben ertrage, daß ich dann meine Augen nicht mehr auf die Brücke richte«.

Und mit schwer ergründbarer Komik heißt es: »Ich halte es für anstrengend, jeden Abend so grün wie er über die Brücke zu gehen...« Anstrengend höchst wahrscheinlich, wenn man bedenkt, daß er durch sein Sichtbarwerden jedesmal die Existenz des ihn Erkennenden zuwegbringen muß. Der Mieterin in der Titelgeschichte *Wo ich wohne* geschieht das nicht: Immer wieder sieht sie ihre Wohnung ein Stockwerk tiefer versetzt, zuletzt in den Keller, aber niemand fragt sie, wie das kommt, und sie selbst ist immer durch vernünftige Gründe gehindert, ihrerseits zu fragen. Wohin soll es noch mit ihr gehen? Da ist niemand und nichts, wodurch sie in dieser Welt gesetzt und bestimmt wird.

Mancher Leser wird finden, daß sich solche Intentionen am reinsten in den Dialogen Ilse Aichingers verwirklichen, Fixierungen von Augenblicken außerhalb der Zeit, in denen Schreckliches, Rührendes und Groteskes eine Verbindung von gläserner Durchsichtigkeit eingehen. Doch der Rezensent hält es mit der riskanteren, aber auch ehrenvolleren Mühe des Erzählens. Gewiß, es muß sich immer auf einer Höhe halten, wo die Luft schon dünn wird, und die Gefahr, im bloß Gemeinten oder Parabelhaften zu beharren, ist auf Schritt und Tritt gegenwärtig. Eine Floskel, ein kommentarhaftes Wort fällt sogleich hörbar zu Boden, wie hie und da bei den Reflexionen der existentialontologisch nicht unbelesenen Maus in der gleichnamigen Geschichte.

Doch ein Grundelement aller Erzählung, die Hoffnung, es sei sinnvoll, jemandem gerade dies da zu erzählen, ist in den epischen Stücken spürbarer wirksam. Das kleine Franz-Marc-Geschöpf, der grüne Esel, trägt nicht umsonst seine Farbe. Ihr magischer Wert wird häufig berufen. Der graue Kriegshimmel in *Nicht vor Mailand* könnte »wieder grün werden«, und der Galeriedirektor in *Belvedere*, dem tierische Masse seine Welt zertrampeln soll, ruft zum Himmel hinauf: »Werde grün!« Immer wieder mahnt der Zwerg in *Zu keiner Stunde* den zukunftssicheren Studenten, Grünes, in Relation zu seiner grünen Zwergenmütze stehend, zu bedenken – als wollte er sagen: Vergiß das Beste nicht! Und es wäre doch wünschenswert, daß der Esel ein Esel wäre wie andere auch, mit einem grünen Vater und einer grünen Mutter.

Man macht sich kaum der Vorliebe fürs »Positive« verdächtig, wenn man meint, daß auch die schwarzen Stücke unter den Erzählungen nicht wären ohne das Element der Hoffnung, und man geht nicht fehl, wenn man in der epischen Prosa Entwicklungsmöglichkeiten entdeckt, die den etwas beängstigend fertigen Dialogen fehlen. Damit werden auch Verbindungen zu anderen Autoren sichtbar. Ilse Aichinger, die Frau ohne Schatten, wird zu einer Wiener Dichterin. Das Erlebnis der Sprachlosigkeit und das Anschaun des Lebens vom Tode her hat schon das alte Österreich gekannt.

Wir hören dann die feine, sachliche Trockenheit der Aichinger verbunden mit einer gedeckten Moll-Melodie, die beide an den Erzählton Arthur Schnitzlers erinnern. Gäbe es hier Reserven? Denn, nicht wahr, der ideelle Ort des Erzählens ist für Ilse Aichinger eben doch nicht die Terrasse, von der aus man die Welt durch ein gedrehtes Gitter sieht. Das Gitter läßt sie nicht gelten. Nicht leicht vorstellbar, aber doch möglich, daß eines Tages ein schlicht grauer Esel über die Brücke kommt und auf Anruf gehorcht.

JÜRGEN P. WALLMANN
»Wo ich wohne«

Wo ich wohne – das ist der Titel einer kurzen Prosa von Ilse Aichinger wie auch die Überschrift zu einem der bekanntesten Gedichte Günter Eichs. In dem Gedicht Eichs ist die Rede vom Einbruch des Bedrohlichen in die gewohnte Welt: »Als ich das Fenster öffnete, / schwammen Fische ins Zimmer...« Und auch bei Ilse Aichinger geht es um den Verlust einer nur scheinbar selbstverständlichen Sicherheit. Es ist die Situation eines Alptraums: Ohne zu wissen, wie diese Veränderung vor sich geht, wandert eine Frau, mitsamt ihrer ganzen Wohnung von Stockwerk zu Stockwerk eines Hauses nach unten, bis sie sich schließlich in den Keller versetzt sieht und am Ende befürchten muß, noch in den Kanal unter dem Haus verdrängt zu werden. Doch während das Ich im Gedicht von Günter Eich sich noch gegen die Bedrohung wehrt – die letzte Gedichtzeile lautet: »Ich will ausziehen.« – zeigt Ilse Aichinger die Haltung des letztlich resignierenden Einverständnisses auf. Jeder Protest wäre vergeblich: »Da hätte ich mich schon im dritten Stock beschweren müssen. Jetzt ist es zu spät.«
Diese Erzählung ist 1952 geschrieben und zeigt bereits deutlich die Tendenz zur Parabel und zur höchstmöglichen Verknappung und Zusammenfassung, die für die späteren Arbeiten der Dichterin charakteristisch sind. Doch schon die *Spiegelgeschichte* – eine Erzählung, die, wie wir glauben möchten, vieles von dem überdauern wird, was man heute als moderne Prosa propagiert – zeigt Ilse Aichingers Meisterschaft.
Die *Spiegelgeschichte* ist der distanziert wiedergegebene Monolog einer Sterbenden, die den Schritt in den Spiegel hineintut und auf diese Weise Vergangenheit zur Gegenwart werden läßt. Das Geschehen wird sozusagen »von rückwärts« aufgerollt: vom Tod der Frau, die an einem Eingriff stirbt, zu dem ihr Freund geraten hatte, bis zurück zur ersten Begegnung mit dem Geliebten, ja, bis zurück in die

ersten Kindertage. Die ganze Erzählung ist, ohne konstruiert zu wirken, höchst geschickt auf das Ende hin komponiert: In dem Augenblick, da das Ende des gespielten Bildes erreicht ist, als also die Frau, in ihrer Vorstellung immer weiter zurückgehend, bei dem Tag ihrer Geburt angelangt ist, stirbt sie in der Realität: »›Es ist zu Ende –‹ sagen die hinter dir, ›sie ist tot!‹ Still! Laß sie reden!«
Das Ganze hat nichts von gesuchter Verfremdung an sich, von Anfang an ist die Geschichte stimmig und überzeugend. Das spiegelbildliche Erzählen, die schrittweise Rückblende in die Vergangenheit und das Verlegen des Schnittpunkts der beiden Linien von Realität und Vorstellung in den Augenblick des Todes (der zugleich der Augenblick der Geburt ist): das ist kein literarischer Trick, sondern eine erzählerische Notwendigkeit. Die Handlung der *Spiegelgeschichte* hätte, »richtig herum« erzählt, nicht mehr als den Stoff zu einer tristen Dutzend-Liebesgeschichte abgegeben. So aber wird das Alltägliche neu, springt es den Leser unmittelbar an – ein Beweis mehr für die noch immer nicht überall akzeptierte Tatsache, daß es keinesfalls der Stoff ist, der die Dichtung ausmacht.
In den späteren Erzählungen Ilse Aichingers sind die Grenzen von Zeit und Raum, von Gegenwart und Vergangenheit gelegentlich völlig aufgehoben. Hier zeigt Ilse Aichinger »die Tatsachen und zugleich deren Transparenz« (W. Weber). Die Realität ist stets gegenwärtig, gegenwärtig ist aber auch ein (nicht immer deutlich fixierbares) Jenseits: eine Wirklichkeit jenseits des Schlafs, die sich aber nicht einfach als Traumwirklichkeit abtun läßt – sie ist verbindlicher, bedrohlicher, verpflichtender, als es jeder Traum sein könnte. Kinder und Sterbende, Verwunschene und Außenseiter haben Beziehung zu diesem »Jenseits«, das in die Welt der Fakten und der festen Wohnstätten beunruhigend einbricht.
Schließlich ist es dieses Übernatürliche, das zur Lebensnotwendigkeit wird. So sagt der Erzähler des Stücks *Mein grüner Esel* – einer Prosa, die außer der Titelähnlichkeit aber auch gar nichts mit dem literarischen Gag der *Grünen Stute* Marcel Aymés zu tun hat – deutlich von dem grünen Esel, dessen Herkunft und Aufenthaltsort völlig im unklaren bleibt: »Weshalb soll ich nicht bekennen, daß ich von dem Augenblick lebe, in dem er kommt? Daß seine Erscheinung mir die Luft zum Atem schafft...« Der grüne Esel – das ein wenig grotesk anmutende Zeichen für die Realität außerhalb des Realen.
Der Zug zum Grotesken verstärkt sich noch in den Dialogen Ilse Aichingers. In diesen Spielen für Stimmen ist die Surrealität nicht

mehr, wie in den ersten Erzählungen, ausgemalt, sie wird vielmehr in paradoxen Gesprächssituationen plötzlich zugespitzt, leuchtet blitzartig auf. Auch hier: die Schwebe zwischen Einst und Jetzt, zwischen Hier und Dort. Und auch hier der Einbruch des Nichtrealen, das Lebensbedrohung und Lebensnotwendigkeit zugleich sein kann.
»Die Welt ist aus dem Stoff, / der Betrachtung verlangt«, heißt es in einem der Gedichte Ilse Aichingers, und diese Worte können einen Hinweis auf die Kräfte geben, aus denen heraus sich die Dichtung Ilse Aichingers entwickelt. *Wo ich wohne* heißt das vorliegende Buch: Es gibt in der Tat Auskunft über den poetischen Wohnort der Dichterin.

> ... Ist es nicht ein finsterer Wald,
> in den wir gerieten?
> Nein, Großmutter, er ist nicht finster,
> ich weiß es, ich wohnte lang
> bei den Kindern am Rande,
> und es ist auch kein Wald.

Über »Eliza Eliza« (1965)

WOLFGANG HILDESHEIMER
Der Querbalken

Die Orte, an denen Ilse Aichingers Geschehen sich vollziehen, sind Orte des Traums, die Zeit ist »zu keiner Stunde«. Darin sind sie sich alle gleich. Dennoch besteht, innerhalb der Kausalität des Traums, ein Unterschied des Ortes und der Zeit zwischen den dramatisierten Szenen, die in atmosphärisch und zuweilen sogar geographisch definierten Gefilden des Jenseits spielen, in einer zu Stuben, Gassen und Parks verdichteten Unendlichkeit, »im Rücken des Todes« (Holthusen) – und den neuen Erzählungen, die von einer schmerzlichen Gefangenschaft des Lebens ausgehen, ihren Punkt in einem begrenzten Raum haben, im Angesicht des Todes, aber noch nicht dort, wo seine Nähe tröstlich wird. In den Dialogen sind es denn auch, der Form gemäß, fremde Figuren, die sprechen und agieren, und es bleibt offen, aus welcher dieser Figuren die Autorin spricht – wahrscheinlich spricht sie aus der Szene selbst, die Regieanweisungen deuten darauf hin –, während sie in den neuen Erzählungen in immer anderer Gestalt als Ich-Erzähler auftritt, als Maus oder als Puppe, als Tochter eines Vaters aus Stroh oder als Frager nach einem Querbalken. Während also die Figuren der Dialoge sich in Freiheit von Raum und Zeit und irdischer Bindung bewegen, ist die Ich-Erzählerin eine Gefangene des Lebens, die sich nach jener Freiheit sehnt, die sie ihren früheren Geschöpfen zuteil hat werden lassen. Aber sie selbst verzichtet darauf, den Schritt in diese Freiheit vorzeitig und freiwillig zu vollziehen, vielmehr respektiert sie die Ordnung, die ihr auferlegt, zu warten und sich in der Begrenzung ihres Raumes zurechtzufinden. Diese Ordnung allerdings auch noch gutzuheißen – das bringt sie nicht fertig, trotz geduldiger, oft sehnlicher Versuche, dem Dasein, in dem die Anderen sich so leicht zurechtfinden, das Gute abzugewinnen. Welche

Gestalt Ilse Aichingers »ich« auch annehmen mag, in welcher Funktion es auch auftrete, ob als Prüfer, als Richter oder als ein Wesen, das hilflos jeder Unsicherheit und Niedertracht ausgesetzt ist: die Versuche mißlingen, und vom Mißlingen der Versuche handeln die Geschichten. Am Ende jeder Geschichte steht dieses »ich« da, um einiges ärmer, einer Hoffnung beraubt, im Besitz eines neuen Verlustes, einsamer als zuvor, hat eine neue Verlockung als falsch durchschaut, ist einer neuen Zumutung unnahbar geworden (»keine Süßigkeit soll mich verletzen«), aber stets registriert es an sich selbst eine neue Erkenntnis (»Ein Ausgang oder kein Ausgang, das ist für mich fast dasselbe, sobald ich es weiß«), die zwar objektiv nicht tröstlich ist, die aber subjektiv zu seiner stolzen Unverletzlichkeit beitragen und es schließlich zu einem Wesen machen, dem Bitternis und Trauer und die Erkenntnis der Vergeblichkeit eine unwiderstehliche Größe verleihen. Die Fähigkeit der Empörung und der Auflehnung fällt von ihm ab und kommt ihm abhanden. Nur hier und dort, zwischen den Zeilen, regt sich noch eine plötzliche Welle von Widerwillen, die sich ihrer selbst schämt und sich sofort glättet.

Die seltsamste und vielleicht sprödeste dieser neuen Erzählungen ist die, in welcher die Erzählerin sich auf einem Querbalken niederlassen will, um etwas über diesen Querbalken zu erfahren: einerseits in der Ahnung, daß er etwas sei, das den Ausweg versperrt, andrerseits in der Hoffnung, daß er doch, letztlich, etwas sein könne, das »dem Halt diene, vielleicht der Rettung«. Die Ahnung siegt, die Hoffnung ist vergeblich: jeder, den sie danach fragt, gibt ihr eine andere Auskunft, Auskünfte zwar, die »aneinander klingen, aber nur leicht«. Manche geben sie zögernd und hilflos, andere hämisch und in versteckter Mißgunst, aber die Auskünfte bewirken, daß die Frage mit immer größerer Bestimmtheit gestellt wird, mit dem wachsenden Stolz eines Fragestellers, der sich seiner Überlegenheit gegenüber den Antwortern, von denen er sich keine Wahrheit verspricht, in zunehmendem Maße bewußt wird; aber auch mit immer weniger Hoffnung, daß ein Querbalken etwas anderes sein könne als ein nichtiges Requisit, das auch nicht das geringste Rätsel löst.

Der Querbalken ist also die Geschichte der Entwicklung einer Frage; sie wird an den verschiedensten Orten gestellt, die Antworten rufen viel rätselvolle Gegenständlichkeit herauf. Dennoch bleibt die Frage der abstrakte Held der Geschichte, er läßt der visuellen Phantasie einen weiten, verschachtelten Spielraum. Diese, neben der Bewunderung für alle Texte von Ilse Aichinger, hat mich zum Versuch einer

Illustration veranlaßt, die nichts anderes sein soll als ein manueller Vollzug unter einem unmittelbaren Einfluß der Lektüre, ein ungesiebtes Registrieren meiner Assoziation mit ihrer Fabel, ihrem Rhythmus und ihrer Euphonie, im Vertrauen darauf, daß später, in der Betrachtung, sich ein Zusammenhang von allein ergäbe. Es war aber nicht meine Absicht, an der Vollkommenheit einer solchen Prosa mit Feder- und Pinselstrichen zu deuten. Ich wollte nicht zeichnen, nichts Handschriftliches, keinen »Duktus« diesem kühlen, verhaltenen Erzählerton hinzufügen, der sich selbst zu vergessen und zu verleugnen sucht, der, ohne selbst leuchten zu wollen, sein Objekt aufleuchten läßt, der alles Barocke, alle Leidenschaft, alles Rhapsodische verschmäht; ein Wortlaut, der sich nie von der Sprache tragen läßt, sondern die Sprache trägt und sich nur selten Bilder erlaubt wie »Mondläuten« und »die alte Drachenwolke« oder Ausblicke auf »Schneelichter«. Ich habe also nichts gezeichnet als ein Aleph und zwei Kugeln, vielleicht Planeten.

Meine Illustration ist manipuliert, sie ist »hergestellt«: aus präfabrizierten Materialien zusammengesetzt, aus Rasterpapieren, aus dem Hochglanz der Autokataloge und der Rundfunkprogramme, aus Abfall. Abgegriffene, banale Dinge wurden benutzt, im Versuch, sie so zu fügen, daß etwas anderes, Neues, ein wenig Geheimnisvolleres aus ihnen entstehe, das sie über ihren ehemaligen Zweck so erhebe, wie Ilse Aichinger abgegriffene, verbrauchte Sprache über ihren Nutzwert hinauswachsen läßt. Nachträglich erst wurden Elemente im Bild erkenntlich, die der Autorin und mir den Elementen der Erzählung nachgeformt erschienen: Es enthüllten sich, in verschiedener Art und Größe, der Querbalken, die »immer wiederkehrende Dreizahl«, das »Gittermuster, die Felder zwischen den Lichtern, gekräuselt, schattiert, ja selbst schiefgelagert«, und die gezeichneten Kugeln sind nichts anderes als »die Sonne mit ihrem fahlen Geflunker«. Überall enthüllte sich Wiedergabe des Wortes, aber nirgends enthüllte sich Deutung. Dies war denn auch meine größte Entdeckung: Bei Ilse Aichinger gibt es nichts zu deuten, in dieser aus konkreten Dingen geformten Abstraktion findet sich nirgends ein Symbol. Ihre Kunst liegt darin, daß sie, ohne jemals Symbolik zu bemühen, jedes Wort seinen Gegenstand bezeichnen und doch große Regionen der Transzendenz erstehen läßt.

Illustration zu »Der Querbalken« von W. Hildesheimer (links)

RAINER LÜBBREN

Die Sprache der Bilder

Will man Ilse Aichingers Erzählstil einem literaturwissenschaftlichen Oberbegriff zuordnen, so bietet sich als nächstliegend der Surrealismus an. Diese Stilbezeichnung umschreibt einen höchst vielschichtigen Komplex, der sich sowohl auf die Literatur als auch auf die Malerei erstreckt. Eine exakte Abgrenzung steht bisher aus und soll auch hier nicht versucht werden. Der Surrealismus zeigt indessen, sowohl in der Literatur wie in der Malerei, im einzelnen gewisse ins Auge fallende Erscheinungen, die als typisch anzusprechen sind. Unter ihnen nimmt die Metamorphose den wichtigsten Platz ein, ja sie darf als Schlüsselbegriff bezeichnet werden.

Wenn wir Vergleiche zwischen Malerei und Literatur anstellen, so handelt es sich selbst dort, wo beide Kunstsparten unter gleichen Begriffen zusammengefaßt werden können (Realismus, Expressionismus usw.), um Hilfskonstruktionen, die nur mit großer Vorsicht zu gebrauchen sind. Beim Surrealismus allerdings führt uns der Vergleich zu einer verblüffenden Erkenntnis: Die Metamorphose ist nicht nur ein in beiden Sparten wirkendes Prinzip, sondern überschreitet die qualitative Grenze zwischen ihnen, verwandelt malerische und literarische Modalitäten ineinander. Der surrealistische Maler gestaltet Bilder, die mehr sind als Porträts, Landschaften, Stilleben, abstrakte Kompositionen; er bevorzugt das Tableau, die Szenerie, er ist gleichzeitig der Regisseur seiner Motive und der Bühnenbildner ihrer Auftritte. Entsprechend dem niederländischen Wort »schilder« für Maler schildert er einen Vorgang, welcher, der hier nicht zu erörternden manieristischen Tradition als Surrealismus entsprechend, Geheimnis bleibt. Er erfaßt den Augenblick vor oder nach einem Geschehen, das selbst wieder Metamorphose sein kann, Verwandlung von Gestalten in andere Gestalten, von Dingen in andere Dinge oder von Lebendigem in Dinghaftes bzw. umgekehrt. Mit diesem Eindringen von Handlung in die Malerei ist ein literarisches, d. h. die Kategorie der Zeit beanspruchendes Gestaltungsprinzip inauguriert, das dem Prinzip der bildenden Kunst, die an sich in der Kategorie des Raumes wirkt, entgegensteht. Das Bild wird zur Abbildung.

Abbildung war auch die Malerei der Renaissance und des Barocks; wo sie aber Reales, weitgehend sprachlich Beschreibbares abbildete und damit zur Sicherung einer anthropomorphen und abschreitbaren

Welt beitrug, öffnet der Surrealist den Vorhang vor einer Bildbühne, auf der etwas geschieht, das sich unserem direkten Zugriff entzieht und somit Unruhe zurückläßt. Der Betrachter wird gleichsam einem Vorgang auf die Spur gesetzt, dessen Dramaturgie er nie enträtseln wird, weil das Geschehen zum Bild eingefroren ist. Man ahnt ein Drama, von dem man nur einen Zipfel zu fassen bekommt, während die eigentlichen, vermutlich wichtigen Ereignisse halb verhüllt bleiben, oft im bildlichen Sinne des Wortes. Dieser verbleibende Rest ist zweifellos literarischer und nicht primär malerischer Natur, er regt Phantasie und Denken an, drängt zur Erforschung des ganzen Dramas, fragt nach der Bedeutung des Bildes*.

Dieser literarischen Komponente in der surrealistischen Malerei entspricht umgekehrt die bildliche in der surrealistischen Literatur. Selbstverständlich ist das Bild, d. h. die mit sprachlichen Mitteln hervorgerufene Imagination, eines der wichtigsten Elemente der Literatur schlechthin. Selbst eine weitgehend abstrakte Sprache wie die der Philosophie kommt ohne das Bild nicht aus; Bilder sind sogar oft ihre überzeugendsten Argumente. Aber daneben wirkt eine ganze Skala von anderen Elementen mit, wie die Beschreibung von Entwicklungen und Überlegungen, der Vergleich, die Dialektik des Gesprächs, der Kommentar des Erzählers usw. Das Bild, selbst räumlicher Qualität, hat sich einzufügen in den zeitlichen Ablauf; es hat sich überdies der ihm wesensfremden Logik zu beugen. Für die Literatur ist das Bild ein Mittel und nicht Selbstzweck, ebenso wie umgekehrt die Malerei literarische, d. h. mit Worten beschreibbare Motive zwar benutzen, aber nicht als solche malen kann, will sie ihre Grenzen nicht überschreiten.

In der surrealistischen Literatur, wie wir sie bei diesem Versuch über die Prosa Ilse Aichingers studieren wollen, gewinnt das Bild nun eine außerordentliche Bedeutung. Es schafft eine eigene Vorstellungswelt, die sich von der Logik der »Wirklichkeit« gelöst hat und nicht mehr Metapher ist, sondern für sich selbst spricht; man könnte auch sagen, die Metapher hat sich zum konstituierenden Element emanzipiert. Da aber das Bild statisch ist, bedarf es verbindender Glieder, die an die

---

* Als Beispiele aus der Fülle des Materials mögen hier vor allem die Bilder Max Ernsts dienen, in denen die Metamorphose von Anorganischem in Organisches, Pflanzlichem in Tierisches und Menschliches eine große Rolle spielt. Die bekannte Serie mit dem Motiv dschungelhaft wuchernder Vegetation ist von panischem Geist erfüllt; diese Bilder halten Momente fest, die, in Bewegung geraten, panisches Entsetzen hervorrufen würden (La joie de vivre, La nymphe Echo, Totem and Taboo).

Stelle der Beschreibung, des logischen Fortgangs der Erzählung treten. Diese Funktion übernimmt die Metamorphose.
In ihrer Erzählung *Eliza Eliza* verzichtet Ilse Aichinger auf eine rationale oder auch nur psychologische Entfaltung. Statt dessen tauchen Bilder plötzlich auf, ohne zunächst ersichtliche Motivierung. Im Verlauf der Erzählung verwandelt sich ein Bild in ein anderes, oft nur dank einer kaum merklichen Änderung der Perspektive. Im Text selbst heißt es einmal: »Die vier Leute auf dem Fächer waren um eine Spur kleiner und schwächer, als es Leute sonst sind, aber diese Spur war nur in Ahnungen meßbar, vielleicht vom Blickwinkel abhängig, vielleicht von der Beleuchtung, und man konnte sich leicht darüber täuschen. Wenn auch nach einer Weile der Betrachtung nur schwer darüber hinwegtäuschen.«
Zentralrequisit der Erzählung ist ein Fächer. Mit ihm ist das Milieu geographisch lokalisiert, ohne daß der Text es genauer beschreibt: Wir befinden uns in Ostasien, wahrscheinlich in China, denn es wird auf alte Traditionen angespielt: Die Besitzerin des Fächers trägt ihr Haar »nach der Mode eines früheren Jahrhunderts aufgesteckt..., genauer: der zweiten Hälfte des siebenten«. Und der Fächer ist alles andere als ein simples Gebrauchsgerät, in ihm verdichtet sich gleichfalls kulturelle Tradition. »Er mußte, darauf deutete seine breite und etwas ungeschickte Form hin, kurz vor Beginn der dritten Periode entstanden sein (es gab bisher im ganzen vier), während der bei den Fächererzeugern der innere Sinn für das Maß der Rippen zu schwinden begonnen hatte.« Auf diesem Fächer, der vor dem Haus der Eigentümerin auf einem eigenen Gestell ausgebreitet liegt, hat sich eine Familie, Vater, Mutter und zwei Töchter, niedergelassen. Vergeblich versuchen die Diener des Hauses, sie davon zu vertreiben. Die Eigentümerin steht am Fenster und schaut zu, als die vier Menschen sich anschicken, den Fächer in ein Schiff zu verwandeln. Schließlich steigt sie hinab und beginnt ein leise raunendes Gespräch mit der jüngeren Tochter, die sie als Eliza anspricht, ohne daß feststeht, wer von beiden Mädchen oder ob überhaupt eines diesen Namen trägt. Wer ist Eliza? Die Dame redet auf das stumme Mädchen ein, die Erinnerung an eine Naturkatastrophe heraufbeschwörend, aus der das Bild ihrer eigenen Deportation deutlicher hervortritt. Als es dann auf einmal zu schneien anfängt, spannt sie sich vor das Gestell und zieht es mit Fächer und Familie durch die Straßen und die Hügel außerhalb der Stadt hinauf. Kurz vor der letzten Hügelkuppe verlassen sie indessen die Kräfte, das Gestell gerät ins Rollen und reißt sie mit zu Tal. Da löst

sich der Fächer vom Gestell, wird in die Höhe getragen und schwebt der Küste zu, während sich die Dame an ihm festklammert. In einer vernunftmäßig nicht mehr erfaßbaren, den Kausalzusammenhang radikal verlassenden Wendung gleitet Eliza, zu einem Zeitungsblatt zusammengeschrumpft, in die Tiefe, gleichzeitig ziehen hilfreiche Arme die Dame auf den Fächer, wo sie von den Eltern als »Tochter« in Empfang genommen wird.

Eine solche »Inhaltsangabe« vermag nur in groben Andeutungen wiederzugeben, was in *Eliza Eliza* vor sich geht. Das innere Geschehen entzieht sich jeglicher Beschreibung. Wie Wolken am Himmel in fließender Bewegung ständig neue, vieldeutige Bilder erzeugen, wandeln sich die Imaginationen der Erzählung ineinander. Was die Autorin an Erklärungen verweigert, fordert sie von der Assoziationsfähigkeit des Lesers. Man ist geneigt, den Text nicht mehr als Prosa zu bezeichnen, sondern als »Poesie« im Sinne Sartres. Nach dessen Definition[*] ist die Prosa zweckbedingt; der Prosa-Schriftsteller bedient sich der Wörter, sie sind für ihn »Verlängerungen seiner Sinne«, er benutzt die Sprache als Instrument für Bedeutungen, die außerhalb ihrer selbst liegen. Der Dichter dagegen, der Poesie schreibt, »hat sich entschlossen von der Sprache als Instrument zurückgezogen, er hat ein für allemal die dichterische Haltung gewählt, die die Wörter als Dinge und nicht als Zeichen betrachtet«. Das Wort ist nicht mehr Bedeutung, sondern Substanz. Und an die Stelle logisch-kausaler Sprachführung tritt die Assoziation, die »die wahre poetische Einheit, das Satz-Objekt«, bildet. Vieles spricht dafür, Ilse Aichingers Text als eine originelle Form von Lyrik zu rubrizieren. Die Sinnstruktur der Erzählung erschließt sich z. B. leichter, wenn man, statt die Fabel oder die Bilder zu befragen, die Wortwahl untersucht. Die Wörter bilden synonyme Gruppen, etwa die Kette: Schiff – Segel – Schiffahrt – Salz – Waschschüssel – Fluß – ertrinken – Wind – Sand – Brücken – Bucht – Schwimmbecken – Wasser, die mit einer anderen korrespondiert: Fächer lüften – Luftflocken – Mittagssturm – Windstoß – wegblasen – Harfenunterricht – Luft bewegen – Gewölk – schneien – Schneewirbel – Schneehase – Wirbel – schwanken – gleiten. Beide Gruppen sind ineinander verflochten, sie charakterisieren zwei wichtige Grundbilder der Erzählung: die mit dem Wasser zusammenhängende Katastrophe und die Erinnerung daran, die sich im Fluge darüber erhebt. Diese

---

[*] *Was ist Literatur?*, rowohlts deutsche enzyklopädie, Bd. 65

unterschwellig an den Leser herangeführten Assoziationsreihen besagen mehr als das, was als Objekt direkt durch sie beschrieben wird, und es hat den Anschein, als ob der Text bereits darin Genüge finde, die Welt in einer bestimmten, durch synonyme Wörter beschworenen Couleur zum Leuchten zu bringen. Das hieße aber, daß wir es hier mit Lyrik zu tun hätten.

Wenn Ilse Aichinger sich aber auch weitgehend lyrischer Mittel bedient, so weist ihre Erzählung dennoch einen Anfang, einen Schluß und eine dazwischenliegende Entwicklung auf, ist also durchaus episch. Die Assoziationen und Bilder kreisen nicht in sich selbst, sondern es geschieht etwas. Die Sprache hat also beschreibende Funktion, sie steht als Zeichen für etwas anderes.

Was aber dieses andere ist, verschließt sich rationaler Neugier. Der Erzähler, konstituierendes Element der epischen Dichtkunst, spielt hier eine eigentümliche Rolle. Bei realistischer Prosa trägt er dem Leser eine Geschichte vor, die er, wie seltsam sie auch immer geartet sein mag, in die Sprache des Verstehens übersetzt; er ist zugleich Interpret seiner Geschichte. Man denke an Thomas Mann, der ununterbrochen seinen Kommentar zwischen den erzählenden Vorgang und sein Erzählen schiebt, zumeist mittels der Wahl distanzierender Formulierungen, die sonderbaren Dingen von vornherein den Stempel des Sonderbaren aufprägen. Bei Mann ist die ständige, aktive Anwesenheit des Erzählers spürbar. In Ilse Aichingers Prosa hingegen zieht sich der Erzähler hinter die Geschichte zurück, er läßt sie in ihrer Fremdheit für sich sprechen. Er steht nicht auf seiten des Lesers, hilft ihm nicht, das Labyrinth zu durchschauen, sondern scheint selbst hypnotisch von der Geschichte gefesselt, die er gleichsam passiv abliest. Die seltsame Botschaft, die ihm zugeraunt wird, gibt er als Information weiter, ohne erst zu versuchen, sie zu entschlüsseln, ja ohne eine Spur des Staunens über ihre Fremdartigkeit einzuflechten. Die Geschichte selbst spricht mit der Selbstsicherheit des Märchens. Soweit Kommentare eingeschaltet werden, betreffen sie lediglich Nuancen innerhalb des als ganzen unkommentierten Kosmos' der Erzählung. Wir finden diese Art passiven Aufzeichnens schon bei Kafka; nur daß die Vision dort härtere, apokalyptische und dialektische Formen annimmt, während Ilse Aichinger sie spielerischer und eleganter zu Papier bringt. Charakteristisch scheint mir jedoch der Unterschied, daß Kafka zwar eine Welt von höchst befremdlicher Beschaffenheit imaginiert, diese aber, einmal installiert, nach quasi-realen, logisch überzeugenden Gesetzen tätig werden läßt und dem-

entsprechend auch eine realistische Erzählweise durchhält, Ilse Aichinger demgegenüber die Beschreibung in einen Wandel von Bildern auflöst, deren Konturen ineinander verschwimmen und mit dem Verstande nicht mehr klar unterschieden werden können.
In ihren frühen Erzählungen war das anders. *Der Gefesselte* ist unschwer als Parabel zu erkennen. Ein Grund-Bild wird in der Art Kafkas konsequent weiterentwickelt und zu einem Ende geführt. Der Gefesselte ist ein Mensch, der es in den beschränkten Bewegungsmöglichkeiten, die ihm die Fesselung läßt, zu erstaunlichen Kunstfertigkeiten bringt. Erst die wiedergewonnene Freiheit nimmt ihm seine fein ausbalancierte Körperbeherrschung und stempelt ihn zu einem Durchschnittstyp; hat er als Gefesselter einen Wolf im Zweikampf erlegt, so muß er jetzt zur Pistole greifen. Der Parabelcharakter ist so eindeutig, daß man unwillkürlich an das Sprichwort »In der Beschränkung zeigt sich erst der Meister« denkt. *Der Gefesselte* ist zweifellos die beste der frühen Erzählungen, sie vermeidet sprachliche Hinweise auf das Parabolische, überschreitet niemals die Einheit des schon mit dem Titel aufgestellten Grund-Bildes. In anderen Erzählungen dagegen finden wir solche Hinweise. In *Das Plakat* zum Beispiel wird die unsterbliche, nur überklebbare Existenz von Plakatfiguren mehrfach durch erläuternde Sätze demonstriert. Da ist von Frauen die Rede, die »in kostbaren Kleidern und in dem frevelhaften Wunsch, festzuhalten, was nicht festzuhalten war, erstarrt waren. Der Wunsch, das Ende der Nacht nicht zu erleben, war ihnen in Erfüllung gegangen. Ihre Angst vor dem Morgengrauen war so groß gewesen, daß sie von nun ab nichts anderes mehr konnten, als für den Spiegelsaal eines Tanzlokals zu werben, starr und leicht zurückgeneigt in den Armen ihrer Herren.« Das ist reine konventionelle Umschreibung. Und in *Seegeister* werden gewisse harmlose Unarten des Ferienbetriebs an einem See kritisch anvisiert und schon nicht mehr zur Parabel, sondern zur Fabel verdichtet.
In diesen Geschichten hält Ilse Aichinger beschreibende Sprache und beschriebenes Objekt voneinander getrennt. Der surrealistische Einfall, das Bild, bedient sich der Sprache als Mittel zu seiner Sichtbarwerdung. Was der Leser als Rest verspürt, ist der Wunsch, die Parabel ganz zu verstehen. – Anders *Eliza Eliza*; diese Erzählung hinterläßt nicht Denkaufgaben, sondern sie hallt nach. Der Rest, der auch bei ihr zurückbleibt, bezieht sich nicht auf die Erzählung selbst, sondern auf das Geheimnis der Welt schlechthin, welches durch sie nur intensiv zum Klingen gebracht wird.

Wenn wir – sicher ein wenig überspitzt – sagten, daß der Erzähler bei Ilse Aichinger eine fremdartige Botschaft empfängt und, ohne Kommentare des Erstauntseins einzuflechten, informativ an den Leser weitergibt, so bezieht sich dieser Vergleich vornehmlich auf den Inhalt, nicht aber auf die Gestaltungsweise: Sie ist keineswegs naiv. Es handelt sich nicht um die bloße Niederschrift von Träumen. Schon die bewußte Herausarbeitung des Parabelcharakters in Geschichten wie *Das Plakat* und *Seegeister* steht dem entgegen. Zwar werden gewisse Grund-Bilder als Initial-Motive abrupt gesetzt – im *Gefesselten* findet sich der Held gefesselt an einer Wegböschung liegen, und im Verlauf der Erzählung verlieren sich Überlegungen, wie es zu dieser Fesselung kam, in vagen Vermutungen; *Eliza Eliza* beginnt mit der definitiven Feststellung: »Auf dem Fächer vor dem Haus hatte sich eine Familie niedergelassen«, ohne daß diese zumindest ungewöhnliche Tatsache den Erzähler zu Spekulationen veranlaßte – aber zu dieser primären Ebene des Ablesens von Bildern gesellt sich eine zweite, die den Erzähler als bewußten Gestalter zu erkennen gibt: Auf ihr gewinnt ein Bild erst während des Erzählens Gestalt, indem es sich aus dem wie Natur hingenommenen Rohstoff der ersten Ebene als »Bild« im Sinne von Sinnbild, Tafelbild, also künstlichem Bild, herausschält. Hier tritt Metamorphose am augenfälligsten in Erscheinung, Verwandlung von Natürlichem in Künstliches, von Wirklichem in Metapher. Daß »Natürliches« und »Wirkliches« dabei ihrerseits schon dem seltsamen, fremden Kosmos der Erzählung, d. h. der Fiktion entstammen, macht das Gefüge von *Eliza Eliza* so komplex und so kompliziert.

Diese Verbildlichung des Geschehens zeigt sich zum ersten Mal, als die Dame, aus dem Fenster schauend, die Familie auf dem Fächer erblickt. »Plötzlich bemerkte sie die Familie auf dem Fächer«, heißt es, nachdem aber schon eine Seite vorher davon die Rede war, daß sie dem Geschehen auf dem Fächer zusah. Ist es ihr Blick, der die Familie plötzlich entdeckt? Jedenfalls ist die Familie plötzlich ins Blickfeld getreten, sowohl in das der Dame als in das der Erzählung. »Sie konnte nicht sagen, wie sie (die Familie) da hinaufgekommen war, sie hatte den Blick keinen Augenblick von ihm abgewandt.« Aber da wir als Leser bereits wissen, daß und wie die Familie auf dem Fächer sitzt, handelt es sich hier um eine Wiederholung, welche das Tableau zum Denkmal verewigt.

Wiederholung ist ein Gestaltungsprinzip, dessen sich auch die surrealistische Malerei gern bedient. So zeigt Paul Delvaux' *Das Echo* drei nackte Frauen in gleichem Abstand eine nächtliche Straße entlangschreiten; sie wiederholen die gleiche Gebärde, wodurch das Schreiten zur bloßen Gebärde des Schreitens verewigt ist*.

Wir entdecken hier zwei Eigentümlichkeiten, denen wir in der surrealistischen Malerei immer wieder begegnen. Halbgeöffnete Türen, leere Fenster und eine Überbetonung der Perspektive bezeugen die Wichtigkeit, die der Surrealist dem Blick beimißt. Die Betrachtung der im Bild dargestellten Objekte genügt ihm nicht; er apostrophiert das Betrachten als solches, verfremdet es gleichsam, indem er z. B. einen Betrachter oder ein Auge mit in das Bild einfügt. In Delvaux' *Die Hände* ist der Maler mit dem Pinsel in der Hand an der linken Bildkante angeschnitten, den erstaunten Blick auf zwei entkleidete Frauen gerichtet, die ein seltsames Gestenspiel der Hände betreiben. Auf *L'homme dans la ville* von Jacques Busse blicken wir gemeinsam mit einer schattenhaften Gestalt aus einem halbgeöffneten Fenster. In einer Zeichnung von Salvadore Dali ist der Blick aus den Augen scheinwerferartig festgehalten wie bei schematischen Illustrationen zum Thema Fokus in einem Lehrbuch der Optik. Und schließlich finden wir immer wieder das Auge als Hauptrequisit surrealistischer Szenerien (Beispiele: Man Ray, *Gegenstand der Zerstörung* – ein Auge an ein Metronom montiert; Maxime van de Woestijne, *Selbstporträt* – ein Auge blickt durch ein Loch in einer Kiste). Giorgio de Chirico zeigt in seinen architektonischen Ausschnitten leere Fenster, leere Torbögen, leere Plätze, die jeden Augenblick irgendein Geschehen erwarten lassen, auf das hin unser Betrachten verschärfte Konzentration annimmt.

Als zweites Charakteristikum fällt uns auf, daß auf vielen surrealistischen Bildern Szenerien in Monumente verwandelt erscheinen und abwegig arrangierte Alltäglichkeiten gleichsam auf ein Podest gehoben werden. René Magritte stellt vor einen unendlichen Horizont ein

---

* Der Titel der Erzählung entspricht dem gleichen Prinzip. Der Ruf »Eliza«, in dem sich die Sehnsucht nach dem Verlorenen ausdrückt, bekommt durch seine Wiederholung etwas von der Natur des Rufens Abgelöstes. Niemand, außer in einem pseudoklassischen Vers-Stück, würde so rufen; die Wiederholung apostrophiert das Rufen, läßt es in seiner Bewegung erstarren, verfremdet es zum Emblem und macht den Ruf damit zu Literatur. Es gibt ein Bild von Renè Magritte, *La fin des contemplations,* auf dem in zwei völlig gleichen Hälften zwei Köpfe abgebildet sind, deren Nase-Mund-Kinn-Partien jemand mit einer Schere ausgefranst hat. Der Kopf ist damit nicht nur wiederholt, sondern zudem zu Papier gemacht, in das man schneiden kann: Natur hat sich in Künstlichkeit verwandelt, und dieser Vorgang ist gleichzeitig, eben durch die Wiederholung, verewigt.

Paar gegeneinandergestützter Hände, auf denen eine große Spinne sitzt, eine brennende Kerze und buchartig aufgeklappte Bretter (*Aube à Cayenne*); oder in eine Landschaft zwischen Felsbrocken und Büschen ein überdimensionales Denkmal aus Rippen, mit Schellen besetzt, schachfigurenartigen Säulen und einem ausgeschnittenen Papiermuster (*Verkündigung*). Yves Tanguys Bilder wiederholen immer wieder einander ähnliche Motive: Gebilde, die Knöchelchen ähneln, auf eine unbegrenzte Ebene verteilt. Auf den Bildern von Edgar Ende erscheinen merkwürdige Aktionen in klassischen Gruppierungen, ebenfalls auf einem endlosen, manchmal mit persektivischen Quadraten wie mit Breiten- und Längengraden überzogenen Plateau. Das scheinbar Zufällige, oftmals Bedrohliche wird von diesen Malern in klassizistisch ausgeglichener Manier auf die Leinwand gebracht und dadurch mit mythischem, zumindest monumentarischem Anspruch versehen. Max Ernst malt ein *Monument aux Oiseaux* oder ein Ohr mit Gehörgängen (*Das geöffnete Ohr*), beide als halbabstrakte, schwebende Plastiken. Alle diese Beispiele zeigen den Versuch, das Bild zum Sinnbild zu erheben, reale Requisiten zu Bedeutungsgruppen zusammenzufassen.

Wir sahen – um auf Ilse Aichingers *Eliza Eliza* zurückzukommen –, daß der Blick der Dame die Familie auf dem Fächer als Bild erfaßt; kraft ihrer weiteren Beobachtung verwandelt sie sich gar zu Papier: »Sah man genau hin, so gewann man bald den Eindruck, daß sie auch flacher waren und wieder um diese Spur. Ihre Arme hatten nicht ganz die Rundung, ihre Rücken nicht ganz die Breite, und es konnte sogar sein, daß sie aus Zeitungspapier zusammengefügt waren, vielleicht auch aus etwas festeren dürren Blättern, und bei jeder Bewegung knisterten. Wie hübsch, dachte die Dame, wie gut zusammengefügt! Und sie lächelte, als sie in einem vermeintlichen Teegespräch einer vermeintlichen Freundin erklärte: ›Was für geschickte Handwerker es gibt, sie können alles! Berge, Hügel, die See und das Licht, runde Schultern und alles aus Papier.‹« An diesem Beispiel zeigt sich noch deutlicher, wie Dinge, die innerhalb der Fiktion real gemeint sind, in Künstlichkeit verwandelt werden. In der Erzählung *Der Gefesselte* heißt es einmal: »Der Mond war aufgegangen und beleuchtete die gewölbte freie Mitte der Hochfläche, den von niedrigem Gras überwachsenen Weg, den Gefesselten, der mit schnellen, gemessenen Schritten dahinging...« Dieses Bild könnte von einem surrealistischen Maler gemalt sein. Das Gehen des Gefesselten wird hier nicht

durch ein Verb ausgedrückt, sondern durch den Mond wie durch einen Scheinwerfer von außen angeleuchtet und damit ins Blickfeld gerückt. Die Verbildlichung des Gefesselten kommt im übrigen grundsätzlich darin zum Ausdruck, daß er, als Zirkusnummer engagiert, im Mittelpunkt der Öffentlichkeit steht und ständig, auch nachts, wenn er schläft, als Wundertier angestaunt wird. »Sie sehen den Gefesselten!« lautet der Werbeslogan.
Ein weiteres Beispiel bietet die Erzählung *Das Plakat*. Es ist naheliegend, daß das Plakat an sich einen surrealistischen Schriftsteller anregt, ist es doch die verbreitetste Verbildlichung, mit der wir täglich konfrontiert werden: das Rauchen von Zigaretten, das Trinken einer Limonade zum monumentalen Emblem erhoben. In der Aichingerschen Erzählung *Das Plakat* wird es so beschrieben: »Der Junge auf dem Plakat lachte schreckerfüllt mit weißen Zähnen und starrte geradeaus... Seine Augen waren aufgerissen. Halbnackt, die Arme hochgeworfen, im Lauf festgehalten wie zur Strafe für Sünden, von denen er nichts wußte, stand er im weißen Gischt, über sich den Himmel, der zu blau, und hinter sich den Strand, der zu gelb war.«
Die eindringlichste Verbildlichung betreibt Ilse Aichinger in *Seegeister*. In dieser dreiteiligen Geschichte gelingt es einem Bootfahrer nicht, seinen Motor abzustellen: Ewig muß er auf dem See von Ufer zu Ufer kreuzen; eine Frau vergeht, sobald sie ihre Sonnenbrille abnimmt: Sie wird sie Zeit ihres Lebens aufbehalten müssen; drei Backfische lachen über einen Matrosen, welcher, dadurch unsicher geworden, ausgleitet und im See ertrinkt: »Die Mädchen fahren immer noch auf dem Dampfer... und lachen hinter der vorgehaltenen Hand.« Alle sind in Geister verwandelt, in ewige Denkmäler ihrer selbst.
Diese Versinnbildlichungen deuten darauf hin, daß von der Autorin etwas gemeint ist. Die Geschichte, so bildhaft sie dargestellt ist, spricht primär noch nicht für sich. Das Sinnbild erst übernimmt die Funktion des Zeigens, der Erklärung; es macht die Erzählung zur Parabel.
Noch deutlicher schält sich in *Eliza Eliza* das Demonstrativische dort heraus, wo das Sinnbild publizistische Symbole verwendet: »Über ihre Schläfen liefen schwarze, etwas verwischte Streifen, als wären die Nachrichten noch zu erkennen, denen sie ihr Dasein verdankte. ›Mittagssturm löscht‹ – las (!) die Dame tatsächlich...« Hier sagt ein Bild, daß alles etwas zu bedeuten habe. In die gleiche Richtung zielt die zweimalige Metamorphose von Personen in Zeitungspapier. Zuerst ist es, wie bereits erwähnt, die Familie auf dem Fächer,

die kraft des Blickes der Dame beinahe zu Papier wird; später faltet sich jemand auf dem schwebenden Fächer zu einem Zeitungsblatt zusammen, »einige schwarze dicke Lettern zu Häupten, die schon ineinander flossen und außer ihrem eigenen Entsetzen nichts mehr mitteilten«, und trudelt in die Tiefe. »Alte Nachrichten... eine alte Zeitung, an der wir uns übten.« Diese Bilder geben sich als Botschaften zu erkennen, deren Inhalte nicht mehr identifizierbar sind. Die Vorgänge der Geschichte werden nicht nur zum Denkmal verewigt, sondern offenbaren sich als Chiffren einer Parabel, die sich ihrer ganzen Anlage nach noch wie ein Gleichnis gibt, zugleich aber alle Brükken zu dem, auf das sie sich bezieht, abbricht: Die Nachrichten auf den Schläfen sind verwischt, die Lettern auf dem Zeitungsblatt fließen ineinander und werden vom Schnee vollends unleserlich gemacht.
Fortwährend spürt der Leser den Parabelcharakter, ohne sagen zu können, welche Schlüsse er aus den Bildern ziehen solle. Was er begreift, sind subkausale Zusammenhänge, nachprüfbar lediglich in bezug auf ähnliche Erfahrungen, die er selbst gemacht hat:
– Eine plötzlich auftauchende, beharrliche Erinnerung (Familie auf dem Fächer), die sich, sozusagen in Form einer Idylle, auf dem liebsten Platz der Dame, nämlich auf ihrem schönsten Fächer, niedergelassen hat –
– Inhalt dieser Erinnerung: Eine Katastrophe, die im Rückblick nicht mehr eindeutig als Naturgewalt einerseits oder menschliches Verbrechen andererseits zu identifizieren ist –
– Die Leichtigkeit eines Fächerfluges, mit dem eine böse Erinnerung überwunden wird –
– Hauptfigur der Erinnerung: Eliza, Objekt besonderer Liebe, das der Dame durch die Katastrophe verlorenging, mit dem sie zum Schluß eins wird, wenngleich getrübt durch die Dimension des bloßen Erinnerns.

Zwischen diesen hier nur grob skizzierten Linien, die um zahllose Nuancierungen vermehrt werden könnten, bestehen Brücken, Verwachsungen, Verflechtungen aus teils erinnerten, teils in der Gegenwart der Erzählung spielenden und teils parabolisch gemeinten Schichten, die oft schon in einem Satz sich überschneiden, so daß eine begriffliche Destillierung nicht mehr möglich ist. Zur Metamorphose innerhalb der Bilder tritt die Metamorphose innerhalb des literarischen Gefüges. Abermals bieten sich hier Vergleiche mit der surrealistischen Malerei an. Der sich von Bild zu Bild und Bild in Bild wandelnde Strom der Erzählung, der jegliche beschreibende Demonstration vermeidet, findet seine Parallele in jenen Bildern von Max Ernst, deren vieldeutige Objekte aus der malerischen Technik als solcher entstehen. Beim Durchreiben erhabener Unterlagen (Frottage) erscheinen malerische Phänomene, die das Material, dem sie entstammen, noch erkennen lassen, darüber hinaus aber neue phantasieanregende Figurationen ergeben (Beispiele: *Forêt-arêtes, La grande forêt, L'oiseau dans la forêt, Ville pétrifiée, La ville entière*). Die Verbildlichung erwächst dabei aus dem Material selbst, der Rohstoff verdichtet sich organisch zum bedeutungsstarken Sinnbild, ohne daß eine Absicht des Künstlers störend in den Vorgang einfließt. So wenig Max Ernst hier Vorstellungen auf die Leinwand bringt, denen die malende Hand nur als ausführendes Organ zur Realisierung verhilft, so wenig formuliert Ilse Aichinger bestimmte Gedanken, welche die Sprache lediglich in Information umsetzt. Neben dem steuernden homo faber entfalten Bild und Erzählung ein ihrem Material adäquates selbständiges Leben.

So sehr Ilse Aichingers neueste Erzählung *Eliza Eliza* an logischer Transparenz verloren hat, so sehr hat sie gerade dadurch an literarischer Qualität gewonnen. Bis auf geringfügige Reste hat die Autorin jegliche beschreibende Sprache ausgetilgt, die, wie wir sahen, ihre frühen Prosastücke noch stark durchsetzte. Das Grund-Bild, *Der Gefesselte* z. B. – die Fesselung eines Menschen, innerhalb derer er ein in sich vollkommenes Zeremoniell von Kunstfertigkeiten entwickelt – wird im Fortgang der Erzählung nur mehr ausgemalt und ließe auch andere Variationsmöglichkeiten zu. In *Eliza Eliza* ist dieser Spielraum, den die Erzählerin sich zugesteht, auf ein Minimum zusammengeschrumpft. Statt dessen sprechen die Dinge und Vorgänge, d. h. die Bilder, selbst. Der Erzähler hat sich gänzlich zurückgezogen; seine Hinweise sind den Versinnbildlichungen gewichen. Damit hat sich die Erzählung selbständig gemacht, ist der Kandare des Erzählers scheinbar entglitten und hat etwas eigentümlich Organhaftes angenommen: Sie lebt wie aus sich selbst heraus, ihr Parabolisches selbst gebärend. An die Stelle erzählerischer Freiheit ist Notwendigkeit getreten, die Erzählung gibt sich als Mythos. Gerade dies aber ist auch Kennzeichen surrealistischer Malerei: Mythisierung des Alltäglichen, Heraldisierung des Geschichtlich-Zufälligen.

HEINZ PIONTEK

Über die Poesie in Ilse Aichingers Prosa

Ilse Aichinger hat nur wenige Verse geschrieben. Dennoch ist fast alles, was von ihr vorliegt, Poesie. Ich meine mit Poesie Zeugnisse der Literatur, in denen die Sprache den Vorrang vor der Welt hat. Hier wird dem Wort nicht mehr die Aufgabe zuteil, die Welt als Gleichnis zu erfassen, sondern das Wort selbst will ein Beispiel sein für etwas anderes. Schon in Ilse Aichingers erstem Buch, dem Roman *Die größere Hoffnung*, gibt es zahllose Stellen, die in jenem Sinne poetisch sind. Etwa: »Zitternd rang die Nacht um das vergessene Wort.« Oder: »Blätter fielen wie Herolde des Verschwiegenen.« Oder: »Eine Fahnenstange rollte polternd gegen die offene Luke und versuchte den Himmel aufzuhalten, und der Himmel blieb daran hängen wie ein zerfetzter Baldachin über verlästerten Heiligtümern.« Durch solche und ähnliche Formulierungen kommt eine Sprachintensität zustande, die mit Prosa nichts mehr zu tun hat. Man lese noch einmal die sehr frühe *Rede unter dem Galgen*. Verblüffend, wie hier der später berühmt gewordene Bachmann-Ton vorweggenommen ist!
Daß Ilse Aichinger eine klare, scharfrandige Prosa schreiben kann, an der es nichts zu deuteln gibt, hat sie mit Erzählungen wie *Die geöffnete Order* oder *Der Gefesselte* bewiesen. Mit Recht zählt man diese Stücke zu den klassischen unserer Zeit. Aber sie sind Ausnahmen geblieben. In den folgenden Bänden *Zu keiner Stunde*, *Besuch im Pfarrhaus* und *Wo ich wohne* dominiert wieder das Poetische – so stark, daß die Gattungen beinahe gleichgültig werden. Ob Prosaetüde, Dialog, Hörspiel, Vers: Immer steht an erster Stelle das Wort in seiner dunklen Schönheit. Die neuesten Erzählungen schließlich, die den Titel *Eliza Eliza* tragen, sind durchweg Gedichte in Prosa.
Die Behauptung, Eiszapfen seien klüger als Lanzenschäfte, ist entweder sinnlos oder poetisch. Ich halte sie für poetisch. Hier wird der Primat der Sprache deutlich: Die Wörter treten auf Grund eines rein sprachlichen Einfalls zu einer Konstellation zusammen. Die Welt ist sekundär. Am Anfang steht das Wort. Viele der sogenannten Erzählungen scheinen aus einem einzigen Wort hervorgegangen zu sein. So ist gleich in der ersten Arbeit das Schlüssel- und Initialwort »Strohmann«. Mitten im Text erscheint es. »Oft verspotten mich die andern und sagen, daß ich einen Strohmann zum Vater hätte.« Um den Kern

herum wächst die wilde poetische Frucht. Es geht weder logisch noch chronologisch zu, die Sätze werden sprunghaft um das Zentrum gruppiert, nichts geschieht schematisch. Dasselbe gilt für die Auswahl und Anordnung des Stoffes. Plötzlich ist der Vater aus Stroh von Heizern, Müllern, Hirten, Männern von der alten Bahn umgeben. Von Tieren und Sternen. Es kommt zu kurzen, traumhaften Berührungen; alles zerfällt wieder in Einzelheiten.
Einmal heißt es: »Die alten Geschichten helfen niemandem weiter.« Man könnte hierin ein Bekenntnis sehen. Tatsache ist, daß Ilse Aichinger mit den herkömmlichen Praktiken des Schreibens endgültig gebrochen hat. In ihren frühen Erzählungen war der Sinn parabolisch, später in den Dialogen wurde er rätselhaft, jetzt hat er sich verflüchtigt. Die Phantasie der Dichterin verläßt sich nicht länger mehr auf Visionen, sie besteht auf reiner bodenloser Anarchie. Bodenlos: das müssen wir wörtlich nehmen: Insofern kommt das Stichwort »Surrealismus« nicht in Betracht. Im Surrealismus zerfällt das Sinngefüge in lauter Sätze, die für sich logisch sind. Hier jedoch geschieht es oft, daß der Sinn sich bereits innerhalb des Satzes auflöst. Manches scheint nicht mehr an Menschen gerichtet.
Scheu programmatisch wird an einer Stelle von Wörtern gesprochen, die »leicht und niemals zueinander passen«. Das heißt, das Paradox wird zum Erzählerprinzip. Ilse Aichinger umschreibt es etwa so: Die Brücken sind eingebrochen, aber es gibt noch genügend Möglichkeiten, über das Eis zu kommen. Gewiß, man kann springen, kann schweben. Es ist nur konsequent, wenn die Dichterin für ihre phantastischen Überquerungen des Wortlosen vor allem Kinder und junge Leute auswählt. Sie haben leichte Herzen. Auf der anderen Seite sind es die Alten, die sozusagen hinter dem eigenen Rücken wieder zu phantasieren beginnen. Von jeher ist die Welt Ilse Aichingers eine Welt der Kinder und Alten gewesen. Für Sachlichkeit oder Tragik ist in ihr kein Raum. Diejenigen, die aus der Mitte des Lebens, in der sie stehen, zu erkennen versuchen, haben hier nichts verloren.
So ist auch der Tonfall der Dichterin kindlich. Damit meine ich nicht etwa Naivität, sondern die Kleistische Unschuld: die Unschuld derer, die von der Rückseite her wieder ins Paradies eintreten möchten. Das Paradies ist bei Ilse Aichinger manchmal ein Idyll. Ein Hang zu Rosen, Harfen, Fächern, Pfarrhäusern, Himbeerwasser, Kuchen und Kutschen, zu zarten Namen, wie Bianca, Morton, Giuliano, Julia, Louisiana, eine Vorliebe für all die in Spinnweben gehüllten Überbleibsel des Fin de siècle bringt diese sechsundzwanzig neuen Texte

mitunter in ein etwas stichig wirkendes Licht. Die Schutzpatrone ihrer Dichtung – Kafka, Arp, Beckett, Eich – treten dann zurück. Aus Eliza wird Alice im Wunderland.
Wer so sehr wie Ilse Aichinger auf das einzelne Wort baut, für den liegt es nahe, im Stofflichen die Substanzen hervorzuheben. In *Eliza Eliza* spielen Stroh, Salz, Sand, Schnee, Holz, Papier eine ungewöhnliche Rolle. Sie sind mitunter wichtiger für die Konstruktion als die Figuren. Damit kommen wir wieder auf die Poesie. Das Poème en Prose ist bei uns seit einiger Zeit etwas, für das sich sein Verfasser beinahe schämen muß. In Frankreich wird es außerordentlich geschätzt. Mit diesen ihren Arbeiten verteidigt Ilse Aichinger nolens volens das Prosagedicht gegen alle, die es diskriminieren. Einfach dadurch, daß sie neu und gut schreibt.

ELISABETH ENDRES
»Eliza Eliza«

Ilse Aichinger nimmt unter den modernen deutschsprachigen Autoren eine Sonderstellung ein. Nicht, daß es ihr an Anerkennung fehlen würde. Ilse Aichinger gehört zu den Preisträgern der Gruppe 47. Ihr erstes Werk, ihr einziger Roman, wurde gepriesen und vielfach diskutiert. Die Hörspiele der Ilse Aichinger stellen Höhepunkte des Sendeprogramms dar, ihre Erzählungen erscheinen als Vorabdrucke in den literarischen Zeitschriften.
Aber diese Äußerlichkeiten trügen. Die Kunst von Ilse Aichinger entfernt sich konsequent von dem gerade vorherrschenden Literaturklima. Ihre Erzählungen qualifizieren sich immer weniger dafür, in den Mittelpunkt der literarischen Diskussion gerückt zu werden. Der Stil wird eigenwillig, die Abgeschlossenheit nimmt zusehends einen hermetischen Charakter an. Ilse Aichinger entwickelt eine Kunst, die gerade weil sie aus einer persönlichen Notwendigkeit heraus geschaffen wurde, ihre Verfasserin zur Außenseiterin macht. Der neue Band von Prosa-Gebilden, die sich nicht einmal zu Unrecht Erzählungen nennen, macht diese Tendenz auf bestürzende Weise deutlich.
Dieser literarische Alleingang führt keineswegs zu einer traditionellen Prosa zurück. Im Gegenteil. Wenn man Avantgardismus daran messen würde, wie schwierig ein Text zu verstehen und zu erklären ist, so möchte man Ilse Aichinger zu den Avantgardisten per excel-

lence rechnen. Aber das wäre ebenso falsch, wie es auch ein Irrtum ist, die Dichterin mit den Autoren der konkreten Poesie, den Fanatikern des Verschlüsselten und Zerstückten, in einem Atem zu nennen. Ilse Aichinger läßt die Sprache unbeschädigt. Sie erfindet lediglich Welten neben der realen Welt, die mit dieser in ihrer Symptomatik immer weniger zu tun haben.
Sie liefert gewisse Lagebestimmungen; sie erzählt daneben aber durchaus Geschichten, die sich nach ihren eigenartigen Gesetzen entwickeln. Da liest man von einem Mann – er wird sehr persönlich »mein Vater« genannt – aus Stroh, der sich auf dem Eis hält. Er stellt das Überbleibsel einer alten Bahn dar, auch einer alten Zeit, in der man mit Stroh maß und baute. Das Eis, das den Vater zu einem Liebhaber von Eiszapfen macht, und der Geschichte ihr zweites Motiv gibt, weist auf Zusammenhänge hin: »Mein Vater ist mit Amundsen gefahren; und er kennt die unteren Meere.« Dieser stroherne Vater erhält winterliche Besuche. Einen Müller, der im Altersheim lebt, und den man nur schwer im weihnachtlichen Schnee erkennen kann. Das Weiß seiner Berufskleidung wird zum Tarnkostüm. Seiner Berufskleidung? Die Impression, die allein dem vorgestellten Typ, gemeint mit dem Wort »Müller«, entspricht, wurde hier aufgenommen. Hier ging ein Stück Bilderbuchlogik in die poetische Imagination ein. Während Ilse Aichinger in manchen früheren Erzählungen immerhin noch von einer realistisch erfaßbaren Ausgangssituation her zu operieren beginnt, fängt sie jetzt bereits in jenem Bereich an, den man als surrealistisch oder absurd bezeichnen möchte. Er ist beides, aber die Dichterin kümmert sich nicht um den Rahmen, den die augenblickliche literarische Entwicklung diesen Spielarten des Irrealen absteckt. Ob sie sich über die Strohköpfe Gedanken macht, oder ob sie auf das dem Stroh tödliche Feuer Bezug nimmt, – sie hält sich an das vorgegebene Denkgesetz. Für den Mann aus Stroh ist die Sehnsucht nach dem Feuer eine tödliche Gefahr. Aber in seiner winterlich, weihnachtlich getönten Umgebung bildet das Feuer die notwendige Ergänzung: »Daß Hirten mit Feuer zu tun haben, ist wahr und jedem bekannt, es heißt nicht umsonst Hirtenfeuer.« Am gefährlichsten lockt das Feuer der Sterne, die vielleicht nichts anderes als des Vaters tote Gefährten, brennende Strohbüschel, sind. Die Eiszapfen werden gegen die mögliche Verzauberung als schützender Kreis um den Alten aufgebaut.
Schon dies erste Prosastück macht die kristallene Ordnung der jeweils erfundenen Welten deutlich: Dabei möchte ich noch offen lassen, ob sich diese Ordnung gütig oder vernichtend auswirkt. Gewisse Bilder,

das Stroh, das Eis, gewisse Assoziationen, der Müller, die Hirten, – das Nebenmotiv der Eisenbahn zieht die Gestalt eines Heizers nach sich –, das beschworene Gegenbild, das Feuer, – sie alle bilden ein Netz von möglichen Kombinationen, in dem sich die Dichtung dartut. Es gibt kompliziertere Gebilde: so die Geschichte eines Herodes, der zusammen mit seiner Frau, einsam und gemieden in einer dörflichen, ländlichen Umgebung lebt. Seine beiden Haustiere, das Schwein und der Löwe, sind gerade in ihrer Zutraulichkeit und Genügsamkeit heraldische Wesen. Die Vereinsamung des Herodes, sein nutzloses Warten, die mißglückten Versuche der Frau, Kontakt aufzunehmen, spiegeln einen Fluch wieder, den wir mit dem Namen des Königs Herodes verbinden. Aber das hebt die eigenständige Wirkung der Bilder nicht auf. Herodes im zerschlissenen, grünen Schlafmantel steht als durchaus selbständige, unhistorische Gestalt vor uns. Sein Untergang bleibt zwiespältig. Er dringt in ein fremdes Haus ein; der Flur verwandelt sich in einen Morast, in dem erst sein Begleiter, der Löwe, dann er selbst versinken. Es ist kein großer Untergang: »Keine Sonnen- und Mondgötter eilten zu Hilfe, keine Auf- und Niedergänge teilten die Nacht.« Oder ist diese Vorstellung des Untergangs nur eine Fiktion? Vielleicht ging Herodes nur in die schweren Träume des Schweins ein. Auch dieser Gedanke bietet keinen Ausweg: »Er wußte, in wessen Träume man gerät, (wer wollte es Fänge nennen?), den sieht man nicht wieder.«

Hier offenbart sich ein wichtiges Moment: Ilse Aichinger läßt den Leser wissen, wie irreal ihre Welten sind; sie baut das Schwindelgefühl eines nur erdachten Daseins in die Darstellung dieses Daseins ein. Am vollendetsten geschieht dies wohl in der Erzählung *Das Bauen von Dörfern*: Aus der Intention des Erzählers, unter Einflußnahme seiner Freundin Julia entstehen Dörfer. Sie wurden zuerst am Wald errichtet, sie dehnen sich immer mehr aus. Denn Julia wünscht sich noch ein paar Hütten dazu, die dann eigentlich gegen den Willen des Initiators »Vorwände für Häuser« bilden. Doch die Gegend wird immer mehr zu einer Realität, die sich durch das Wort »Dachsteinblick« auch geographisch festlegen läßt. Julia beginnt mit einer Frau einen Streit. Zwar behält der Erfinder seine magische Macht bei. Er verlegt das eine Dorf, das er liebt, an einen See, überläßt es dort seiner eigenen Entwicklung. Schwierigkeiten treten auf, die der Initiator nicht überwinden kann. Auf das spielerische Experiment scheint der Tod seinen Schatten zu werfen. Der Mond beleuchtet ein Grab. Der Erzähler berichtet: »Auf dem schwarzen, geschwungenen Kreuz stand mit

goldener Schrift, daß darinnen ein Fräulein Juliane lag, die im Alter von zweiundsiebzig Jahren vor langem verstorben war.« Angesichts dieses Schauders vermag der Schlußsatz kaum beruhigend zu wirken: »Aber das war nicht Julia.«
In anderen der gewöhnlich kurz gehaltenen Geschichten tritt das erzählerische Moment stärker in den Vordergrund. So in der Geschichte vom Feldwebel Diogenes, der nach dem Gesetz der Assoziation mit einem Faß zu tun haben muß. Zuvor freilich hat er um sich Fußvölker geschart, die sich keineswegs als Infantristen bezeichnen lassen. Denn nach einem Gesetz des falsch verstandenen Namens haben sie die Eigenart, zu den Füßen ihres Herrn zwergenhaft zu vegetieren. Die größten unter diesen Leuten reichen dem Diogenes nur bis zum Knöchel. Das Faß wird sie, wenn sie sich auf des Herrn Befehl ihm entgegenwerfen, tödlich zerquetschen. Solche Wortspiele, die keineswegs nur lustige Effekte zeitigen, sondern die Grausamkeit gewisser Vorgänge in der Groteske enthüllen, haben ihre literarische Tradition, die sich bis zu Brentano und den Romantikern zurückverfolgen läßt. Die literarhistorische Parallele liegt besonders nahe bei der Geschichte, die sich *Nachricht vom Tag* nennt, und im Gegensatz zu der gewöhnlichen Verwendung dieses Begriffs auch eine solche darstellt. Der Tag ist das Subjekt dieser Erzählung. Er wurde in Rotterdam geboren und jagt einen Tag lang einer romantischen Liebe zu drei Mädchen nach, die Louisiana, Franziska, Marie heißen und ihm unerreichbar bleiben. Seine Erlebnisse haben nun zum Teil einen heiteren Charakter: So wenn der Tag in Scottsbluff in Alaska ein Buch mit dem Titel liest *Der gestirnte Himmel über uns, eine Astronomie in kurzen Zügen, für die Jugend bearbeitet und verlängert von einem Herrn Catskill*. In der Erzählung *Das Milchmädchen von St. Louis*, die freilich schmerzhaft endet, und in der besonders gelungenen humoristischen Geschichte der *Bauernregel* entwickelt Ilse Aichinger auf diesen Grundlagen der Wortverdrehung und der Weltverschiebung eine beachtliche komische Kraft. Die Erlebnisse des Bauern, der nach Wetterregeln auszieht, führt im Stil eines modern grotesken Märchens für Erwachsene über Schottland und den amerikanischen Staat Utah um die Welt, bis der Bauer in Mekka am heiligen Fluß von einem Krokodil gefressen wird. Die Floskel, die diese Bilderbuchstationen abschließt, lautet: »Es gibt übrigens Theorien, die sagen, Mekka läge nicht am heiligen Fluß. Das ist leicht möglich.«
So gelungen diese Geschichten auch wirken mögen, so ideal sie die poetischen Möglichkeiten der Autorin offenbaren, der künstlerische

Akzent ruht nicht auf der grotesken Darstellung. Schon Diogenes war ein Grenzfall. Erzählungen wie die Titelgeschichte *Eliza Eliza* oder der Bericht einer Befragung *Der Querbalken* offenbaren, daß die erfundenen Welten die Brüchigkeit der wirklichen Welt in sich aufgenommen haben und sie ungrotesk ernsthaft wiedergeben. Humoristisch ist höchstens noch diese oder jene Arabeske: ein Modeheft aus dem siebten Jahrhundert, ein übergroßer Fächer. Aber das Schicksal der Dame, die in dem Fächer eine Familie und ein Kind Eliza wiederfindet, ist es nicht. Das Mädchen, an das sich die Erinnerung einer Katastrophe bindet, vergeht unter den Händen der Dame. Es wird zum Zeitungsblatt, zum Faltspiel. Die surreale Welt nährt sich von den Traumbildern der Angst und Schuld. Noch ernster wirkt die insistierende Frage nach dem, was ein Querbalken ist. Es gibt viele Antworten, welche die Angst der Frage verdrängen sollen. Ein Schiffsbestandteil, eine alte, längst nicht mehr gebräuchliche Synagogenform, etwas, das mit Flußauen in Verbindung steht? Die berichtende Person bleibt bei diesen Antworten, damit nicht einer kommt und sie »auf noch finstere Durchgänge« verweist. In Klammern werden sie doch genannt: »(Auf die Höfe der Staatsgefängnisse zum Beispiel, in denen die Galgen stehen.)«

An diesen und noch an etlichen anderen Stellen erweist es sich, daß Ilse Aichingers synthetische Welten, ihr Koordinatensystem aus assoziativen Bezügen gebildet, der Realität gar nicht so fern sind. Selbst die Heiterkeiten enden schmerzhaft oder letal. Die ernsten Prosastücke sind von einem Moment der zitternden Unsicherheit bestimmt, das auch der Weltverwandlung eine ganz bestimmte Note gibt: Man mag sich an die Funktion der Träume bei Sigmund Freud erinnern. Sie beruht auf der eigenwilligen Verarbeitung schlafstörender Einflüsse, gleich ob diese von außen eindringen oder aus der Seele des Menschen emporsteigen. Auf ähnliche Weise verwandelt Ilse Aichinger die äußern und innern Motive ihres Dichtens in eine Folge von eigenen surrealen Welten, welche den Bereich der Erzählung äußerlich heil belassen.

Ich habe darauf hingewiesen, daß Ilse Aichingers poetischer Stil keine gegenwärtigen Parallelen kennt. Man könnte nun eventuell auf Hildesheimer oder Reinhard Lettau verweisen. Aber die Lektüre macht den Unterschied nur allzu deutlich: Die Surrealitäten werden von Ilse Aichinger nicht souverän eingeführt und gehandhabt. Sie nehmen einen fast zwanghaften Charakter an. Das wirkt sich darin positiv aus, daß die Gefahr des Feuilletonismus gebannt bleibt. Hier werden Welten geschaffen, die im alten Sinn des Wortes poetisch geschaffen – Welten neben der Welt – sind, und in ihrer Formvollendung exakt mit dieser Welt korrespondieren.

HANS BENDER

Magie einer ungewohnten Stimme

Im Programm des Neuen Realismus, das Dieter Wellershoff in Worte gebracht hat (*Die Kiepe*, 1/65 Köln), ist die Abwehr gegen den »starken Zug ins Phantastische und Groteske«, wie er in den vergangenen Jahren vor allem in Deutschland sich gezeigt habe, festgehalten. Eine symptomatische Abwehr, die derzeit in Podiumsdiskussionen als Forderung nachgesprochen wird. Sie richtet sich – ohne daß ihr Name zitiert werden müßte – gegen eine Gestalt wie Ilse Aichinger. Sie hat ihren Platz in den Literaturüberblicken, in den Anthologien, in den Texten für den Deutschunterricht, in den Preislisten; sie hat Leser und Zuhörer, die gebannt ihrer Stimme lauschen, doch aus der literarischen Diskussion ist sie ausgeklammert. Sie hat den Wechsel der literarischen Moden und Generationen zu spüren. Und nicht nur sie.
Ilse Aichinger hat vor fast zwanzig Jahren angefangen zu schreiben. Ihr war, wie vielen Autoren jener Generation, der Stoff der Nazi-Vergangenheit vorgegeben. In ihrem Roman *Die größere Hoffnung* (Frankfurt 1948) formte sie die allgemeinen Vorgänge zu Gleichnissen um. Auch in den Erzählungen, in den Hörspielen, Dialogen und in den wenigen Gedichten, die darauf folgten, beharrte sie in ihrer Schreibweise, welche die Wirklichkeit nicht deuten, nicht kommentieren, sondern sie übersetzen, »die Tatsachen und zugleich deren Transparenz« (Werner Weber) wiedergeben sollte.
26 Erzählungen faßt der neue Band *Eliza Eliza* zusammen. Schon die einzelnen Titel (*Mein Vater aus Stroh*, *Die Maus*, *Herodes*, *Mein grüner Esel*, *Port Sing*, *Erinnerungen an Samuel Greenberg*) entziehen sich jeder Anwendbarkeit. Die Spiegelbilder, die sich eben herdrehen, werden schon im Nebensatz in Gegenbilder abgedreht. Da erscheint das Wort »Angst«, aber sein Wortsinn treibt überraschende Blüten: »Angst ist besser, sie ist dankbar, und ich stelle mir sie als große weiße Blüte vor, die im Morgenwind schwankt (sicher auf einem Stengel), die Ängstlichen pflücken sie nicht.« Da werden die

Metaphern, die sich eben vertraut machen wollen, gleich darauf vertauscht und als Erfindungen deklariert: »Die Wiege bewegt sich noch eine Weile fort. Sie kommt nicht vom Fleck, aber wenn ein Kind darinnen liegt, so werden ihm unauslöschlich zwei Zylinder eingeprägt, ein blauer und ein schwarzer. Zwei Siegel zum Eintritt. Zwei stumme Formen in ungewählten Farben. Ebensogut könnten es Pfauen sein...« Der grüne Esel läßt sich nicht mit Marc oder Chagall in Verbindung bringen. Die Maler haben ihre Farben. Die Dichterin hat ihre Sprache. Was in ihr geschieht, geschieht anders als in der realen Welt. *Der grüne Esel* wird zum Gleichnis, das sich in immer neuen Metamorphosen entzieht; das Fragen stellt – und sie nicht beantwortet; das Daseinserfahrung lehrt – und sie wieder negiert. »Denn das Ziel kann nur sein«, heißt es am Schluß der Geschichte, »... so wenig von ihm (dem grünen Esel) zu wissen, daß ich auch sein Ausbleiben ertrage, daß ich dann meine Augen nicht mehr auf die Brücke richte.« Das klingt wie eine beinahe verständliche Meldung. Zu verständlicheren kommt es nie.

Ilse Aichinger verzichtet nicht nur auf alle Erfahrungen der Realität, auch ihre Sprache nimmt keine Rücksicht auf sie; sie überläßt sich ihrer eigenen Bewegung. Ein Miniaturkapitel der letzten Erzählung, *Erinnerungen an Samuel Greenberg*: »Dann kam wieder die Beerdigung mit den fünf Stäben. Und wieder mein Vater. Man kennt das schon. Man lernt es immer besser. Jeder Rauch sitzt.« Diese Sätze lassen sich nicht nur nicht mehr verstehen, es läßt sich auch nicht mehr nachprüfen, warum sie so lauten müssen. Zu folgern, sie seien hermetische Lyrikzeilen, wäre eine Ausflucht. Am Beispiel läßt sich ermessen, wohin die Unanwendbarkeit von Prosazeilen führt. Sie erfordern Zustimmung, die sich nicht begründen läßt. Sie wehren Leser ab; Leser, die verstehen und überzeugt sein wollen; die vor so vielen Negationen einfach kapitulieren.

Man kann auf Kafka verweisen; man kann von Parabeln, Symbolen, Chiffren, von Mythen, Märchen, Träumen oder Abzählversen sprechen, wie das alle Interpreten Ilse Aichingers tun. Man muß aber dazusagen: Es sind nur Verständigungsmittel, eine Dichtung zu erklären, die sich jede Sicherheit, jede Behauptung, jede Pointe, jedes Engagement verbieten will, und die deshalb, heute mehr als gestern, im krassen Gegensatz steht zu jeder Analyse oder Detailbeschreibung der Wirklichkeit; die aber auch nicht als »phantastisch« oder »grotesk« abgetan werden kann. Dichtung, die eine Art von Magie erreicht, die der aufnimmt, der für sie empfänglich ist. Magie einer eigenartigen, ungewohnten, spröden, festen Stimme, die das babylonische Gerede unserer Tage durchdringt, und die schon deshalb ihre Berechtigung hat.

CHRISTINE BRÜCKNER
»Eliza Eliza«

Rolf Schroers sagt in seiner Anthologie *Auf den Spuren der Zeit – junge deutsche Prosa:* »Ilse Aichinger lauscht dem, was jenseits der Wirklichkeitsillusion ist, seine Wahrheit ab; und sie konstatiert, daß diese Wahrheit auf das moralische Verhalten der Menschen, besser auf ihre Frömmigkeit oder Sünde, reagiert, indem sie die Wirklichkeit als deren Spiegel hervorhebt. Feststellungen ihrer scheuen Art und mit solch verantwortlicher Genauigkeit gemeistert, sagen Zukunft voraus. In ihnen birgt sich die Gabe des sechsten Sinnes, dichterisch geäußert und mit der Heimlichkeit eines Traumes, den nur zu lesen versteht, wer im Einverständnis ist.«
Ich erinnere mich, daß ich vor Jahren Ilse Aichinger lesen hörte; sie hatte gerade den Immermann-Preis der Stadt Düsseldorf erhalten. Das dunkle Haar hing ihr bis zur Schulter, verbarg das Gesicht zum Teil, sie wirkte sehr jung, fast kindlich. Sie las sehr eindringlich Erzählungen aus dem ersten Sammelbändchen *Der Gefesselte*. Und dann las sie etwas, was sich mir wider Erwarten, vermutlich weil es meinen Unwillen erregte, auch weil es mir unverständlich blieb, eingeprägt hat. Es gibt in der Geschichte einen jungen Bauingenieur, der in einer Bibliothek einem Zwerg mit grünseidener Zipfelmütze begegnet; sie führen Gespräche miteinander. Ich mochte das nicht; das lag nun aber nicht an dem Zwerg mit der grünseidenen Zipfelmütze.
Im letzten Winter hörte ich Frau Aichinger wieder lesen. Das Esoterische hat sich verstärkt, das Zauberische, das Scheue. Ich habe Rolf Schroers zitiert, der von der Heimlichkeit des Traumes spricht, den nur zu lesen versteht, wer im Einverständnis sei. Dieses Einverständnis sollte doch herzustellen sein zwischen zwei Frauen desselben Jahrgangs. Warum ist es so schwer, richtiger: warum fällt es mir so schwer? Ich will versuchen, das zu erklären, es könnte anderen Lesern ähnlich gehen.
Es ist eine Prosa, die sich nicht in das gewohnte und erstarrte Zeilenschema fügt. Die Ränder sind offengelassen zum Ende hin, das verän-

dert das äußere Bild, macht es lyrischer, entspricht dem durchlässigen Text. Das Ich der Erzählungen ist nur in seltenen Fällen ein biographisches Ich. Ein Ich in vielfacher Wandlung. Ein alter Pfarrer. Eine Puppe. Eine Maus... Mit knappen, aber bildkräftigen Worten, unter weitgehendem Verzicht auf Adjektive und Adverbien wird ein Traumgehäuse errichtet. Weingärten – weiße Ochsen – eine Schlafkammer bei Nacht, und schon weitet sich kunstvoll die Szene. Eine Rose ist eine Rose, aber immer ist sie noch ein wenig mehr, ohne daß es symbolisch würde.

Dem Leser öffnet sich eine Tür, die ihn von weit zurückliegenden Erinnerungen trennt, von magischen, vergessenen Träumen. Hört man Ilse Aichinger die Geschichte vom *Grünen Esel* lesen, wohl eine ihrer schönsten, ist nichts wahrscheinlicher als dieser grüne Esel, der in der Mittagstunde über den Bahnübergang kommt. Man wundert sich nur, daß man selbst ihn nicht sah, oder sah man ihn, hat es nur vergessen... Der grüne Esel, ihr Pegasus. Sie hat, was den Dichter ausmacht: die Fähigkeit, das Alltägliche wunderbar und das Wunderbare alltäglich erscheinen zu lassen.

Eine andere Erzählung: *Nachricht vom Tage*. Das fängt so an: »Der Tag ist in Rotterdam zu Hause. Dort wird er geboren.« Das liest man, da freut man sich schon. Ein Tag, der um die Welt zieht; was wird er sehen, wo ist er am Mittag, wo am Abend – und hier passiert es dem Leser, daß er die Spur verliert, da folgt die Phantasie nicht, sie schlägt an der ersten Wegegabelung eine andere Richtung ein, man liest nur noch unverständliche Worte, Wörter.

Der Dichter, gerade er! muß seinen Leser fest bei der Hand packen, wenn er ihn nicht verlieren will auf so unsicheren Pfaden, bei so waghalsigen Sprüngen. Er muß die Phantasie des Lesers nicht nur anregen, er muß sie auch fesseln, an der Kandare halten, und das geschieht nicht, geschieht nicht immer. Falls es nicht so ist, daß andere Phantasien leichter zu lenken sind. Meine macht sich nur zu leicht selbständig; sie hat nicht Rotterdam und nicht Hokkaido je wieder erreicht.

Ich habe noch ein paar Einwände. Ilse Aichinger hat ihre Leser verwöhnt, sie gehen kritischer an ihre Texte heran. Man rühmt ihr »konkrete Dinge«, die Genauigkeit, mit der jedes Wort seinen Gegenstand bezeichnet, nach. Aber was ist das für eine konkrete Welt? Unsere? Mit Krämerläden? Wo man mit Waschhölzern wäscht, wo die Betten noch Pfosten haben? Auch die reale Welt hat bei ihr etwas Weltfernes, daran ändert auch ein Bahnübergang nichts. Auch er scheint mir hundert Jahre alt. Etwas Altertümliches, nicht nur Märchenhaftes. Wo

gibt es denn Krämerläden; jedes Dorf hat seinen Selbstbedienungsladen, Waschhölzer, wo die Waschmaschinen immer selbständiger werden?
Sie erfindet einen Rechtsfüßer im Gegensatz zu einem Linkshänder. Was man nie vorher *so* gesehen hat, daß ein Weg aus einem Wald zwei Wälder macht, das begreift man plötzlich. Wortspielereien, mit Anmut vorgetragen. »...da liegt es, da liegt's im Pfeffer, da liegt die Sonne begraben unter den Blaublümchen, von Hasen umscharrt.« Hier werden gewohnte Bilder verschoben, bis der sprichwörtliche Hase nicht mehr im sprichwörtlichen Pfeffer liegt. Andere Male gelingt es nicht. »Der Ort ist stark im Kommen. Was soll das heißen? Das heißt vielleicht, er kommt immer. So wie die Zigeuner ihre Milch holen...« Das kann Hans Kasper in seiner Rubrik in der FAZ besser.
Großer Reiz geht von jenen Geschichten aus, in denen Figuren ihre Dimension wechseln, aus Bildern aussteigen. Ein Thema, das Ilse Aichinger schon früh im *Plakat* angewandt hat. »Eine größere Herde ist eingezeichnet, der Hirte ist unterwegs...« Und damit ist schon das Stichwort gegeben: Er ist unterwegs, er zieht weiter, über den Bildrahmen hinweg.
Auf dem Schutzumschlag wird Wolfgang Hildesheimer zitiert: »Bei Ilse Aichinger gibt es nichts zu deuten, in diesen aus konkreten Dingen geformten Abstraktionen findet sich nirgends ein Symbol. Ihre Kunst liegt darin, daß sie, ohne jemals Symbolik zu bemühen, jedes Wort seinen Gegenstand bezeichnen und doch große Transzendenz erstehen läßt.« Also auch er ist der Ansicht, daß es »nichts zu deuten« gäbe, daß es einzig auf »Einverständnis« ankomme. Daß es einmal da ist und das andere Mal nicht. *Eliza Eliza*, die Titelgeschichte, verstehe ich eben nicht und einige andere auch nicht.
»So rasch verkannt zu werden, kommt einer Huldigung gleich«, steht in einem der letzten Prosastücke. Vielleicht kommt mein Geständnis einer solchen Huldigung gleich.
Da aber bin ich sicher: Der grüne Esel, das Milchmädchen aus St. Louis, der Vater aus Stroh, der auf dem Eis sitzt zwischen frostklirrendem Schilf, das schwankende Blickfeld der Puppe, die durch die Straßen getragen wird, das hat sich mir eingeprägt, das vergesse ich nicht.

Über »Auckland« (1969)

HEINZ F. SCHAFROTH

Spiele zum Hineinfallen

»Aber ich sage Ihnen, daran erkennen Sie sie, sie nehmen Boote. Das ist eindeutig. Wenn Sie hören *Ich blies die Flöte* oder *Ich fing Mücken* oder *Ich ging von A nach B*, wissen Sie einiges. Wenn Sie aber hören *Ich nahm ein Boot*, dann wissen Sie alles.« Auf solche Sätze muß ich hereinfallen. Sie sind von einer Selbstverständlichkeit, die Widerrede ausschließt. Sie gestatten keinen Einspruch, weil sie klarmachen, daß sie ihn nicht zur Kenntnis nehmen würden. Dabei sind sie nicht magisch; aber so völlig persönlich, daß sie unangreifbar werden.
Ich kann, wie gesagt, nur auf sie hereinfallen. Besser: in sie hineinfallen.
Man kann sich irgendwo in dieses Buch hineinfallen lassen, immer fällt man bei klarem Bewußtsein, der Fall ist nicht von Schwindel oder Ohnmacht begleitet, und schließlich wird er auf einmal gebremst werden: Der Text hat auf den Boden der Realität geführt. Frau Holles Welt ist in allen Elementen die unsere, Bäume und Brote sprechen zwar, aber durchaus unsere Sätze, so daß sich am Ende die Gewißheit von der Realität der tieferen Ebene einstellt.
Man liest diese Hörspiele nicht sofort in dieser Gewißheit. Sie setzt sich durch gegen alle möglichen Widerstände, die daher rühren, daß die logischen Zusammenhänge fortwährend auseinandergerissen sind und daß die Personen nicht charakterisiert werden, meist ohne Individualität und Persönlichkeit sind, im extremen Fall einfach Vau und We (*Auckland*) heißen und ohne Gesicht und auch sonst nicht umrissen sind: Manchmal können sie Tier, Wind, Schiff zugleich sein (*Nachmittag in Ostende*). Auch Landschaften, Schauplätze sind so behandelt, werden selten ausgeführt, wenig differenziert oder werden überhaupt entzogen. Ähnliches geschieht mit der Zeit: Sie wird syste-

matisch aufgehoben, in *Die Schwestern Jouet* zum Beispiel: »Cannes, wo ist das?« »Bis dahin ist es da.«
Aus all dem scheint hervorzugehen, daß zunächst die totale Zertrümmerung der Realität Ziel dieser Dichtung ist. In Ansätzen war diese Tendenz bei Ilse Aichinger immer schon erkennbar. Wahrscheinlich bereits in den besten Passagen des 1948 erschienenen Romans *Die größere Hoffnung*, in den wichtigsten der frühen Erzählungen (*Spiegelgeschichte*, 1951), ganz sicher aber in den Dialogen (etwa *Nicht vor Mailand*, 1959) und in den Erzählungen des Bandes *Eliza Eliza* (1965).
Für die Konsequenz und Transparenz dieser Entwicklung gibt es nur Respekt und Bewunderung. Die deutsche Literaturkritik aber und auch das Publikum, die den ersten Werken von Ilse Aichinger beides in reichem Maße zuteil werden ließen, scheinen sich spätestens seit *Eliza Eliza* mit einem ratlosen Kopfschütteln zu begnügen. Das ist um so erstaunlicher, als dieselbe Kritik und dasselbe Publikum in den letzten Jahren ein bemerkenswertes Verständnis für Beckett aufzuweisen beginnen. Und von Becketts letzten Stücken (oder Pinters Hörspielen) her hätte man erkennen können und müßte man mindestens jetzt erkennen, daß Ilse Aichinger in der deutschen Literatur eigenständig und unverwechselbar Ähnliches gelingt wie den beiden genannten Autoren: diese großartige Leere, in der Raum und Zeit aufgehoben sind, aber nicht um räumliche und zeitliche Ferne zu evozieren, sondern um eine uneingeschränkte Gegenwärtigkeit der Personen und Situationen möglich zu machen.
Persönlichkeit und Individualität sind verhindert, damit jede ausdenkbar wird. Die Realität wird entzogen, damit jede zugelassen ist.
Es dürfte einleuchten, daß Ilse Aichinger ihrem Hörer, Leser und Interpreten so eine besondere Freiheit offeriert, ihn allerdings damit auch engagiert, und zwar in dem Sinn, daß Hören, Lesen und Interpretieren viel stärker als üblich zu einer Art zweiter Schöpfung werden müssen.
Daß diese Texte trotzdem Gegenwart und Wirklichkeit zum Ziel haben, ist in starkem Maße ein Verdienst von Ilse Aichingers Sprache. Sie ist von unbeirrbarer Nüchternheit, unaufdringlich und fast neutral, nie versucht, kalligraphisch zu sein, aber ihre Durchsichtigkeit und Schwerelosigkeit verleihen ihr Glanz. Das klingt dann so: »Und sei sicher. Sei sicher. Das haben sie gern. Das liegt jedem. Zieh den Kopf nicht ein, züchte dich hoch. Lange Finger, ein gerader Hals. Das sind Ziele. Für die Finger weiß ich ein Rezept: Man zieht daran. Aber

für den Hals? Da beginnt die Empfindsamkeit, wie sagt man? Die Duselei. Mir beginnt meine Muttersprache abzugehen, ganz deutlich. Sogar die Ausdrücke, die man anstelle dessen sagt, was da ist. Aber so schnell?«

Das ist kein mystisches Geraune, kein esoterisches Geflüster, keine magische Absicht – Ilse Aichinger versenkt den Satz oder das Wort nicht in Dunkelheit und Verworrenheit, ihre Dichtung ist von der Sprache her ausgesprochen hell, manchmal fast hart, sie führt nicht ins Geheimnis, sondern allenfalls vor ein Rätsel, das es aufzulösen gilt und das, bei aller Schwierigkeit, auch aufzulösen ist.

Auch die kühle Präzision des dramatischen Dialogs gibt den Texten Klarheit und macht sie durchschaubar. Es sind scharf ineinander verzahnte Dialoge. Das wird auch dann deutlich, wenn Rede und Gegenrede in ihrer Aussage nicht verständlich sind: In ihrer Funktion sind sie es immer. Man lese daraufhin das Stakkato des Dialogs, mit dem *Auckland* beginnt: »Die aus Frisco vor / Frisco (Gelächter) / Die aus Frisco vor / Keiner hier / Beschwert euch doch / Wenn wirklich keiner aus Frisco ist dann bin ich es / Dann ist er es / Und woher bist du / Aus Frisco...« – es geht so weiter, exakt, rasch, hellwach. Und obwohl hier eine völlige Freiheit von formalen Bindungen sich durchgesetzt hat, bleibt der Text in allen Teilen beherrscht.

Er müßte von Sprache und Dialogform her am ehesten zugänglich werden. Es könnte nicht zuletzt dies die Ursache von Ilse Aichingers Affinität zur Hörspielform sein, daß sie andere Dimensionen der Wirklichkeit zu erschließen erlaubt. Die Hörspiele werden dabei dem Medium, für das sie bestimmt sind, dem Funk eben, gerecht. Es wird darin mit dem Akustischen in einer Weise gearbeitet, die bewirken dürfte, daß sie dem Hörer zunächst leichter verständlich werden könnten als dem Leser. Es wäre verlockend, das im einzelnen aufzuzeigen. Aber es wäre wenig sinnvoll. Denn wer begegnet schon einem Hörspiel in seiner ursprünglichen Form? Seine Chance besteht darin, als Literatur verstanden zu werden. Das braucht allerdings die Feststellung nicht zu verhindern, daß Ilse Aichingers Hörspiele mehr in die Zukunft weisen als die meisten andern der Gattung. Jedes Hörspiel, das auch auf der Szene denkbar ist, wird früher oder später vom Fernsehen annektiert werden, und zwar in dem Maße, wie dieses den Funk verdrängt. Auf der anderen Seite richten sich die teilweise reizvollen Künsteleien, wie sie etwa im neuen Hörspielband des Suhrkamp Verlags vorliegen, von vornherein so sehr an eine Elite, daß sie niemals den Untergang einer Massenmediumsgattung aufhalten können. Das werden auf die Dauer höchstens Hörspiele zustande bringen, die wie diejenigen der Aichinger unverwechselbar Hörspiele sind, in denen aber das Wort Sinnträger bleibt und nicht zum reinen Spielelement wird.

So gesehen, sind die Hörspiele der Aichinger avantgardistisch im besten Sinn des Wortes. Und sie sind schon dadurch relevant.

Über »schlechte Wörter« (1976)

SAMUEL MOSER

Da flog das Wort auf

> Les phrases me résistaient à la manière des choses; il fallait les observer, en faire le tour, feindre de m'éloigner et revenir brusquement sur elles pour les surprendre hors de leur garde: la plupart du temps, elles gardaient leur secret.*
>
> Jean-Paul Sartre: Les mots

Eine Rezension von Ilse Aichingers Buch müßte mit vielen Einschränkungen, Ein- und Ausgrenzungen beginnen; mit der Überlegung also, was man sagen und nicht sagen will und kann. Aber kann man mit dem Schwierigsten beginnen? Denn mit dieser Überlegung ist man schon im Zentrum, um das sich Ilse Aichinger unablässig bewegt: »Ich schränke ein und schaue zu, damit bin ich genügend beschäftigt«, heißt es im Text, der dem Buch den Titel gegeben hat. Und an anderer Stelle heißt es: »Aber nur von Dover aus bleibt es dem, der es beherrscht, ohne Anspruch klar.« Die Anspruchslosigkeit Dovers ist ein Höhe- und Endpunkt. Das heißt: sie ist mit höchsten Anstrengungen und auch Ansprüchen erreicht. Also läßt sich mit Dover und dem gleichnamigen Text nicht beginnen.
Und doch gibt es starke Gründe, dies zu tun. Denn: ist Dover nicht auch ein Anfang? Ist seine Anspruchslosigkeit nicht der eines Neugeborenen vergleichbar? Wer nach Dover kommt, wird ein Kind: »Er wird seine Wünsche rasch und genau zusammenfassen, er wird mit Kieseln spielen wollen, er wird sich einen Kieselspielplatz einrichten,

---

* »Die Sätze leisteten mir Widerstand wie Dinge; ich mußte sie beobachten, einkreisen; ich mußte vortäuschen, mich zu entfernen, und dann wieder plötzlich auf sie zurückkommen, um sie zu überraschen, wenn sie es nicht erwarteten. Die meiste Zeit aber behielten sie ihr Geheimnis.« (Übersetzt vom Autor)

ziemlich hoch oben, nahe den Kliffs, er wird lange brauchen, aber er wird es wie kein anderer lernen, mit Kieseln zu spielen, ihnen mit Fingern und Füßen beizukommen, sie zu bändigen.« Kinder, die ihre Wünsche rasch und genau zusammenfassen, die sich ihre Spielplätze selber einrichten: das sind Kinder, die Sinnlichkeit und Verstand zusammengebracht haben; Kinder, die zugleich erwachsen sind; Kinder, die am Anfang und am Ende stehen.

Alle Texte dieses Buches bewegen sich auf Dover zu. Alle Texte Ilse Aichingers haben es immer schon getan. Einschränkend und reduzierend, zugleich neue Dimensionen eröffnend, bewegt sich diese Literatur fort. Oder zurück. Der Weg nach vorn ist ein Weg zurück. Und der Weg zurück ist ein Weg nach vorn. Das Thema ist nicht neu bei Ilse Aichinger. Sie hatte nie ein anderes. Es ist das Thema der frühen *Spiegelgeschichte*, es ist das Thema des 1971 erschienenen Textes *Meine Sprache und ich* – »Wir kommen gegen unseren Willen weiter«, hieß es da –, und es ist das Thema dieses neuen Buches. Hat, wer nur ein Thema hat, ein Thema? In einem Interview erklärte Ilse Aichinger einmal: »Ich weiß nicht, so wie man vermutlich nur einen Tag auf der Welt zubringt und jeder Tag ein neuer Versuch ist, diesen einen Tag zu leben, ist vielleicht auch jedes Buch, das man schreibt, ein Versuch, das einzige Buch zu schreiben, das man schreiben will.« Das Wort »Thema« weckt falsche Vorstellungen: die der Wahl beispielsweise. Und die hat nicht, wer nur ein Thema hat, wer nur einen Tag zu leben hat. So drehen sich alle Texte Ilse Aichingers nur um dieses eine: das, was nicht zur Wahl steht – um Anfang und Ende, um Geburt und Tod.

Geburt und Tod stehen nicht zur Wahl. Deshalb können sie nicht Thema sein. Also nichts, worüber man spricht. Nichts, demgegenüber uns noch die Sprache bleibt. Geburt und Tod sind der Sprache nicht zugänglich. Aber umgekehrt: Geburt und Tod haben die Sprache infiziert, befallen. Sprechen und Schweigen sind Sprache gewordene Geburt und Sprache gewordener Tod. Ilse Aichingers Sätze müssen unmittelbar begriffen werden. Es sind Sätze, die nichts transportieren und die nicht transponiert sein wollen. Alles ist in ihnen, sie sind beharrlich sich selber, meinen nichts anderes als sich selber. Und darin sind sie doch gleichzeitig eine Totalität. Diese Tatsache macht sie im Grunde einfach und verständlich, wie Heinz F. Schafroth in seinem Nachwort zeigt. Verständlich, weil Schreiben und Lesen damit zur Deckung gebracht sind. Jetzt ist der Weg frei für ein Verstehen, das mehr ist als nur eine Technik im Umgang mit Literatur: ein Verstehen nämlich, das zunimmt mit der eigenen Betroffenheit.

Alles wäre einfach, würden Geburt und Tod, Anfang und Ende zusammenfallend sich gegenseitig aufheben. Aber zwischen ihnen bleibt immer ein weiter Weg. Ilse Aichingers Buch eröffnet ihn und, was weit anstrengender ist, hält ihn offen. Es lehrt, daß leben muß, wer sterben will; daß lernen muß, wer vergessen will; daß sprechen muß, wer schweigen will. Es lehrt die Logik des Paradoxen: »Vielleicht schreibe ich deshalb, weil ich keine bessere Möglichkeit zu schweigen sehe«, definierte Ilse Aichinger einmal das Schreiben. Das heißt: das Schweigen gelingt nur in unserer Sprache, nur in der Auseinandersetzung mit ihr. Die Reduktion auf einen Anfang hin gelingt nur auf dem Weg zu den Endpunkten dieser Welt. Diese Reduktion ist das Gegenteil einer Abkehr: sie ist ein Aufbruch. Nirgends ist ein Engagement für die Wirklichkeit, das auch ein politisches Engagement umfaßt, so tief begründet, so wenig zufällig und so unumstößlich wie bei Ilse Aichinger. Kein Aufbruch ist verläßlicher als der ihre: der aus dem Ende heraus. Kein Anfang ist dauerhafter als der, der das Ende in sich beschlossen hat. So brechen Joe und Joan, nachdem sie das Atmen verlernt haben und auch ihre Knochen noch zertreten sind, am Schluß des Hörspiels *Gare Maritime* nochmals und endgültig auf:

»Joan: Meinst du daß wir vorankommen
Joe: Mir klebt dein Auge zwischen drei von deinen Rippen
Joan: Und ich habe einen Fetzen Drilch unter deiner Fußsohle
Joe: Dein Auge zwickt
Joan: Und kommen wir voran
Joe: Es näßt mich Zwischen deinen Rippen hindurch tränt es auf
       die meinen Doch doch Joan Joan Ich glaube wir kommen
       voran«

Wenn auch die materielle Existenz von Joe und Joan nie ganz auszumachen war: die Zärtlichkeit, die ihrer Zerstörung entspringt, macht sie hier beklemmend gewiß. Joe und Joan sind unanfechtbar geworden, unbesiegbar, weil längst besiegt. Sie spenden den letzten Trost: den unerschütterlichen Trost. Es ist der Trost, den auch Dover ausstrahlt: »Es wird die Orte der Welt für uns bitten mit seinen leichten Blicken. Es wird das Irrenhaus von Privas im Auge behalten und die anderen Irrenhäuser auch. Es wird nicht auslassen, was sich mit ihm nicht messen kann, es wird seine Schwächen zu Hilfe nehmen und seine Schwäche. Es wird auch die Industrie nicht vergessen, den Fleiß, die Einfalt und daß alles bald aus ist. Es wird die mißratene Verzweiflung nicht beiseite schieben, die unsere ist. Dover nicht.« Ilse Aichin-

gers Texte spenden alle den Trost, der nicht über die Verzweiflung hinwegtröstet, sondern auf die Verzweiflung baut. Sie geben unserer Verzweiflung einen Platz, eine Chance.
Verzweiflung und Trost oder Hoffnung gehören zusammen, das eine bezieht sich aus dem andern, eben wie Geburt und Tod. Die Parteinahme für die Verzweiflung und die Verzweifelten ist der Versuch, die Hoffnung zu bewahren. So wie die »schlechten Wörter« die besseren bewahren, indem sie sie unausgesprochen lassen. Es sind die bewußten Ungenauigkeiten, oder umgekehrt: die »genauen Ahnungen«, die Dover verbreitet, die die Möglichkeit zur Genauigkeit retten. Denn nur die Ahnungen, nur das Anfechtbare, nur das Unsichere kann als gesichert gelten. Der Weg der Reduktion ist der Weg vom Wissen zu den Ahnungen: »Aber Rahels Geheimnis wäre gewahrt, der Schatten ihres Schicksals dem meinen um dieselbe Spur nähergerückt, um die es mir gelungen wäre, mein Wissen zu verleugnen«, heißt es in *Rahels Kleider*. Der Weg der Reduktion ist ein Weg der Annäherung und der Rettung.
Alle Anstrengung Ilse Aichingers gilt dem Versuch, den Platz frei zu lassen für das Bessere, das Schlechte nicht für das Gute zu halten, mit dem Ungenügen zu leben also, und mit der Verzweiflung. »Laßt euch nicht seichte Stellen in eure Schreie schieben, die sind nicht von euch, ihr wißt es«, ruft Ambros in dem nach ihm benannten Text. Auch er ist ein Verzweifelter, ein Verlorener, der sich sein eigenes Grab zimmert: »Aber die Stufen sind bald fest, sein Elternhaus ist dann intakt, er kann dann keinen Laut mehr von sich geben. Wenn alles seine Ordnung hat, wird er nicht mehr gehört. Dann qualmt es, rauscht es, schnarrt es, dann hämmert es nicht mehr.« Deshalb soll alles in seiner Unordnung bleiben, nichts soll zur Deckung gebracht werden. Das Wort soll auffliegen und seinen Gegenstand zurücklassen: »Da flog das Wort auf, sinnlos in den Rübenhimmel« (*Insurrektion*). Ilse Aichinger schreibt, um die Welt nicht einrasten zu lassen: »Niemand kann von mir verlangen, daß ich Zusammenhänge herstelle, solange sie vermeidbar sind« (*schlechte Wörter*). Sie schreibt, damit den Dingen die unpassenden Namen bleiben, damit die Wunde offen bleibt, »damit alles bleibt, was es nicht ist« (*schlechte Wörter*). »Aber nichts ist so, wie es bleibt« (*Bergung*): Darin steckt eine revolutionäre Hoffnung: daß das Unvollständige, das Lückenhafte, das Fehlende, der Schmerz das Vorankommen sichern. Ilse Aichingers Buch gilt den Armen, nicht den Reichen.
Die Faszination und Zärtlichkeit dieses Buches liegen darin, daß Ilse

Aichinger nichts fordert und nichts gebietet – »Wenn es eine Bitte wäre, so wäre sie zu überlegen, aber Gebote jagen mir Angst ein. Deshalb bin ich auch zum Zweitbesseren übergegangen. Das Beste ist geboten. Deshalb. Ich lasse mir nicht mehr Angst machen, ich habe genug davon« (*schlechte Wörter*) –, sondern selber auf dem Weg ist, arm zu werden, selber auf dem Weg zum Zweit-, Dritt- und Viertbesseren. So ist in ihrem Buch alles nachprüfbar und glaubwürdig: die Westsäulen, Dover, Privas, Albany, St-Ives – das sind Orte auf diesem Weg, aber immer sind da auch Menschen, die zu ihnen gehören, die sich ihrer annehmen, die bei ihnen bleiben lernen. Der Junge aus L. beispielsweise, der in St-Ives bleibt: »Wir werden den Jungen aus L. engagieren. Der taugt zu keinem Rettungskommando und wird besser sein als seine bunte Schwester. Der beugt sich abends nur kurz über die Morgenblätter. Über die gewissen Listen. Der weiß, daß die Bucht keine Gewähr ist. Der hält sich.« Oder die, die sich Privas – »Privas ist ein Schwitzkasten, eine Anstalt für tollwütige Lieblinge, sagen wir, ab vier« – auflädt: »Privas gehört jetzt Ihnen, die Küsten sind nicht mehr weit, die Brandstellen auch nicht. Aber wie werden Sie's machen? Stoßen Sie den Karren nur hinein oder springen Sie mit, binden Sie sich vorher los von Privas oder nicht? Ich frage nur, Sie müssen nichts darauf sagen, Sie müssen mir nicht antworten, Sie können es gar nicht.« Ilse Aichinger treibt ihre Figuren und sich dorthin, wo sie allein gelassen sind; dorthin, wo es keine Antworten gibt – da ist sie wieder: die Ausweglosigkeit; das, was nicht zur Wahl steht, Geburt und Tod. Beides bleibt einander ausgesetzt, bleibt anfällig für einander. Das Ende gibt keine Geborgenheit: »Und laß deinen Jenkins schlafen. Die Lust auf Vokale wird ihm von selbst vergehen, wird an der Luft zersplittern, wird sich bald blind schreien. A O U, häkle nur weiter, dein Jenkins schläft, der ist gut aufgehoben. Ruht. Bleibt weithin liegen, bleibt sichtbar, wie du ihn verläßt, ausgeworfen, verletzt, leicht verletzt, geh, geh.« (*Galy Sad.*) So wie Ilse Aichingers Sätze nach Verletzlichkeit und Anfechtung streben, so streben auch die Bewohner von St-Ives in ihrer Vergeßlichkeit nach der Anfälligkeit für die Erinnerung, nach Wehrlosigkeit: »Wenn der schwere Südwest schräg über das Festland treibt und die Nebelfelder zu zerreißen droht, kommt es zu sonst ganz unüblichen Streitigkeiten, Sehstörungen, Stürzen, Sektenbildungen, Gehbehinderungen, zu den unbehaglichen Begleiterscheinungen der Erinnerung. Man ist es in St-Ives nicht gewohnt, mit der Erinnerung zu hantieren wie anderswo, man möchte es auch nicht gewohnt sein.«

WOLFGANG WEYRAUCH

Entsetzen und Verzweiflung

Es ist Ilse Aichingers sechster Geschichtenband; dazwischen wurden drei Hörspielbücher gedruckt.
Meinung: es ist bequem, mit dem neuen Titel zu jonglieren: dies Seil reißt. Trotzdem lasse ich mich darauf ein, denn ich sage, daß die Wörter Ilse Aichingers gut sind, ja, sie sind die besten, die ich seit langem gelesen habe. Sie sind auch deshalb gut, weil die Autorin Wörter und keine Worte schreibt. Ihre Wörter sind alles andere als gestelzt oder auf einfach getrimmt. Sie sind Ilse Aichingers Wörter, und die sind auch hier so, wie sie immer waren. Sie sind angefressen, vom Zweifel der Autorin angefressen. Da die Sätze aus Wörtern bestehen, sind auch die Sätze angefressen, ja, zerstückt. Wie, das wäre etwas Gutes? Es ist insofern gut, als die Wörter und die Sätze im neuen Band das fortsetzen, was Ilse Aichinger schon immer verwörtlicht hat: Sie stellen, die Homogenität fordert es, die Inhalte in Frage. So übt die Verfasserin die radikalste Tugend, die im Schreiben möglich ist: Sie hört nicht auf, unbestechlich zu sein. Sie ist rücksichtslos gegen sich selbst, und gegen die Leser. Sie verzichtet auf das Erlaubte und Gefällige. Sie ist in sich selber eingewickelt, so daß der Ausgang aus ihr heraus, und der Zugang zu ihr hin, aufs äußerste verstellt sind. Es bleibt den Lesern nichts anderes übrig, als die Annäherung an diese Prosa, als das Vertrauen darauf, daß hier ein Ereignis stattfindet, dem man sich ausliefern sollte. Warum? Ilse Aichinger zweifelt an allem, bloß nicht am Zweifeln. Aber sie macht daraus kein unentwirrbares Labyrinth, sondern – und der Leser muß sie begleiten, falls er mag – eine Landschaft voll von Ruinen: Ruinen der Wörter, der Sätze, der Inhalte. Mit einemmal merkt der Leser, daß alles, was er da, in Beben versetzt, erblickt, nicht nur die Akustik und die Optik der Autorin ist, sondern auch seine eigene Existenz: in dieser Gegenwart, auf dieser Erde. Er begegnet also keiner Fremdheit, keiner Verstocktheit, keiner Literatur um der Literatur willen. Vielmehr trifft er auf sich selber, wenn auch, was bei einer solchen Verfasserin selbstverständlich ist, auf die ihr eigentümliche Art und Weise geschildert, und vermittelt. Ich könnte mir denken, daß ihm das mißfällt, oder daß ihn diese Fragmente, diese Verkürzungen, diese Aufhebungen, erschrecken. Was aber gäbe es notwendigeres als die Erhellung des Dunklen, als die Mitteilung des Wahren? Es fragt sich, woher Ilse Aichinger ihre Ana-

lysen des fast Unerklärlichen nimmt? Es ist gesagt worden, daß die Geschichten der Autorin aus dem Kafka-Mantel rühren, oder daß ihre Äußerungen beckettsch seien. Warum nicht? Keiner ist von Einflüssen frei. Ich aber bin davon überzeugt, daß Ilse Aichingers Elemente durch das Elementarische des Chassidismus bewegt und hervorgebracht werden. Immer wieder, wenn ich in den neuen Geschichten lese, in den *Flecken*, in *Ambros*, in *Dover*, in *Rahels Kleidern*, in *Hemlin* zumal, fällt mir jene Parabel aus den Chassidischen Geschichten Martin Bubers ein, worin sich ein Rabbi ganz unten im Unheil befindet: Als er von seinen Schülern gefragt wird, weshalb er denn so etwas träume, antwortet er: ja, du lieber Gott, wie könnte ich sonst das Heil ahnen, und finden? Ich glaube, daß es bei Ilse Aichinger ebenso ist: Sie träumt, und träumt, aber ihre Träume von der Angst und von der Hoffnung sind nur Mittel zum Zweck, zum Ziel, wäre richtiger gesagt. Zu welchem Ziel? Zum Ziel der Entwirrung dessen, was verwirrt ist, zum Ziel, auch wenn es auf Umwegen geschieht, der Mitteilung der Möglichkeiten, wie es denn glücken könnte, die blinden und tauben Leser hörend und sehend zu machen, mag ihnen dabei auch ihr Hören und Sehen vergehen: ihr uneinsichtiges Herumtappen im Mischmasch aus Versteinerung und Verhöhnung der unwirklichen Realitäten, woraus Entsetzen und Verzweiflung entstehen.

Warnung: Andererseits sollte sich die Autorin, deren Geschichten, Hörspiele und Gedichte ich bewundere, davor hüten, sich zu Paul Celans *Sprachgitter* zu begeben. Wo der Schreibende fast verstummt, ist nur noch ein Nichts da. Ich weiß, daß auch das Nichts ein Etwas sein kann. Aber was wäre das doch für ein wegloses Nichts, hinter dem nur die Lemuren hocken. Laß sie winseln, Ilse Aichinger. Laß sie allein.

HEINZ LUDWIG ARNOLD

»schlechte Wörter«

Ilse Aichingers frühe Prosa – vor allem die Erzählungen – ist ohne den Einfluß Kafkas nicht zu denken: Sie verbindet die Präzision der Beschreibung mit der Artikulation lyrischer Stimmung, und die Dualität, die sich darin bereits formal zum Ausdruck bringt, entspricht der Konfrontation eines hohen, sensiblen Bewußtseins mit der Brutalität und Unausweichlichkeit des äußeren Daseins.

Aus dieser Spannung gewinnt, was Ilse Aichinger schreibt, seinen seltenen Wert. Doch ähnlich wie bei Günter Eich, mit dem sie seit Beginn der fünfziger Jahre verheiratet war, hat diese Spannung von Bewußtsein und Dasein eine Entwicklung mitgemacht, die zunehmend in eine abgeschlossene Literatur, in die hermetische Sprache führte. *schlechte wörter* ist Ilse Aichingers schwierigstes Buch: schwirig zu lesen, schwirig, sich ihm kritisch zu nähern, schwirig, es zu vermitteln. Diese Schwirigkeiten sind bedingt von einer extrem nach vorn geschobenen Position der Verklausulierung, des Hermetismus. Erkennbare Handlungen haben die Erzählungen nicht, schon gar nicht die lyrische Prosa, aber auch das Hörspiel läßt keine inhaltlich beschreibbare Bewegung erkennen. Bewegung vollzieht sich allein in der Sprache, nicht in dem, was diese Sprache benennt. Zunehmend hebt sich die Sprache von der Realität ab. Assoziationen sprachlicher Herkunft lösen den Sprachprozeß aus, nur selten Dingliches wie in der zweiten Erzählung – und der Begriff »Erzählung« sei für diese Texte nur zaghaft benutzt –: diese zweite »Erzählung« heißt *Flecken* und beginnt mit den Sätzen: »Wir haben jetzt Flecken auf unseren Sesseln. Es sieht aus, als hätte jemand gezuckerte Milch darüber geschüttet. Diese Flecken sind zu bedenken.« In diesen drei Sätzen ist, leitmotivisch, eine wesentliche Struktur des Schreibens und des »Bedenkens« dieser Flecken, das sich anschließt, vorweggenommen: »Wir haben jetzt Flecken auf unseren Sesseln« – das ist wie »Wir haben jetzt Katzen« oder »Unser Junge geht jetzt auf die Universität« oder »Mein Mann ist jetzt pensioniert«; d. h., es ist eine Lebenssituation eingetreten, mit der wir uns jetzt befassen müssen, um sie zu bestehen; es klingt auch wie eine Bedrohung: Etwas hat sich jedenfalls verändert, ob zum Guten, ob zum Schlechten – das wird zu überdenken, wird zu prüfen sein. Der zweite Satz jedoch zieht diese Bedingung zumindest in Zweifel: »Es sieht aus, als hätte jemand gezuckerte Milch darüber geschüttet.« Was so aussieht, kann auch ganz anders sein; und wenn dann im Nachsatz statt des normal erwarteten Präsens-Konjunktivs »als habe« der unerwartete Irrealis »als hätte« auftaucht, so wird nicht nur die Tatsache, ob es wirklich gezuckerte Milch war, sprachlich raffiniert geleugnet, sondern durch das vorgegebene »Es sieht so aus« der Inhalt des gesamten ersten Satzes. Darüber ist nachzudenken: Gibt es überhaupt Flecken? Sind sie nicht lediglich Reizobjekte, um über all jene nachzudenken, und über all jene Situationen, in denen – ja wer eigentlich? – Flecken hätte machen können? Jedenfalls wird ein über drei Seiten langes »Bedenken«

in Gang gesetzt, das dann mit den Sätzen endet: »Man kann sich alles vorstellen. Es kann auch eine Schnecke gewesen sein. Nein, nein, eine Schnecke sicher nicht, auch kein Zaunpfahl. Aber sonst gibt es genug Möglichkeiten der Entstehung. Vielleicht sind sie überhaupt Anfänge von Vorstellungen. Weil es Anfänge nicht gibt. Diese Flecken siegen. Sie siegen auch.«
Auch hier, und wie im Schlußteil eines Musikstücks noch verstärkt und verdeutlicht, dieselbe Sprachbewegung: der Vermutung folgt der Zweifel, dann die Verneinung. Und immer weiter wird die Realität des Stoffs ›Sprache und Idee‹ in die Irrealität getrieben: »Möglichkeiten der Entstehung« – »Anfänge von Vorstellungen« – aber dann der merkwürdig widersprüchliche Begründungssatz: »Weil es Anfänge nicht gibt.« Der menschliche Verstand, das menschliche Begreifen setzt irgendwo unterwegs ein, an seinem subjektiven Bewußtseinsanfang – weil es objektive Anfänge gar nicht geben kann: Alles ist in der Entwicklung, von ewigen Zeiten her, und alles, was gedacht wurde, hat seine Vorgedanken, Übernahmen, Fortläufe. Wie sich – das lehrt die moderne Naturwissenschaft – auch die Materie nicht bis zum Beginn, bis zu ihrem Entstehen zurückverfolgen läßt – weil sie entschwindet: der Feststellbarkeit und dem menschlichen Verstehen.
Diese kurze Philologie an einem kleinen Textausschnitt muß stellvertretend die Bewegung der Sprache Ilse Aichingers verdeutlichen, wie sie alle Prosatexte dieses Bandes aufweisen. Charakteristisch ist ihnen der eingebaute Widerspruch, der sprachlich virulent gemachte Zweifel an den eben noch gemachten Aussagen. Und wenn die kurze Erzählung *Privas* mit dem Satz endet: »Ich frage nur, Sie müssen nichts darauf sagen, Sie müssen mir nicht antworten, Sie können es gar nicht.« – so zeigt sich in diesem ständigen Relativieren schließlich ein Pessimismus, der dafür steht, daß die Welt in ihrer Brutalität und Starrheit zwar unveränderlich ist, daß aber dennoch immer wieder Fragen an diese Welt zu richten sind. Daß also die Fragen schließlich zwar nicht die Welt zu verändern vermögen, aber das Verhältnis des Fragenden zur Welt. Und nur im Fragen liegt die Chance des Menschen, sich angesichts dieser Welt zu behaupten: ohnmächtig in der Sache, aber mächtig im Zweifel.
In einem anderen Stück heißt es, man pflege »von den Dingen, die man einmal weiß, keine Ahnung mehr zu haben...«, jage »dem Wissen über gewisse Dinge im allgemeinen nur nach... um die Ahnung, die man davon hat, zu verlieren...« Ein fast theoretischer Satz,

wüßte man nicht, daß Ilse Aichingers Prosa Theorien, die systembildend, also verfestigend wirken, allenfalls zerstört. Aber doch ein typischer Satz, in dem, was bisher aus der Prosa Ilse Aichingers abgeleitet wurde, unvermutet bestätigt wird: Man wußte nichts über die Flecken, aber der ganze Text, der sich an ihren Ausgangspunkt anschloß, war eine Reihe von Ahnungen über die Flecken, ihre Ursache, ihre Verursacher. Die Prosa, die Ilse Aichinger schreibt, ist keine Prosa des Wissens: weder vermittelt sie Authentizität, noch installiert sie einen auktorialen, alleswissenden Erzähler, noch hat sie eine Ideologie zu verkünden. Ihre Prosa ist die Poesie der Ahnung, der Annäherung, des Kreisens um Realität. Weil Realität bedroht, kann die Prosa, die sie umkreist, nicht identisch werden mit ihr. Mimetisch weicht sie aus, und die Bewegung ihrer Sprache vermittelt einen Eindruck von den Dingen, um die sich diese Sprache bewegt.

Natürlich kennt man diese Sprache, diese Poesie der Ahnung, von Kafka. Doch es wäre falsch, Ilse Aichinger auf ein großes Vorbild festzulegen. Auch Rilkes *Duineser Elegien* sind gekennzeichnet vom Irrealis einer ahnenden Sprache, in der das Weltbild unheilvoll zerbrochen erscheint, ohne daß man diese Lyrik an Kafka binden möchte.

Ilse Aichinger teilt das Weltgefühl beider – und anderer – Autoren. Aber ihre sprachliche Welt hat sich von den eigenen Anfängen emanzipiert, in denen sie nahe bei Kafka war. Sie hat ihre Sprache rigoros fortentwickelt, fast möchte man meinen: bis nahe an die Grenze des noch Sagbaren. Erst im völligen Zweifel ist nichts mehr sagbar, verstummt auch der Dichter. Solange aber der Zweifel noch aussprechbar ist und vorgeführt wird, gibt es auch Hoffnung, vom Sinn dieser Welt wenigstens etwas zu erahnen. Für jene aber, die den Sinn dieser Welt zu wissen, zu kennen vorgeben, bleibt kein Geheimnis mehr. Und ohne dieses Geheimnis des Menschen und der Welt ist jede Poesie unmöglich. In der großen Spanne zwischen der Schweigsamkeit des völligen Zweifels und der Geheimnislosigkeit des Wissens, das sich nur noch in einem ideologischen System zu artikulieren vermag, steht Ilse Aichingers immer hermetischere Prosa dicht vor der Grenze des Verstummens, in dem sich die Verzweiflung ankündigt. Daß ihr letztes Buch mit dem Hörspielsatz »Ich glaube wir kommen voran« endet, deutet immerhin Hoffnung an. Jedenfalls für die Leser, denen Walter Höllerer einmal gewünscht hat, »daß sie nicht im letzten entscheidenden Moment wieder in den alten Kreis ihrer Gedankengänge und Beweisführungen vor der Lektüre zurückfallen«.

PETER HORST NEUMANN

Genauigkeit im Ungewissen

Ein kleines Buch mit neuen Texten von Ilse Aichinger. Heinz F. Schafroth hat ein Nachwort dazu geschrieben; seine Einsichten werden manchem eine Lesehilfe sein. Das Buch enthält den Wortlaut eines Hörspiels: *Gare Maritime*, ein kühnes Stück phantastischer Sprachkunst. Die Grenze zwischen Menschen und Dingen ist gefallen. Der Imperativ des Radios – Wer schweigt, ist tot, also: rede! – verbindet sich beispielhaft mit dem Prinzip dieser Dichtung. Was zählt, verdankt sie der Sprache; Worte sind Dinge, Dinge sind Worte; allein die Syntax der Sätze verbürgt hier die Wirklichkeit. Daneben enthält der Band einundzwanzig Prosastücke. Einige könnten vielleicht Erzählungen heißen, etliche sind als Gedichte in Prosa zu lesen, andere bedienen sich diskursiver Redeweisen. Doch mit dem Stegreifspiel solcher formalen Unterscheidungen ist ihnen nicht näher zu kommen.
Der Titel des ersten Textes ist zugleich der Titel des Buches. Er deutet auf eine Haltung, die Haltung der Dichterin Ilse Aichinger. Ein programmatischer Text. »Ich gebrauche jetzt die besseren Wörter nicht mehr«, heißt es da. »Ich bin auch bei der Bildung von Zusammenhängen vorsichtig geworden... Niemand kann von mir verlangen, daß ich Zusammenhänge herstelle, solange sie vermeidbar sind. Ich bin nicht wahllos wie das Leben, für das mir auch die bessere Bezeichnung eben entflohen ist. Lassen wir es Leben heißen, vielleicht verdient es nichts Besseres. Leben ist kein besonderes Wort und Sterben auch nicht.«
Die Zitate zeigen, was Ilse Aichingers Haltung ausmacht: Melancholie und Strenge, Sicherheit des Zweifels, authentische Eigenbrötelei. Die zitierten Sätze deuten auch an, in welchem Verhältnis hier Wort, Ich und Wirklichkeit zueinander stehen.
Wir alle suchen uns in einer Welt expandierenden Wissens einzurichten. Über immer mehr Dinge werden uns täglich genauere Kenntnisse aufgetischt, abverlangt; ein Wissen, dem beinahe keine Erkenntnis entspringt. Mit seiner Fülle hat zugleich unser Unwissen zugenommen. Wir klammern uns an die Vorläufigkeit beider, des Wissens wie des Unwissens, und reden davon in einer Sprache, die auf dem fröstelnden Aberglauben beruht, die Dinge wären noch bei den Worten, mit denen wir sie benennen. Dort waren sie nie. Wir nur waren über-

eingekommen und halten ungläubig daran fest, daß es so sei. Von der Erschütterbarkeit dieses Unglaubens profitieren die Überredungskünstler. In dieser Welt der Gewißheiten und Sprachverordnungen hat Ilse Aichinger nie Platz genommen: »Ich kann daneben bleiben.«

So entsteht die »Nebenwelt« ihrer Texte. Sie ist durchlässig, denn sie ist aus unserer Sprache gemacht, es gibt keine andere; mit den Worten dringt unsere Wirklichkeit, dringen Wissen, Angst und Erfahrungen in sie ein. Es ist nur eine »zweitbessere« der möglichen Welten, aus »schlechten«, aus schlichten, exakt geprüften Wörtern gemacht. Was aus der »besten«, der Welt unseres Wissens und Redens, in diese Nebenwelt eintritt, hält dem verfremdenden Blick, der hier umgeht, nicht stand – ein Blick wie durch Kafkas Augen. Vor diesem fremden Blick lösen sich die Dinge aus ihren Verklammerungen, um frei zu werden für neue phantastische Verbindungen; verwundert stehen die Worte neben ihren Bedeutungen, eine nüchterne Syntax rückt sie in unverhoffte Zusammenhänge. An die Stelle der eingelernten Gewißheiten tritt in Ilse Aichingers Texten die immer strengere Präzision des Ungewissen. Welche Selbstverständlichkeit des Überraschenden, welche Anmut der Bitterkeit, des Witzes, der Skurrilität!

In diesen Texten wird den Dingen, Erfahrungen und Worten ein strenger Prozeß gemacht; es tritt zutage, welche Gleichgültigkeit ihr Verhältnis bestimmt. Es wäre falsch, von Fiktionen zu sprechen, in diesen Texten wird nichts fingiert. Fiktionen sind Täuschungen. Ilse Aichingers Dichtung hat alle Enttäuschungen hinter sich. Was diese Texte den Lesern zumuten, ist ein Exerzitium der phantastischen Nüchternheit, des lernenden Vergessens, des illusionslosen Verwunderns. Es sind Übungstexte aus »schlechten Wörtern«; »schlecht«, das heißt: reingewaschen von verfänglichen Gewißheiten, Meinungen und Ideologien. Darum läßt sich an diesen Texten mehr als nur lesen lernen.

HEINZ POLITZER

Ilse Aichingers todernste Ironien

Im *New Yorker*, einer der Wochenschriften Amerikas, die, wenn auch mit zusammengebissenen Zähnen, Niveau halten, fand sich vor einiger Zeit ein *cartoon*, der vier Intellektuelle im Gespräch zeigte. Daß es

sich um Intellektuelle handelte, bewiesen die bebrillten Eierköpfe, die Haare, gleich lang bei Männlein und Weiblein, der Türkensitz und das Whiskyglas, die Andeutung von Büchern im Hintergrund. Darüber gebeugt, hautnah, ein Ungeheuer, halb Elefant, halb Stachelschwein, mit monströsen Plattfüßen, spitzen Horns oder gespitzten Ohres, es war nicht auszumachen. Untertitel: »Wir werden damit fertig, indem wir darüber reden« (»We deal with it by talking about it«).
Die *schlechten Wörter* Ilse Aichingers aber verschweigen dieses Ungeheuer, indem auch sie es in Wörter fassen. Ilse Aichinger ist keine amerikanische Intellektuelle, sondern eine österreichische Dichterin, vermutlich die letzte aus der großen Generation Paul Celans und Ingeborg Bachmanns. Das Ungeheuer, das sie verschweigt, indem sie es in Wörter faßt, läßt sich in ebenso viele Sprachen übersetzen, wie es Leser finden wird: Die von Panik Ergriffenen werden es Angst nennen; die Schlaflosen: ein wundes Gewissen; die Schiffbrüchigen: das andere Gestade; die Fortgeschrittenen: Tod. Lauen Geistern ist dieses Buch nicht zu empfehlen.
Wenn die Aichinger das Schweigen vertiefen will, mit dem sie das Ungeheure bändigt, setzt sie ihre »schlechten Wörter« kursiv gesperrt: »Ob man sagen kann *ich entscheide mich dafür* ist fraglich«, sagt sie in dem Stück, das ihrem neuen Band den Namen gegeben hat. »Die bisherigen Sprachgebräuche lassen eine Entscheidung da, wo es sich nur mehr um eine Möglichkeit handelt, nicht zu.« Entscheidung ist die selbstherrliche Überwindung zweier oder mehrerer Möglichkeiten. Da jedoch der Aichinger Selbstherrlichkeit ebenso fremd ist wie deren Gegenteil, Selbstmitleid, entscheidet sie sich erbarmungslos gegen Entscheidungen und für die Möglichkeiten, die ihr aus der Sprache unentwegt zuströmen. Hier wird ihr dann das bisher Unmögliche möglich, das bislang Unsagbare kommunikabel. Wer an dem Ort angelangt ist, den Paul Celan »Atemwende« genannt hat, entscheidet nichts mehr, am wenigsten sich selbst.
Geblieben ist der Aichinger nichts als ihr Atem, ein starker und trotz der Kürze ihrer oft abgehackten, dann wieder parataktisch geführten Sätze dauerhafter Atem. Man kann sich auf diesen Atem verlassen; er steigt und fällt wie die Gezeiten. Was er mit sich trägt, sind Weltsplitter, das Treibgut gestrandeter Wortschätze. Der Ausleseprozeß der Wörter, die von ihrem Atem ergriffen, findet schon in ihrer Phantasie statt. Diese ist ebenso geschult wie unbewußt. Der Atem der Dichterin nimmt nichts auf, was sich nicht schon vor ihrem Unbewußten auf seine Stichhaltigkeit und Dingfestigkeit hin ausgewie-

sen hätte, mag dies nun ein »kleiner Mann mit einer gelben Mütze«, namens *Muzot* sein oder ein Irrenhaus mit dem Schild *Privas*. Streams of Consciousness? Innere Monologe? Gewiß nicht, sondern schon aus dem Unbewußten gesteuerte Assoziationsreihen von unmittelbarer Ursprünglichkeit. Dem »unendlichen Bewußtsein«, das Kleist im »Marionettentheater« einem Gliedermann oder Gott zuordnet, entspricht in diesen Dichtungen ein schier unerschöpfliches Unbewußtes. Vom steten Gang ihres Atems ergriffen, vertraut sich dieses Unbewußte gleichsam übergangslos ihrer Sprache an. Das Verhältnis dieser Sprache zur Phantasie der Aichinger ist sozusagen reichsunmittelbar.
Daher die oft kindliche, aber immer ihrer Verantwortung gewahre, Unschuld dieser Sprache. Von den »Balkonen in den Heimatländern« sagt sie: »Es geht aus verschiedenen Auslegungen hervor, daß sie beim Jüngsten Gericht gesondert aufgerufen werden, und vermutlich landen sie rechts bei den Engeln, sie werden Vorwände finden.« Das Wort von den Vorwänden ist doppelsinnig. Wenn Balkone Vor-Wände finden, auf die sie sich stützen können, hören sie auf, Balkone zu sein. An solchen doubles entendus, die, zu Ende gedacht, sich selbst zum Paradox werden, herrscht in diesem Buch kein Mangel. Zugleich aber gibt es in dem Band nichts, aber auch gar nichts, das nicht auf die Gegenwart einer Endzeit hin ausgesagt wäre. »Vermutlich haben wir lange schon begonnen, zuviel zu wissen, zuviel über abwegige Dinge nachzudenken, wie etwa über die Balkone der Heimatländer.« Damit aber fangen die Balkone an, sich selbst aufzuheben; man könnte auch sagen: zu schweben. Zu schweben, aber wohin? »Zweifeln« wie diesen entsprechen die geradezu todernsten Ironien der Aichinger.
Es gibt auch ein Hörspiel in diesem schmalen Band: *Gare maritime*. (Eigennamen und Fremdwörter gehören per definitionem zu den »schlechten Wörtern«; sie sind Wörter, in denen Sprache sich selbst entfremdet.) Ein Hörspiel? Man muß sein Gehör und Gespür schon ein wenig strapazieren, um das Schweigen zwischen diesen Wörtern zu erhaschen, die ein Geflüster vor Tag sind. Vorm Jüngsten Tag? »Doch doch Joan«, sagt Joe am Ende dieses Hör- und Endspiels, »ich glaube wir kommen voran«. Die Frage ist nur, in welche Richtung dieses »voran« weist.
Und ist es überhaupt ein Spiel? Joachim Kaiser hat die Stücke *Privas* und *Dover* aus diesem Band »Wortballett« genannt, und hinzugefügt: »Man muß nicht jeden Satz unbedingt verstehen wollen, dann er-

schließen sich die Zusammenhänge schon leichter.« Wo Kaiser recht hat, hat er recht; es kommt nur auf die Zusammenhänge an. Sicherlich ist es weder der Zusammenhang von Sein und Schein – »Seinen und Scheinen« hat Grillparzer ihn genannt – noch der zwischen Ursache und Wirkung. Die Welt der Aichinger gehorcht, wie die der Kleistschen Marionetten, keiner Schwerkraft; das Gesetz, dem sie folgt, ist antigrav. Am ehesten läßt sich vermuten, daß es, wenn schon davon die Rede sein muß, der Zusammenhang zwischen »Hüben« und »Drüben« ist, der hier waltet.

Zur Frage des Rechthabens hinwiederum merkt die Aichinger an: »Er hat Recht, aber dieses Recht macht ihn verlassen.« Und: »Er wird in der Ferne sein Unglück suchen, da, wo es hingehört.« Und abermals: »Er wird den Himmel absuchen. Er wird darauf kommen, aber nicht hinein.« Gedankensplitter, sicherlich; aber gebettet in Ebbe und Flut der Sprache, getragen von einem Atem, dessen Wende den Standort bezeichnet, von dem aus die Welt sich eben noch tragbar, sichtbar und erträglich darstellt: »Er«, das ist der Dichter, die Dichterin, sie, die recht hat (und zum Beweis, daß sie es nicht behalten will, dieses Recht zwar nicht kursiv setzt, aber doch mit dem Großbuchstaben ihrer Verschwiegenheit, der Majuskel R, schreibt), und da sie es nicht behalten will, zur Rechtlosen und Vogelflüchtigen wird, eine verzweifelt immer neue Zweifel Suchende, und sie auch findet, und zwar wiederum in ihrer Sprache. Diese Zweifel aber finden sich selbst an der Grenze einer Welt, die auch die Grenze des Wortes ist, und so die Schwelle, die Schwelle der Tür vor dem Gesetz, über die ein unnahbares Licht bricht.

Hier wird keine Antwort gegeben. Nur noch Fragen sind möglich. Die Kurzprosa *Rahels Kleider* endet: »Wie heißt die letzte Frage? Wie heißt sie? Ja. So heißt sie.«

Seit dem »Yes« der Molly Bloom, dem letzten Wort aus James Joyces *Ulysses*, kenne ich kein Wort, das sich mit solcher Dezidiertheit dem Ende entgegenhielte wie dieses »Ja«. (Da es versteckter ist als das »Wir kommen voran« aus dem Hörspiel, stammt es aus tieferen Gründen des Zweifels und besitzt demgemäß ein größeres Gewicht.) Und wenn auch das Buch der Aichinger sich bei weitem nicht mit dem Volumen des *Ulysses* messen kann, so besitzt es doch eine Vielschichtigkeit, eine Galgenironie und ein Karat, die uns erlauben, an Joyces Heldenepos zu denken. Aber es ist ein Irrtum, zu glauben, daß sich Heldenepen, mögen sie auch noch so parodistisch angelegt sein, heutzutage noch schreiben lassen. Die Zersplitterung dieser *schlechten*

Wörter, ihr apokalyptisches Understatement, legitimiert sie als Geschöpfe der Gegenwart, wohin immer diese Gegenwart auch mündet: als ein ebenso behutsames wie peinlich genaues Zeugnis der Dichtung von heute.

JÜRGEN BECKER
An den Rändern der Existenz

Im ersten Prosastück, das diesem Buch seinen Titel gibt, *schlechte Wörter*, liest man den Satz: »Niemand kann von mir verlangen, daß ich Zusammenhänge herstelle, solange sie vermeidbar sind.« Wirklich werden auf allen folgenden Seiten auch keine Zusammenhänge erkennbar, jedenfalls nicht solche der landläufigen Art.
Wenn man gewohnt ist, den Zusammenhang etwa einer Erzählung in der Komposition eines Handlungsverlaufs, im Verhältnis der Figuren zur gesellschaftlichen Realität, in wie auf Abruf kommenden und gehenden Gedanken und Sätzen zu sehen, dann befindet man sich mit dieser Prosa oft wie in einem anderen, fremden Land. In einem Land, in dem das System unserer Zusammenhänge zunächst einmal nicht gilt, zumindest gestört und verschoben erscheint.
»...hinter uns bleibt liegen, was unvergänglich war, man verläßt es somit, richtig, brandmarkts zu einer kleinen Kolonne, versäufts, vergreift es samt den Rändern, läßt seine Luken verhärten und unbehelligt, die Erhebungen vergehen, die Gründe eingerüstet, links heißt von nun an vorwärts, rechts auch, seewärts, fest landwärts, zur Teezeit und zur Nacht, wir lassen, wo wir sind, wo wars, wo ist es, dreht sich noch eine Weile im Flachen, spinnt aus, treibt sich drei Kürzel lang herum, und dann stellt das Exempel die Probe auf Skalp und Zehenspitzen, fragt frei, wo ists, wo war es, laßt sie tanzen, trompetet aus den Dschungeln, Zoll- und Vermessungsämtern, aus den Lehnstühlen eurer verlotterten Idole, fragt, fragt nur, keiner wird euch weisen, keiner die Richtung aus den verfilzten Wegen wickeln...«
Ein Zitat aus dem Prosastück *Albany:* eine schöne, rasche Bewegung von Wörtern, die freilich, nach einem unmittelbaren inhaltlichen Zusammenhang befragt, diesen Zusammenhang auf Anhieb nicht offenbaren. Eine bestimmte Art von Unbestimmtheit, sie setzt sich von der ersten bis zur letzten Seite dieses Buches fort, so sehr sich die einzelnen Texte unterscheiden. Eine erste Gruppe von zwölf Pro-

sastücken entwirft ziemlich ausführlich Konzepte und Bilder einer inneren Landschaft; eine zweite Gruppe mit zehn Prosastücken, die mitunter eher die Gestalt, den Rhythmus und die Kürze von Gedichten haben, zieht angesprochene Dinge, Namen und Erfahrungen zu dichten, ironisch glitzernden Miniaturen zusammen; als dritte Gruppe steht der Text des Hörspiels *Gare Maritime*, der als einziger halbwegs identifizierbare und redende Figuren vorführt, vor allem das Figurenpaar Joe und Joan, dessen unwirkliche Existenz doch ein sehr reales Ende findet, wenn ein Wärter kommt und ihre Knochen zusammentritt und zusammenkehrt. Letzte Worte von Joe – auf Joans Frage: »Kommen wir voran« –: »Es näßt mich Zwischen deinen Rippen hindurch tränt es auf die meinen Doch doch Joan Ich glaube wir kommen voran.«

In seinem klugen Nachwort schreibt Heinz F. Schafroth: »In Sätzen wie diesen wird auch das umfassende, unabgegriffene Engagement der Autorin einsehbar. Daß sie fast apodiktisch privat erscheinen und den Rückzug auf verlorene Posten beschreiben, soll nicht darüber hinwegtäuschen, daß sie für Widerstand, Ausscheren, Weigerung plädieren.«

Das ist ein sehr kühner Schluß, dem ich allerdings um so lieber zustimme, als Schafroth an anderer Stelle seines Nachwortes die verlorenen Posten als letztlich vorgeschobene bezeichnet. Denn so allein Ilse Aichinger mit ihrer Prosa steht, sie steht damit nicht für Verlorenes ein, sondern für die Gegenwart und Dauer bestimmter Vorgänge und Erfahrungen. Sie spricht, wenn überhaupt, nur in Ansätzen von konkreten Situationen und realen Verhältnissen: um so deutlicher spricht sie von den Irritationen und Ängsten, Widersprüchen und Verwirrungen, von denen die Verhältnisse bestimmt sind.

Sie erfindet dafür keine erzählerischen Modelle; sie demonstriert vielmehr direkt die Ursprünglichkeit der Bedrohung. Die sensible Gestalt ihrer Texte, die Atemlosigkeit der Sätze, die Fluchtbereitschaft der Wörter, die abgehetzten Sprünge der Assoziationen, darin drückt sich der nicht nachzuerzählende Inhalt dieser Prosa aus.

Eine Prosa der Zweifel, der Fragen, der Suche. »Wenn ich die Form zu suchen gefunden habe, merke ich, daß ich eigentlich die Form zu finden gefunden haben im Fall des Textes, die Form zu lesen, und daß Lesen und Schreiben wie Suchen und Finden sich einander bis zur Identität annähern können.« Vielleicht enthält diese Äußerung Ilse Aichingers Hinweise auf die Art ihres Schreibens, Vorschläge auch, wie man ihre Texte, auf suchende Weise, lesen kann.

Diese Art zu schreiben geht jedenfalls nicht von fertigen Gedanken oder festen Positionen aus; Schreiben ist hier eher ein Vorgang, bei dem der Schreibende seinen Gegenstand erst sucht, und das heißt auch, bei dem er sich über das Nächstliegende hinwegtastet oder die Konventionen unterwandert. In dem Prosastück *schlechte Wörter* setzt sich Ilse Aichinger mit bestimmten Redewendungen auseinander, mit Sätzen wie »Der Regen, der gegen die Fenster stürzt«, mit einer quasi poetischen Redeweise. In dem Maße, wie solche Sätze sich anbieten, werden sie sofort fragwürdig, denn mit ihrem Gebrauch stellen sich ja auch die Normen ein, die im Schreiben nicht vorkommen sollen. Oder von Orten ist die Rede, die man als Leser vielleicht kennt und an die sich sofort bestimmte Assoziationen knüpfen, die zu bestätigen aber genau nicht die Absicht des Textes ist. *Dover* ist dafür ein Beispiel, die englische Küstenstadt, die im gleichnamigen Prosastück jedoch zu einem Ort der Fremdheit wird, der außergewöhnlichen Erfahrung: »Von diesem, wie viele sagen, unbeträchtlichen Ort sind alle Bezeichnungen und das, was sie bezeichnen, leicht aus den Angeln zu heben.«

Diese Prosa hebt alles aus den Angeln, was sie anspricht und meint. Sie stellt sich und ihre Chance, zu wirken und verstanden zu werden, dabei selbst in Frage, freilich nicht auf die wortzertrümmernde, syntaxzerstörende Art, sondern auf die sehr sanfte, manchmal fast charmante, sehr ironische und rücksichtslos radikale Art der Zerstörung geläufigen Sinnes. Daß Sprache und die Übereinkunft, was Sprache bezeichnet, zweierlei ist, wissen die Literaturverständigen längst; so kompromißlos wie hier hat man den gestörten Konsens aber lange nicht erfahren. Natürlich ist es für Leser ungeheuer schwierig, diesen doppelten Weg mitzugehen: auf der Seite der Bedeutungen, die man zu kennen glaubt, und auf der Seite der Wörter, die fortwährend ausscheren und die wilden Flüge der Assoziationen bezeichnen.

Aber diese Schwierigkeit wird nicht willkürlich erzeugt; sie hängt ab von den Schwierigkeiten eines Bewußtseins, das sich mit den Ängsten der Zeit eingelassen hat, mit den Bodenlosigkeiten des Alltags. Nicht jede Erfahrung, wie Ilse Aichinger sie vermittelt, vermittelt sich auch an den Leser; hier sind Ränder der Existenz beschrieben, an die nicht jeder gelangt, gelangen kann. Aber dennoch, nach der Lektüre dieser Prosa kann man sich Leser vorstellen, die vielleicht ein Gespür gefunden haben für die Problematik ihrer eigenen Sprache, für die Unbestimmtheit ihrer eigenen Situation, für die Möglichkeiten der eigenen Verwirrbarkeit.

Und damit hätte auch diese Prosa nichts Privates, im Sinne der unverbindlichen Absonderung, der internen Problematik. Gegen diesen Verdacht spricht, was Schafroth mit Widerstand und Weigerung meinte. Beides läßt sich anders leisten mit operativen Versuchen. Hier jedoch ist die Literatur das Medium. Und zwar das Medium für den Kopf, in dem die Anpassungen, die stillen Zustimmungen zuerst vor sich gehen. Mit dieser Prosa im Kopf fällt das Mitmachen schwerer, fängt das Fragen wieder an, hört der Zweifel so schnell nicht mehr auf.

ELSBETH PULVER

Genaue Ahnungen

I.

»So sehr die Kunstwerke ihrer Erklärung harren, so sehr begeht eine jegliche, sei's auch entgegen der eigenen Absicht, ein Stück Verrat an den Konformismus«: Dieser Satz Adornos bezieht sich zwar auf jede Erklärung von Kunstwerken; noch nie aber ist mir der darin formulierte Widerspruch, die Crux aller Äußerungen über Kunst, so scharf bewußt geworden wie beim Versuch, etwas über den neuen Prosaband von Ilse Aichinger zu schreiben. Eine Rezension dieser wie jeder Prosa wird nolens volens abgefaßt sein in irgendeiner Form der Rezensentensprache und bestimmt vom Bemühen um Lesbarkeit und Verständlichkeit, sie wird damit, Wort für Wort, Satz für Satz, dem Konformismus wenigstens in der Sprache entgegenkommen, und das bei einem Werk, das, Wort für Wort, Satz für Satz, geschrieben ist ohne jedes Zugeständnis, als läge jede Konzession an den Leser und dessen Aufnahmefähigkeit nicht im Bereich des Möglichen und Denkbaren.

Zu erwähnen etwa, daß das Buch in die Kategorie der »schwierigen«, der hermetischen Literatur gehöre, ja in dieser Hinsicht wohl eine äußerste Grenze erreiche – eine Feststellung, um die man nicht herumkommt, will man den Leser redlich informieren –, ist nichts als eine Selbstverständlichkeit ohne Aussagekraft. Zu bestimmen aber, worin diese Schwierigkeit im Falle der Prosa von Ilse Aichinger liege, das wieder hieße nichts weniger als ins Zentrum dieser Prosa vorstoßen. Sich darüber hinaus zu einer Wertung der Texte aufzuschwingen, etwa in der bei anderen Werken durchaus vertretbaren Weise, einzelne Texte als besonders stark hervorzuheben, das wäre wohl nichts als ein Alibi für die Tatsache, daß man zu einigen Texten den Zugang gefunden hat, zu anderen dagegen nicht.

Übrig bliebe also das Schweigen, bliebe eine Annäherung an das Werk bis zu einer Übereinstimmung, die höchstens der gedachten Worte mehr bedürfte. Nur würde dies Verhalten, konsequent durchgeführt, zur Folge haben, daß eines der wichtigen, sicher der dauerhaften Bücher der gegenwärtigen deutschsprachigen Literatur unerwähnt bliebe, von Schweigen umgeben in einem literarischen Leben; das von Reden und Schreiben lebt.

So erinnert man sich, halb widerwillig, des ersten Teiles des zitierten Adorno-Satzes: daß das Kunstwerk der Erklärung harre, und sucht sich zu überzeugen, daß dies ja für schwierige Texte in besonders hohem Maße gelten müsse. Nicht, daß damit Beruhigung einträte; denn man weiß zum voraus: auch die beste, sorgfältigste Interpretation wird bei jenen nichts ausrichten, welche diese Texte als esoterisch oder – um ein Wort von Ilse Aichinger zu verwenden – »unmaßgeblich« ablehnen oder außer Betracht lassen.

II.

Zweifel an Balkonen heißt ein Prosastück in diesem neuen Band, ein großartiger Text und wohl einer der einfachsten, eine Einübung gewissermaßen in die Lektüre von Aichinger-Texten. Folgendermaßen lauten die ersten Sätze:

»Die Balkone in den Heimatländern sind anders. Sie sind besser befestigt, man tritt rascher hinaus. Aber man sollte sich vorsehen, weil die Balkone in den Heimatländern anders sind. Weil ihre Bauart Dinge ermöglicht, die auf anderen Balkonen nicht möglich wären. Weil ihre Verankerung, selbst in den schwächsten Mauern, gleichgültig, ob sie von leichtfertigen oder von ängstlichen Bauleuten zustande gebracht wurde, durchaus verschieden von der Verankerung der Balkone in den Ausländern ist. Sie ist identisch mit der gefährlichen Verankerung der Treue, die sich nicht kennt. Man tritt hinaus, die Luft umschmeichelt einen freundlich, man merkt es nicht gleich. Man tritt wieder hinaus, man merkt es immer noch nicht.«

Einfache Formen der Syntax, einfache Wörter – allerdings ohne die künstliche Reduktion aufs vermeintlich Kindlich-Schlichte, wie man sie in den letzten Jahren immer wieder hat finden können. Keine Beschränkung der Syntax auf die Parataxe und keine Beschränkung der Wörter auf ein fiktives vorbildliches Lesebuch (Wörter wie »identisch« und »durchaus« gehören eher der Bildungssprache an und fügen sich doch völlig bruchlos ins Ganze). Eine einfache Sprache insofern, als jedes Wort, jeder Satz unmittelbar verständlich ist. Nur ist das Verständliche von Anfang an mit Zeichen der Verfremdung, der Beunruhigung versehen. Das fängt mit dem Titel an: Man kennt den Zweifel an allem Möglichen – aber Zweifel an Balkonen? Die Wendung ist abseitig, rührt, als eine Verbindung von zwei durchaus vertrauten Wörtern, an nichts Vertrautes, ist aber doch zu unauffällig, leise, als daß sie schockartig wirken könnte. Befremdend, aber nur leise befremdend dann im ersten Satz der Ausdruck »Heimatländer«. Nur wenige können heute noch das Wort »Heimat« auf glaubwürdige Art brauchen; von einem »Heimatland« zu sprechen, ist ohne Ironisierung fast nur mehr in der Folklore möglich – der Plural davon enthebt das Wort vollends jener vertrauten, traulichen Atmosphäre, in der wir es erwarten, und die Verfremdung wird noch gesteigert bei der ganz unüblichen Bildung des Plurals »Ausländer« (auf das Land, nicht auf die Bewohner bezogen). In den einfachen Sätzen, den einfachen Wörtern des Anfangs steckt von Anfang an das Element der Unruhe, der Revolte gegen eben dieses Einfache, gegen das Treuherzige, Schlichte. Keine Sprachrevolution, keine Neuschöpfung von Wörtern: durch kleinste, kaum merkbare Veränderungen werden im Selbstverständlichen Signale angebracht, die eben dies Selbstverständliche in Frage stellen.

Der zweite Satz scheint allerdings ganz ins Harmlose, Vertrauenswürdige zu führen, indem nun das Anderssein der Balkone präzisiert wird: Was gut befestigt ist, verbürgt Sicherheit, beschwingt zu ungehemmter Bewegung, zu raschem Hinaustreten. Aber das Zutrauen in die Balkone der Heimatländer wird zerstört, noch ehe es entstehen konnte: Mit überraschender Direktheit wird vor ihrem Anderssein gewarnt, und es wird nun auch, erst jetzt, genannt, wogegen die Balkone der Heimatländer abzugrenzen sind; sie sind anders als die Balkone der Ausländer.

Damit aber hat man, so scheint es, das Muster dieses Textes gefunden: in der Konfrontation von Heimatländern und Ausländern, von Geborgenheit und Fremdheit, und zwar in der Umkehrung der traditionellen Wertsetzung: Geborgenheit als Täuschung entlarvt, Sicherheit als Gefahr. Ein Muster, das uns aus zahlreichen Werken der gegenwärtigen Literatur vertraut ist: Entlarvung alter Werte, Gewinn neuer Werte aus der Umkehrung der alten Skala. Kein schlechtes Muster, gewiß nicht; und wenn man sich mit dem Ungefähren zufrieden geben will, mag man sagen, daß dieses Grundmuster sich auch in den Texten von Ilse Aichinger abzeichne. Aber es ist dafür gesorgt, daß sich der Leser nicht dabei beruhigen kann. Wenn im nächsten Satz die Verankerung der Balkone identisch erklärt wird mit der »Verankerung der Treue, die sich nicht kennt«, wird vom Leser der Nachvollzug einer neuen Assoziation, einer neuen Überlegung, einer neuen Differenzierung verlangt. Naheliegend und dem Muster entsprechend wäre es, die Verankerung der Balkone mit der Treue schlechthin zu identifizieren und damit den Treuebegriff in Frage zu stellen. Unterschieden wird aber eine Treue, die sich nicht kennt (darf man deuten: die ihren Grund, ihre Bedingungen und ihre Folgen nicht kennt und sich nicht in Frage stellt?), von einer (ungenannten, vom Leser zu ergänzenden) Treue, die sich offenbar kennt, also, zum Beispiel über ihre Bedingtheiten und auch Fragwürdigkeiten im klaren ist. Der Satz zeigt besonders deutlich, wie differenziert und kühn zugleich Ilse Aichinger schreibt. Sie wagt es, von Identität zu sprechen, geht damit über das Ungefähre des bloßen Vergleichs hinaus, differenziert aber im gleichen Satz einen Begriff, den man als untrennbare Einheit zu nehmen gewöhnt ist.

In den nächsten Sätzen wird erneut eine Art Genrebild entworfen, der Ansatz zu einer Idylle; aber es ist eine gestörte, mit Warnsignalen durchsetzte Idylle. Freilich versteht man die Warnsignale an dieser Stelle noch nicht, versteht sie vielleicht nie bis zur eindeutigen Formulierung. Denn was ist dies »Es«, das man nicht sogleich merkt und beim zweiten Betreten des Balkons immer noch nicht merkt?

III.

Wir haben eingangs nur einige Sätze aus einem Text von Ilse Aichinger zitiert und das Zitat an einer mehr oder weniger zufälligen Stelle abgebrochen. Das Vorgehen kann mit Recht als fragwürdig und willkürlich bezeichnet werden, und unvollständig ist gewiß auch der Versuch einer Wort-für-Wort-Interpretation. Nicht nur das unbestimmte »Es« verlangt noch eine Erklärung, sondern auch das Thema selbst. Was sollen die »Balkone in den Heimatländern« bedeuten, die bisher ganz wörtlich genommen wurden; wie lassen sie sich erklären und bestimmen?

Balkone: etwas durchaus Belangloses, worüber zu reden sich nicht lohnt, das sich schlecht zu tiefsinnigen Deutungen eignet (anders als Wörter wie Gitter, Licht, Erde, Mohn); fast etwas Lächerliches; seltsame Auswüchse der Häuser, Anhängsel, die entbehrt werden können. Sie haben etwas Kleinbürgerliches an sich (Schlösser und Villen haben ihre Parks und Gärten, Wohnblöcke ihre Balkone), ihre Dimensionen sind eng begrenzt, ihr Raum eingezäunt. Sie stellen jenen Bereich der menschlichen Behausung dar, in welcher man einen Zugang ins Offene sucht, in die heimatliche oder fremde Umgebung, ohne doch den Kontakt zum Haus und die damit verbundene Geborgenheit aufzugeben (»Balkon, Heimatland, Ausblick, aber immer wieder der Weg ins Balkonzimmer zurück«). Und das »Es«, das man beim Betreten der Balkone nicht durchschaut, wäre wohl zu deuten als die trügerische Sicherheit, welche die Balkone ihren Bewohnern vermitteln, die unentwegte Harmlosigkeit, die gerade zum bürgerlichen Wohnen gehört (»Weißt du noch, wie wir hier Halma spielten«, fragt die Mutter den aus den Manövern heimgekehrten Sohn, während die Soldatenmütze unbeachtet am Boden liegt); die Selbstzufriedenheit des Beschränkten (»die Balkone der Heimatländer werden beim Jüngsten Gericht gesondert aufgerufen werden und vermutlich landen sie rechts bei den Engeln, sie werden Vorwände finden«), die unerschütterliche Sicherheit dessen, der sich selbst und seine Sicht nicht mit den Augen anderer sehen kann (»Es schmälert ihre Sicherheit nicht, daß sie von woanders, von der Fremde her, als fremdländische Balkone angesehen werden könnten. Das ergibt keinen Sinn für sie«).

Weiter vom Wörtlichen, vom Konkreten sich zu entfernen, verbietet der Text. Es geht um das Heimatgefühl und dessen Arroganz, dessen trügerische Sicherheit, trügerische Harmlosigkeit; dagegen gestellt wird die Fremde, die keine falsche Sicherheit verspricht, es sei denn jenen, denen sie ihrerseits Heimat bedeutet, und die Differenzierung wird bis ins kleine, belanglose Detail, wie es Balkone sind, vorgetrieben, ja sie wird dort erst eigentlich mit aller Schärfe bewußt. Aber der Leser wird von der Abstraktion immer wieder zurück ins Konkrete geführt: Balkone bedeuten nicht nur etwas, sie sind etwas: ein Ort, wo Kaffeegesellschaften oder einsame Männer Platz finden, Häkelmuster und Betrügereien besprochen werden.

Mit Recht sagt Heinz Schafroth, der ein erhellendes, weil von innerer Nähe bestimmtes Nachwort geschrieben hat, die Sätze Ilse Aichingers können »beim Wort genommen werden«, sie seien, da »ohne Umwege über Symbolik, Mystizismus, Hermetik geschrieben«, auch so zu lesen. Aber vielleicht liegt gerade darin, in der Notwendigkeit, die Worte wörtlich zu nehmen, die (nicht wegzuredende) Schwierigkeit dieser Texte begründet. Ließen sie sich aufschlüsseln nach allegorischen Gleichungen, dann wären sie zu packen, festzunageln. Sie sind es nicht. Im Prosastück *Dover* ist einmal von »genauen Ahnungen« die Rede. Genaue Ahnungen: das ist es, was auch der Leser diesen Texten gegenüber aufbringen muß, vielleicht die anspruchsvollste Form des Lesens und Verstehens. Die Sätze Ilse Aichingers sind auf eine unheimliche Art konkret, sie verstellen dem Leser alle Fluchtwege, zwingen ihn von allen spekulativen Deutungen zurück ins Konkrete und seine Komplexität, ins Entsetzen, das im Harmlosen, ins Unabsehbare, das im Einfachen aufgedeckt wird.

IV.

Sie zwingen auch den Interpreten zurück ins Konkrete, zurück von Deutungsversuchen, also beispielsweise zu einer so banalen Frage, was für Pronomen verwendet werden, um die Sicht dessen zu beschreiben, der (im ganzen Prosastück, nicht nur in der zitierten Stelle) an Balkonen zu zweifeln, sie zu unterscheiden beginnt.
Der Text beginnt ganz unpersönlich und verallgemeinernd mit einem »Man«, voraussetzend, daß die formulierte Erkenntnis alle angehe und allen zugänglich sei. Erst spät wird das »Man« für einen Augenblick in ein »Wir« umgewandelt. »Wir können nicht zurück«, heißt es: nicht zurück in die Naivität, aus dem Zwang des Erkennens, Differenzierens, Durchschauens. Für einen winzigen Augenblick entsteht die Illusion, es sei das entsetzliche Geschäft des Erkennens eine Sache der Gemeinsamkeit. Aber das »Wir« zerfällt, fast ehe es entstanden ist, und von nun an ist nur mehr von einem »Er« die Rede, in dem sich die Position des Autors verbirgt. Ein strenger Singular, Chiffre der Einsamkeit, ohne Anspruch, die eigene Erfahrung als eine allgemeine auszugeben.
»Er wird unsicher bleiben, er ist in seinem Heimatland«: In diesem Satz wird das Er definiert als eine Gegenfigur zur täuschenden Sicherheit, die durch das Heimatliche vermittelt wird. Tatsächlich ist dieses Pronomen »Er« nicht nur als Chiffre verwendet, sondern leicht zur Figur profiliert. Sogar die Andeutung einer Geschichte findet sich: vom Verlust des Heimatgefühls, der Naivität, vom Zwang des Erkennens, der in die ausweglose Isolation führt: Das Gespräch mit Freunden mißlingt, sie gehen zwar eine Weile auf das Thema ein, langweilen sich

dann. »Unmaßgeblich« nennt einer die Frage der Balkone; ein anderer versteigt sich zur Deutung, die Er-Figur meine mit den Balkonen vielleicht sich selbst – eine Deutung, die entsetzt zurückgewiesen wird.
Man darf in dieser angedeuteten Auseinandersetzung mit Freunden, die in die Isolation führt, wohl ein imaginiertes, vorweggenommenes Gespräch mit dem Leser sehen (mit dem skeptischen Leser freilich, dem verständnislosen wohl auch). »Unmaßgeblich« werden viele Kritiker diese Texte finden, weil sie – scheinbar – nicht von den Themen der Zeit reden. Mit Deutungen werden andere versuchen, ihnen beizukommen und sie gleichzeitig zu entschärfen. Denn im Augenblick, da man den in seiner Banalität so abwegigen Begriff der Balkone mit einem vertrauten Begriff – es sei dies das Ich oder ein anderer – gleichsetzt, ist er einigermaßen geklärt und beruhigt. Indem er sich der Deutung entzieht (von der »Undurchschaubarkeit der Balkone« ist einmal die Rede), bleibt er ein Unruhestifter. Nichts ist hier »in den Griff zu bekommen«: Sogar die Sicherheit, mit welcher die Er-Figur ihre Gleichsetzung mit den »Balkonen der Heimatländer« abwehrt, wird in Frage gestellt. »Er ist anders als die Balkone der Heimatländer. Er gibt sich nicht zufrieden. Wie aber, wenn er es doch wäre? Er selbst der Balkon eines Heimatlandes in einem Heimatland. Er wird verreisen, um dieser Frage auszuweichen.«
Hier scheint sich alles aufzulösen, jede Unterscheidungsmöglichkeit zu zersetzen. Aber Unentschiedenheit ist nicht das letzte Wort dieses Prosastücks: Die Texte Ilse Aichingers haben bei aller Differenziertheit, bei allem Zweifel nichts Unentschiedenes an sich, nichts von der Distance des ewigen Skeptikers und Unberührten. Eine eigenartige Kühnheit ist in ihnen und, so paradox es tönen mag, neben der Unsicherheit eine leise, unbeugsame Bestimmtheit. Im Zweifel gewinnt die Ich-Figur ihre Entschiedenheit zurück: sich in der Ferne ihr Unglück zu suchen, die Identifikation mit den Täuschungen der Balkone abzuwehren und dafür jeden Preis zu zahlen: »Sollen sie hier die Engelsflügel, die Hausmauern, die ewigen Heimatländer besetzen. Er wird nicht dabei sein.«

V.

»Nicht dabei sein« – eine Grundhaltung in diesen Texten, in jedem von ihnen, eine Art Code-Wort. Von Außenseiterpositionen ist darin die Rede; mit einer Unbedingtheit, wie ich sie kaum je bei anderen Autoren gefunden haben, wird hier Partei genommen für jene, die im

Abseits stehen, außerhalb, die nicht eingeordnet werden können und mit denen man nicht rechnen muß; die nicht dabei sind, wenn die ewige Seligkeit verteilt wird, aber auch nicht, wenn es um Erfolg, Wirkung, Macht und Sicherheit geht. Es sind »kleine Außenseiter«, clowneske Figuren, »Maler, denen das Gelb auszugehen beginnt, Strukturentwerfer für kleinere Stallungen, die ihren eigenen Kopf haben, Spengler, Privatleute, Jagdgegner« – und wenn sie als Weltveränderer auftreten, so sind sie ein rasches Kind oder ein absonderlicher Erwachsener, und die Weltveränderung besteht aus nichts anderem als aus Flecken: gezuckerte Milch auf lederbezogenen Sesseln (*Flecken*).

Im Prosastück *Dover* erhält das Außenseiterische, die Randexistenz, die zugleich eine Extremsituation darstellt, gewissermaßen eine geographische Umschreibung (»Dover, beharrlich und sehr am Rand«): als Kap, als äußerste Grenze zum Meer, als Möglichkeit zugleich, einen anderen Kontinent zu gewinnen. Dover ist der Ort der Umkehrung aller Werte, wo absonderliche große Wünsche auf Kleinstformat zusammenschrumpfen, ohne doch aufzuhören, abseitige Wünsche zu sein (wer an einem trüben Sonntag gern mit Marlowe schwätzen möchte, wird in Dover nur noch mit Kieseln spielen wollen), der auf geringe Mengen setzt, »auf die geringsten, die raschen Entwertungen«. In Dover, an dieser äußersten Grenze, die freilich nur wenige als eine solche erkennen, lernt man die Dinge fürs Leben, man lernt zum Beispiel »nebenbei zu reden«, so konsequent nebenbei zu reden, daß man nie mehr ins Hauptsächliche zurückfällt, »über Zwischenräume, Mützenkordel, uninteressantes Zeug«. »Nebenbei sprechen« und über »uninteressantes Zeug«: diese Wendung enthält – neben dem Prosastück *schlechte Wörter* – eine Art literarisches Programm Ilse Aichingers, und zwar auf eine Weise formuliert, wie es diesen Texten entspricht, nämlich »nebenbei«, kaum bemerkbar, nicht auf Literatur bezogen und nicht auf sie beschränkt. Alle Texte Ilse Aichingers sind nebenbei geredet, scheinbar am Hauptsächlichen vorbei; das Außenseiterische, die Randexistenz, wird in der Sprache vollzogen, in der Wortwahl, in der leisen, fast akzentlosen Tönung.

Nicht zufällig wird in *Dover* ein wichtiges Wort – die Präposition »beyond« in englischer Sprache gebraucht: Es wird dadurch freilich betont, aber betont durch eine Art von Verbergen; zudem werden ihm jene Assoziationen entzogen, die seiner deutschen Entsprechung – »jenseits« – aus der christlichen Tradition anhaften. »Beyond«: das Wort wird fast wie eine Ortsbezeichnung gebraucht, eines Ortes al-

lerdings, der nicht beschrieben wird, der aber eine entscheidende Richtung angibt. Das Wort braucht nicht spiritualistisch, nicht religiös interpretiert zu werden, darf es wohl nicht; von einem Bereich jenseits ist dennoch in jedem dieser Texte die Rede: jenseits der üblichen Erfahrung, jenseits der Sprache, jenseits der Sicherheit, jenseits des Lebens auch. Um Todeserfahrung, Todesnähe, um Niedergang, Zerstörung, Untergang, Scheitern geht es, aber nicht im apokalyptischen Vokabular, eher in kleinsten, abseitigen Sprachbereichen: »Jetzt kippt es bald. Was sich in den Winkeln eingenistet hat, wird mitgerissen, Spinnwebfäden werden durchlöchert, Hohlzäune gekippt, Achtung da vorn, nicht tauchen, solange die Luft reicht, nichts aus den Ärmeln schütteln, was ohnehin herausfällt« (*Bergung*).
Der Untergang findet gewissermaßen in jenem Nebenbei statt, das auch die Sprache bestimmt. Es besteht denn auch eine enge Verbindung zwischen den Außenseitern, diesen Nebenbeirednern, und dem Untergang. Von den Außenseitern heißt es einmal, sie hätten den Beginn des Unerträglichen erfunden (*Die Liebhaber der Westsäulen*): Sie sind es, nur sie, die das Unerträgliche, Untergang und Zerstörung wahrnehmen (»Sie sterben ja auch, während die andern nur singen ›Gestorben muß sein‹ und sich dann schlafen legen, aber nicht für lange«). Die »kleinen Außenseiter«, diese Figuren ohne Pathos und Heroismus, mögen lächerlich wirken, als ewige Verlierer, unaufhörlich mit Unwichtigem beschäftigt – ihnen ist doch die gleiche Kühnheit eigen, welche auch die Prosa von Ilse Aichinger bestimmt (und die viele ihrer Texte für den Leser so unwegsam schwierig macht): eine Kühnheit, die nicht im Kämpfen und im Siegeswillen besteht, sondern im Wahrnehmen des Gefährdenden, im Akzeptieren des Scheiterns, im Verzicht auf Illusionen, im Sich-Hinauswagen in Grenzerfahrungen, in einem rückhaltlosen Sichaussetzen.

LILLY SPRING

»Queens«

Ilse Aichingers Texte sind unzugänglich, solange man sie auf einen Inhalt, einen Sinn, auf eine Bedeutung hin liest, von der man annimmt, sie sei als das »Eigentliche« hinter der »uneigentlichen« Sprache verborgen und müsse durch die Deutung (Interpretation) erschlossen werden. Einem solchen Lesen ist der Text *Queens* unverständlich und unzusammenhängend: Die Interpretation von der Sprache weg auf eine Bedeutung hin ist ein Stoß ins Leere. Nur im Nachvollziehen des Sprechvorgangs, im Nachzeichnen der Sprache als lineare Setzung und Fortsetzung von Wörtern innerhalb bestimmter Zeiteinheiten ist der Text *Queens* adäquat zu lesen.

Die scheinbare Zusammenhanglosigkeit, also das vermeintliche willkürliche Nebeneinandersetzen von weit Auseinanderliegendem, von verschiedenen Ebenen (z. B. die wie Collagen wirkenden englischen Zitate) erweist sich als direkte Übertragung eines Assoziationsvorgangs in Sprache: Von einem Gegenstand (Schneidetisch) oder von einem Text (ein Reklametext vielleicht: »uses my wife for sewing«) oder von einem einzelnen Wort aus (»wahlverwandt«) werden andere Wörter herbeigezwungen und Beziehungen beschworen, durch ein gepreßtes, angespanntes Nennen, dessen Suggestivität und zwingende Unvermeidlichkeit etwas von der Dichte und Unheimlichkeit des Zauberspruchs hat. In der Syntax zeigt sich dieses Nennen und Beschwören, das immer nur eine gegenwärtige Zeiteinheit aktiviert, ohne logische Analyse durch Subordination, Konjunktion, Kausalzusammenhänge usw., als Aneinanderreihung: Jeder Satz besteht aus kurzen, stoßweise und atemlos vorangetriebenen kleineren Satzeinheiten, die zu einem deutlichen Ende, jedenfalls zu einem Einhalten hinab- oder hinwegziehen, das jedesmal etwas definitiv Verzweifeltes hat: »Wir sind vollzählig, da, doch da, abgewrackt in Virginia, aber wir sind doch da.«

Eine verzweifelte Zusicherung, ein Da-sein, das mit vielen »doch« und »aber« und »nein« das Zerbrechliche, das »Ausgefädeltsein«, den Schwindel vor dem unkontrollierbar wachsenden und sich ausbreitenden Kettenhemd und der gleichzeitigen Möglichkeit des Durchfallens durch die Maschen nur noch deutlicher macht. Die Sprache ist genau Wiedergabe dessen, was sie nennt: Verbindungen von Wörtern, die sich wie Kettenmaschen aneinanderreihen, Zwang des Verkettetseins und gleichzeitig der schwindelerregende freie Raum in jeder Masche, in jedem Wort, zwischen den Wörtern, die Möglichkeit, ja die Sicherheit des Durchfallens.

Die fünf durch Absatz getrennten Sätze sind weder beziehungslos aneinandergereihte Kurztexte noch Variationen über das gleiche Thema in der Art einer Fuge. Die Texte sind rhythmisch, syntaktisch und durch Wortfelder und Wortwiederholungen streng aufeinander bezogen. Am eindeutigsten sind sie einander auf Grund derselben Struktur zugeordnet: Die fünf Sätze haben die gleiche Länge, die gleiche rhythmische Kurve. Innerhalb dieser »Prosastrophen« verhalten sich außerdem Satz I und II zueinander wie Satz III und IV: Auf das bloße Nennen und assoziativ Ins-Bewußtsein-Holen (in I und III) folgt explosionsartig drohend und doch sanft, zart, fast kindlich die Auflehnung oder jedenfalls die Reaktion: Imperative, versteckte, syntaktisch kaum in Erscheinung tretende, nie beantwortete Fragen (in II und IV) treiben den Text weiter. Das Ganze eine Steigerung, ein Hetzen auf das Ende hin, das am Schluß des vierten Satzes als unabwendbar definiert erscheint; und wenn der letzte Satz (V) auch zunächst die End- und Abschlußbezogenheit verneint (»Das soll kein Ende sein«) – vielleicht aus Angst vor einer Spur Pathos und Eindeutigkeit am Schluß des vierten Satzes –, so ist doch das verteufelte Spiel und irre Tanzen der Ecken, Seiten, Schnipsel, Endlein und Ringelschwänze im fünften Satz ein schwindelerregender Wirbel zu einem Ende hin.

Das zentrale Wortfeld, das die Kurztexte ebenfalls eng zusammenhält und von dem aus die Sprache unentwegt Transpositionsvorgänge unternimmt (das Nähen, der Faden, uses my wife for sewing, Schneidetisch, das Klappern der Schere beim Stoffschneiden, der Zuschnitt, die Enden und Seiten des Stoffs), erlaubt immer wieder das Kreisen der Sprache um das Ende, den Abschnitt, Zuschnitt, Schnitt, Abschied. Der Schneidetisch in seiner geschraubten, abgezirkelten Eindeutigkeit zeigt auf, was wir nicht haben: Wir haben unser Ende nicht unter Dach. Auch die Sprache hilft uns nicht. Überall Maschen, wo man durchfällt: »Lustig ist ein Wort für den, der es eins sein läßt. Und Heu ein anderes, das paßt nicht, falsch im Zuschnitt. Heu, wer war's? War keiner, Heu war keiner. Oder einer, der es nicht zugibt, Heu ist ein Wort.«

Und es läßt uns allein, dieses Wort, ist selbst allein, so wie diese Mary, wie die guten Freunde, die widerstandslos und grausam »eingetrieben« werden, nicht zuletzt mittels der trockenen, harten Sprache, die überall knistert, als würde sie gleich in Flammen aufgehen und sich selbst und alles verzehren.

Der Text *Queens*, der seiner Struktur und Dichte nach lyrisch ist und doch ganz Prosa bleibt, ist sprachlich und formal von außergewöhnlicher Eindringlichkeit, die wohl gerade auf das Fehlen eines Inhalts im herkömmlichen Sinne zurückzuführen ist: Durch die äußerste Konzentration auf das Wort schafft Ilse Aichinger eine Sprache, die eine Art von Überbewußtsein ausstrahlt.

KLAUS HOFFER

Die Räuberin

»Der Satz: ›Kröpfe sieht man heute kaum noch in der Öffentlichkeit herumtragen‹, könnte von ihr sein«, sage ich unvermittelt. – »Ihr Stil erinnert mich an Walsers *Räuber-Roman*. In *Albany*, zum Beispiel, schreibt sie: ›Aber Hermann, dem haben sie den guten Verlauf in Frage gestellt.‹ – Solche Sätze sind ein gefährlicher Umgang«, sage ich, »man liest sie wie nach schwerer Krankheit, und es empfiehlt sich, bei ihrer Lektüre ein Geländer in Reichweite zu haben. – Mir scheint überhaupt, daß zwischen ihr und Walser eine gewisse Ähnlichkeit besteht«, füge ich nach einem Augenblick hinzu.
»Ein gewisse Ähnlichkeit!« spotte ich. »Kannst du dich nicht etwas genauer ausdrücken?«
»Der Räuber«, sage ich, »hätte sich auch drei Seiten lang den Kopf über Milchflecken auf dem Sofa in seiner Mansardenwohnung in Biel zerbrochen. Oder über das Besondere an Westsäulenkapitellen. Und zweifellos hätte er die Fensterrahmen der Tanten in einer ähnlichen Weise gelobt und zu loben verstanden!«
»Texte um nichts also«, werfe ich ein, »Beckett.«
»Wenn man *Albany* liest, um weiter bei *Albany* zu bleiben«, fahre ich fort, »hat man das Gefühl, die Sätze rutschen ihr davon, und die Wörter rutschen ihr aus. ›Masten‹, sagt sie einmal, ›Masken, nein Masten, doch Masten, Maste‹, verbessert sie sich.«
»*Albany* ist also deine Lieblingsgeschichte?« frage ich.
»Nein«, sage ich, »sie schreibt keine Geschichten. – *Rahels Kleider*, zum Beispiel. Keine Geschichte. Nichts. Es will sich zu nichts Ordentlichem auswachsen. – Am Anfang wirft sie die Frage auf, ›weshalb Rahel ihre Kleider nicht mitnahm, als sie fortzog.‹ Handelte es sich bei ihnen vielleicht, um noch einmal auf die Sprache des Räubers zu kommen, ›um ein Besitztum, wovon sie nicht Lust gehabt hätte, Gebrauch zu machen?‹ – Nein. Man errät den wahren Grund ziemlich bald. Rahels Kleider hängen nämlich in Wandschränken, die gar keine Wandschränke sind, ›sondern Durchgänge zur anderen Straßenseite‹. Und da glaubt man natürlich, Rahel wollte verhindern, daß irgend jemand draufkommt, daß es sich bei diesen Wandschränken nicht um Wandschränke, sondern um ›Durchsteigen‹ handelt. Deshalb also, denkt man, hat sie sich ihre Kleider nicht nachschicken lassen! – Vielleicht kommt sie manchmal heimlich zurück, oder, wenn

schon nicht gerade das, vielleicht möchte sie sich wenigstens ungestört vorstellen können, daß sie – nachts, versteht sich, wenn keiner was merkt – in aller Heimlichkeit zurückkommen könnte (sollten die Umstände ein solches Zurückkommen wünschenswert erscheinen lassen). Denkt man. – Und dann möchte sie einen glauben machen, daß es ihr in Wahrheit gar nicht um Rahels Kleider geht, ja, nicht einmal um Rahel selbst. In Wahrheit, schreibt sie, geht es um sie. Um sie und um ihre letzte Frage. ›Kenne ich mich?‹ heißt sie. Nein. So heißt sie nicht. Wie heißt die letzte Frage? – Keine Antwort. Dabei kennt sie sie. Aber sie macht sich mit ihr eben wie Rahel durch eine als Wandschrank getarnte Durchsteige davon. Wie eine Räuberin. – Sie ist eine Räuberin, sage ich«, sage ich.

»Daß du dich da nur nicht voreilig in etwas verbeißt!« warne ich mich.

»Sie singt mit kleiner Stimme, könnte man sagen«, setze ich fort.

»Sie ist eine Sängerin – ›Josefinde, die Sängerin‹.«

»Ist es denn überhaupt Gesang?« zitiere ich. »Ist es nicht vielleicht doch nur ein Pfeifen? – Es ist aber eben doch nicht nur Pfeifen, was sie produziert. – Wenn man vor ihr sitzt, weiß man: was sie hier pfeift, ist kein Pfeifen.«

»Walser«, versuche ich es noch einmal. »Du hast gesagt, Walser. Bleiben wir bei Walser.«

»›Ich bin jetzt so von allem, was Ansehen heißt, verlassen‹, sagt der Räuber einmal«, füge ich mich, »›daß ich gerne in die freilich etwas zugeknöpfte Bedingung einwillige.‹ – In den *Flecken* schreibt sie, daß vielleicht doch nur das zählt, ›was der Lächerlichkeit preisgegeben ist.‹ – Das erinnert dich wahrscheinlich wieder an Beckett (oder an Hildesheimer, zum Beispiel)«, sage ich. – »Es ist ein Generalthema«, setze ich hinzu. – Dickens habe die Scham zum Programm erhoben, sage ich. Und Dostojewski natürlich. Und bei Benjamin hätte ich gelesen, was die Brüder Goncourt über einen Herausgeber von Mode- und Puppenbüchern zu sagen hatten, nämlich, daß er – gemeint sei Max von Boehn, von dem ich anderweitig noch nie etwas gehört hätte – daß er also ›Geschichte aus dem Abfall von Geschichte mache‹, und das sei, nach Benjamins Urteil, ›etwas Rühmenswertes‹. – Auf sie ließe sich der Satz der Goncourts auch anwenden, behaupte ich, – und gleichermaßen Benjamins Kommentar.

»Was würde denn sie dazu sagen?« frage ich nach. – »Würde sie das gelten lassen?«

Sie würde mich auslachen, denke ich. – »Vielleicht würde sie mir sa-

gen, ich möge sie um Himmels willen mit ›Geschichte‹ in Ruhe lassen«, sage ich laut, »sie wolle mit dem Handwerk des Geschichte-Machens nicht zu schaffen haben, und ob ich denn *Sur le Bonheur* so schlecht gelesen hätte?« sage ich.
»Hat das, wovon du jetzt erzählst, etwas mit dem Titel, etwas mit *schlechten Wörtern* zu tun?« frage ich dazwischen.
»Das hat es«, antworte ich. »Mit ihrer Haltung insgesamt hat es zu tun. – Sie sagt in ihrer ersten Geschichte, sie sei zum Zweitbesten übergegangen, weil das Beste ›geboten‹ sei. Von solchen Geboten, schreibt sie, will sie sich nicht mehr Angst machen lassen. ›Ich beginne eine Schwäche für das Zweit- und Drittbessere zu bekommen, vor dem sich das Gute ganz geschickt verbirgt, wenn auch nur in Hinblick auf das Viertbessere, dem Publikum zeigt es sich häufig.‹ – Das sind ihre Worte«, sage ich. »Sie will nicht auffallen, sagt sie. Sie mischt sich lieber unauffällig hinein.«
»Wo ›hinein‹?« unterbreche ich wieder.
»Ins ›schlechte Bestehende‹ vielleicht«, gebe ich zurück. »Zu Kaputten dazu. Ins Zusammenhanglose. – Das ist auch das Schwierige daran«, erkläre ich mir, »daß man es mit einem Haufen Scherben zu tun hat und dadurch zum Zusammensetzen verlockt wird. – ›Niemand kann von mir verlangen, daß ich Zusammenhänge herstelle, solange sie vermeidbar sind‹, schreibt sie in den *schlechten Wörtern*«, zitiere ich. »Und darin besteht auch die Gefahr des Darüber-Nachdenkens. Es sind Scherben, und man soll sie so lassen. Man soll sich daraus kein zu Unrecht falsches Ganzes zurechtlegen. Man soll nicht Ausgeklinktes zusammehängen.«
»Dann wäre ihr aber auch nicht eingefallen«, werfe ich mir jetzt vor, »sich selbst zu zitieren – wie du es gerade vorhin getan hast.«
»Das stimmt nicht«, verteidige ich mich. »Du bist ein schlechter Leser. – In *Rahels Kleidern*, zum Beispiel, erwähnt sie ›bekannte Leuchtreklamen‹ wie ›Eliza Eliza‹. – Und, davon abgesehen, würde sie sich auch nicht ausnehmen wollen. In den *Flecken* zitiert sie *Dover*. Sie sagt dort: ›Und wäre die Welt anders ohne diese Flecken. Das ist eine müßige Frage. Sie wäre anders. Sie wäre ohne diese Flecken!‹ – Das gilt auch von ihr und von dem, was sie schreibt. Sie würde sich durchaus zu Recht zitieren dürfen«, sage ich. »Sie weiß um sich, und ihre Geschichten, um nun einmal bei ›Geschichten‹ zu bleiben, hinterlassen Spuren bei einem, Schneckenspuren, die sich von selbst in Erinnerung bringen. Sie sind wie offene Fragen, die auch dann offen bleiben, wenn man sie sich zureichend beantwortet zu haben glaubt.«

»Gut«, sage ich. – »Kannst du mir dann vielleicht jetzt sagen, weißt du jetzt vielleicht, weshalb sich denn Rahel tatsächlich ihr Zeug nicht nachschicken läßt – nach all diesen Jahren?«
»Erinnerst du dich«, frage ich zurück, »was die ›Henri Rousseaufrau‹ im *Räuber-Roman* vom Räuber hielt? – ›Sie hatte sich's nun einmal in den Kopf gesetzt, ihn für einen Verleugner eines Teils seiner Fähigkeiten zu halten‹, heißt es von ihr. Sie nennt ihn einen ›Verlotterer seiner teuersten Angelegenheiten‹. – Das wird auch von Rahel stimmen, denke ich. – Sie verfolgt eine bestimmte Absicht und verfolgt uns mit dieser Absicht. Ich glaube, sie will uns ihre Kleider aufhalsen. – ›Weißt du, was ich glaube?‹ heißt es in *Wisconsin und Apfelreis*: ›Wir haben das Verleugnete auf dem Hals.‹ – Rahel will uns das Verleugnete aufhalsen. Einen Kropf. – Sie will uns ihre alten Kleider als einen für alle sichtbaren Kropf umhängen. Das will sie! Deshalb läßt sie ihre Tochter lieber siebzehn Jahre alt werden, als daß sie sich ihr Zeug nachschicken läßt. – Sie will, daß wir unsere verleugneten Kröpfe wieder offen herzeigen. – Kröpfe sieht man heute nämlich kaum noch in der Öffentlichkeit herumtragen«, füge ich dann noch hinzu.

Über »verschenkter Rat« (1978)

GISELA LINDEMANN
Poetische Phantasie

Alle denkbaren Reduktionen menschenmöglicher Erfahrung auf ihren bitteren kleinen Kern hatte Ilse Aichinger schon vor 30 Jahren, als 27jährige, durchgespielt, in ihrem ersten (und einzigen) Roman, *Die größere Hoffnung*, der Geschichte von dem halbwüchsigen Mädchen Ellen, das nicht genug »falsche« Großeltern hatte, um den Judenstern tragen zu dürfen und so doch wenigstens irgendwo heimisch zu sein, nämlich in der Gruppe der Ausgestoßenen, der streunenden Kinder. »Wo es nicht mehr wehtut, dort wird es gefährlich, hat der alte Mann gesagt«, denkt Ellen auf der vorletzten Seite des Buches, auf dessen vorletzter Zeile sie von einer Granate in Stücke gerissen wird.
»Ach was«, denkt Ellen, »der alte Mann. Wo es gefährlich wird, da tut es nicht mehr weh. Das ist besser. Werft die Straßenbahnen um und macht Barrikaden daraus, Recht habt ihr! Gebt es nicht zu, daß euer Herz zum Schlachtfeld wird. Laßt die Beweggründe nicht Sturm laufen in euch. Verschränkt euch ineinander, das ist besser. Versucht es nicht, zu bleiben durch euch selbst.« Aber dann hört sie den Atem des Verwundeten neben sich; ihre Starre löst sich ein wenig, und sie fährt fort in ihrem Selbstgespräch: »Wie selten hört ihr euch atmen! Und wie ungern hört ihr euch. Entweder – oder, entweder – oder!« Wahrhaft monströs erwachsene Gedanken im Kopf eines halbwüchsigen Mädchens; aber es hatte ja nicht lange zu leben, und seine Erfahrungen hätten für mehrere längere Menschenleben ausgereicht. »Was soll da der Realismus«, heißt es in einem Gedicht des tschechischen Lyrikers Vitezlav Nezval.
Reduktion, Zurücknahme blieb seither der Modus ihres Schreibens, Verweigerung ihr Thema. Berühmtestes Beispiel: die *Spiegelge-*

schichte, für die sie 1952 den Preis der Gruppe 47 erhielt. Aber damit fängt es erst an. Denn zu betrachten und mit Verwunderung zur Kenntnis zu nehmen ist das Wasser, das Ilse Aichinger in ihren Texten mit großer Anstrengung doch immer wieder aus diesem Stein geschlagen hat. Es ist wenig und nüchternes Wasser.

verschenkter Rat enthält Texte aus zwanzig Jahren, zum Teil schon früher einmal gedruckte (in dem Band *Wo ich wohne*, der außer Geschichten Dialoge und Erzählungen enthielt), zum Teil verstreut in Zeitschriften und Zeitungen erschienene, zum größeren Teil bisher unveröffentlichte. Sie erscheinen jetzt, nach dem Willen der Autorin, in einer Anordnung, die ihre Entstehungszeit außer acht läßt. Zum Beispiel sind alle Gedichte aus dem Band *Wo ich wohne* (1963) in die erste Hälfte dieses neuen Buches eingearbeitet und, bis auf das Gedicht *Teil der Frage*, dessen letzte drei Zeilen durch zwei neue ersetzt sind, unverändert übernommen. Es sind aber nirgends Brüche zu erkennen, es herrscht in allen Texten der gleiche strenge, beinahe apodiktische Sprachgestus, mit dem immer neue Paradoxien in die Welt gesetzt und vollkommen ernstgenommen und konsequent durchgespielt werden. Die Entwicklung, nach der man ja immer zuerst einmal ausschaut, wenn man sich so einem Buch mit Texten aus zwanzig Jahren nähert, findet nicht statt. Der Stein, um im Bilde zu bleiben, ist eine ahistorische Sache; nur im Wasser sind Spuren von Zeit und Umgebung, aber es muß doch immer aus dem gleichen Stein geschlagen werden.

So ist wenig Welt in diesen Gedichten, sie müssen nahezu ohne Bilder von außen auskommen, ihre fremd anmutende poetische Strahlkraft muß aus den Wörtern selbst gezogen werden, aus einer Sprache, die sich bei der Arbeit unablässig widersetzt und als Widerpart zum zweiten Subjekt wird. Schon das ist, wenn man so will, eine poetische Setzung, aber sie autorisiert in vielen Texten der Autorin, thematisch in ihrem kurzen Prosastück *Meine Sprache und ich*, in der die Sprache und das Ich zwei Personen sind, die es alles andere als leicht miteinander haben. Ein Beispiel dafür ist ein kurzes Gedicht mit dem Titel

In und Grimm

Auf euch will ich mich versteifen,
wenn der jüngste Richter kommt,
und will ihn fragen:
weshalb hast du mich nicht geweckt,
damals im Juli,
wo warst du,

> als die beiden Wilden ertranken,
> meine Rotfelle und deine,
> von denen eins hoffte,
> das andere nicht.

Zwei Wörter sind es, deren Verlust beklagt wird, aber sie sind zugleich doch von neuem bezeugt, der Sprache wieder abgetrotzt: das Wort Ingrimm und das Wort Grimm, »von denen eins hoffte, das andere nicht«. Das Gedicht ist eine Anklage, nein, mehr und zugleich weniger: der Entschluß zu einer Anklage. Dem Entschluß, dem jüngsten Richter Verlustanzeige zu machen und über den Verlust mit ihm zu rechten, verdankt sich das Gedicht. Auch Hiobs Klagegesang besäßen wir nicht, wenn er nicht bis aufs Blut mit seinem Gott gerechtet hätte über sein Elend.

»Weshalb hast du mich nicht geweckt«, so lautet die Anklage, »damals im Juli,/wo warst du,/als die beiden Wilden ertranken.« Im Juli sind ja einige Daten bezeugt, da Ingrimm und Grimm, die beiden »Rotfelle«, Entschlüsse hervorbrachten und dann im Blut ertranken, zum Beispiel der Bastille-Sturm 1789, zum Beispiel das Hitler-Attentat 1944. Beklagt wird aber, das ist der Einstieg, der Verlust der Wörter: Sie greifen nicht mehr, sie sind der Verachtung der Planierer ausgesetzt, die sie nicht mehr fürchten müssen als Zeugen der Anklage und lieber alles beim alten lassen. Die Wörter haben die Zähne verloren, sind wieder und wieder ertrunken, und es bedarf der größten List, sie von neuem zu nennen und also zu retten, was ja nur heißen kann, ihre ursprüngliche Qualität wieder hörbar zu machen. Sie wird wieder hörbar durch den Zwei-Zeilen-Hinweis »von denen eines hoffte/das andere nicht«. Es bedarf aber, damit dieser Hinweis virulent untergebracht, also sein Kontext gefunden werden kann, des Äußersten: der Beschwörung des jüngsten Richters, also des entferntesten Fluchtpunkts, den je Menschen erdacht haben. Um den Preis dieser Entfernung nur wird die List wirksam (sie geht immer aufs Ganze) und kann der Resignation, der Verweigerung, dem völligen Verstummen neues Leben abgewinnen, neuen Zugriff. Nüchternes Wasser, und wenig.

Diese List ist die Spannfeder der poetischen Phantasie von Ilse Aichinger. Sie handhabt sie ähnlich wie die Kinder, die in einem Pappkarton sitzend Auto spielen und, vom Erwachsenen beim Wort genommen (»Hast du ein tolles Auto!«), sofort darauf hinweisen, daß dies natürlich ein Pappkarton sei. Es steckt eine großartige Kraft in dieser List: die Kraft, auf der Basis des immer gerade je anderen das eigene Ich in Erfahrung zu bringen. Es ist, wenn man so will, die Geburt des Individuums, das standzuhalten beginnt gegen die überschwemmende Umwelt, standzuhalten um jeden Preis, ausgenommen den der Gewalt, gegen die es machtlos ist.

Es ist natürlich auch der Beginn der Alleingänge und der Einsamkeit, die dem Leser allzuoft auch in Ilse Aichingers Texten begegnen und zu schaffen machen. Aber dann kommt eben ihre List ins Spiel, die ein Auflachen des Erkennens auslöst und eine kleine Erlösung. So in der Geschichte *Mein grüner Esel*. Sie ist vom ersten Satz an eine einzige poetische Setzung, so daß einen beim Lesen bald schon gar nichts mehr wundert, was über diesen Esel alles gemutmaßt wird, der jeden Tag mit dem ersten unmerklichen Nachlassen des Lichtes über eine Eisenbahnbrücke geht, und dann heißt es plötzlich: »Mir scheint es, als wechselte er dann einige Worte mit den Geleisen, aber das ist wohl nicht möglich. Und zu welchem Zweck auch?« Da ist er, der Pappkarton: das Aufmucken: ich bin so frei: Die paradoxe Grundstruktur der Geschichte macht den verbrauchten Satz »das ist wohl nicht möglich« wieder diskutabel.

Hier wird sichtbar der Streit eines Autors mit einer längst auf festen Geleisen laufenden, verselbständigten Sprechblasensprache, »in diesem Zeitalter, in dem alles erzählt und nichts angehört wird«, wie es in einem kürzlich veröffentlichten Aufsatz von Ilse Aichinger heißt. Zurückerobert werden in diesem Streit zunächst einmal kleine Nischen oder Höhlen der Sprache, in denen in Paradoxien oder gar doppelten Paradoxien alles auf den Kopf gestellt wird.

Das hat mit strahlender oder auch düsterer Schönheit weit weniger zu tun als mit Arbeit, die an jedem Wort solcher Gedichte getan werden muß, zuerst vom Autor, dann vom Leser. Denn es ist ja sehr anstrengend, eine List konsequent durchzuhalten, auf ähnliche oder doch vergleichbare Weise wie es anstrengend ist, eine Satire bis zum Ende konsequent durchzuhalten, glänzendstes Beispiel: Jonathan Swifts *Bescheidener Vorschlag, wie man verhüten kann, daß die Kinder armer Leute in Irland ihren Eltern oder dem Lande zur Last fallen, und wie sie der Allgemeinheit nutzbar gemacht werden können*. Ilse Aichingers Hörspiel *Knöpfe* etwa hat als Ganzes diese unbeirrbare Konsequenz: Die Knöpfe produzierenden Fabrikarbeiterinnen kennen, sind sie erst lange genug dabei, keine größere Sehnsucht als zu ertrinken in ihrer eigenen Entfremdung: nämlich selbst in ein Prachtexemplar der Knöpfe zu verschwinden, deren Tausende sie produzieren.

Wie in jeder guten Satire ist ein solcher Umgang mit Sprache ein subversives Unternehmen: ein Gegenangriff gegen ihre Tendenz zur Verallgemeinerung, die ja nur scheinbar interesselos ist. Für Begütigung und Akklamation ist keine Zeit mehr, denn auf die Gewährenden ist kein Verlaß. Es gibt in dem Band ein vierzeiliges Gedicht mit dem Titel *Nachruf*. Zu Grabe getragen wird eine Heldenlegende:

> *Nachruf*
> Gib mir den Mantel, Martin,
> aber geh erst vom Sattel
> und laß dein Schwert, wo es ist,
> gib mir den ganzen.

Auch hier ist alles auf den Kopf gestellt. Der glänzende Ritter, dem erst der Bettler zu seinem Glanz verhalf, ist dem »plebejischen Blick« ausgesetzt, er steht nun eher halbherzig da und mit zu groß geratener Geste. Mißtrauen gegen seine Güte ist angezeigt, das Anrecht auch des Schwächeren wird eingeklagt. Das Wort Schwert ist ein anderes in diesem Gedicht als das Wort Schwert in der Legende; auch hoch zu Roß heißt hier etwas anderes als dort. »Hör gut hin, Kleiner«, heißt es im Titelgedicht des Bandes *verschenkter Rat*: »Hör gut hin, Kleiner, / es gibt Weißblech, sagen sie, / es gibt die Welt, / prüfe, ob sie nicht lügen.« Nüchternes Wasser, und wenig.

In einer Reihe von Texten lassen sich Spuren entdecken der Suche nach der Identität des lyrischen Subjekts diesseits solcher schönfärbenden Historien- und Legendentradition. Das Gedicht *Tagsüber* beginnt mit den Zeilen: »Ein ruhiger Junitag / bricht mir die Knochen« und endet mit der Zeile: »Bleib, lieber Tag.« In dem Gedicht *Kleine Summe*, das insgesamt eine Anfrage an unser Verhältnis zur Geschichte ist, stehen die Zeilen: »Keine Verbindung erwirkt / zwischen den segelnden Napoleonsverehrern, / sie warten noch immer«; und weiter: »auch die Gemeinde der Flaubertisten / noch immer nicht endgültig / zu unterstützen bereit gewesen, / kein Leuchtzeichen entdeckt / zwischen mir und mir selber.« Versucht wird, auf den Graten der Sprache, eine Wanderung zwischen den Welten der fröhlichen Heldenverehrer und der liebenden Spötter, die, wie Flaubert, schreibend ihrem Lebensekel beizukommen trachten oder vielmehr umgekehrt: das Leben als Vorwand zum Schreiben verstehen wollen (der »Flaubertisten«). Doch ist »kein Leuchtzeichen entdeckt / zwischen mir und mir selber«, keine Identität gefunden, und so müssen immer wieder Abstürze, sprich: Kränkungen hingenommen, angenommen, ja, geliebt werden – um des Überlebens willen: die Geburt der Paradoxie. »Ein ruhiger Junitag/bricht mir die Knochen,/.../Bleib, lieber Tag.« Ein kleines Gedicht aus dem Jahr 1959 hat sich – für einmal – mit dieser Erfahrung versöhnt.

> *Briefwechsel*
> Wenn die Post nachts käme
> und der Mond schöbe die Kränkungen
> unter die Tür:
> Sie erschienen wie Engel
> in ihren weißen Gewändern
> und stünden still im Flur.

Aber die Post wird wohl auf absehbare Zeit weiterhin »tagsüber« kommen.

MICHAEL KRÜGER

Morgenröte unterm Schnee
Laudatio auf Ilse Aichinger (Petrarca-Preis 1982)

> Die Welt ist aus dem Stoff,
> der Betrachtung verlangt:
> keine Augen mehr,
> um die weißen Wiesen zu sehen,
> keine Ohren, um im Geäst
> das Schwirren der Vögel zu hören.
> Großmutter, wo sind deine Lippen hin,
> um die Gräser zu schmecken,
> und wer riecht uns den Himmel zu Ende,
> wessen Wangen reiben sich heute
> noch wund an den Mauern im Dorf?
> Ist es nicht ein finsterer Wald,
> in den wir gerieten?
> Nein, Großmutter, er ist nicht finster,
> ich weiß es, ich wohnte lang
> bei den Kindern am Rande,
> und es ist auch kein Wald.

Dieses Gedicht, *Winterantwort*, ist »solcher Stoff wie der zu Träumen«: in sich vollkommen klar, von einer rhythmischen Selbstverständlichkeit, die sich sofort überträgt und zunächst jede Frage – zu wem die Stimmen gehören, die hier Aussagen machen, Beobachtungen mitteilen, Fragen stellen und Antworten geben – abwehrt; die innere Logik der Bilder springt auf den ersten Blick deutlicher ins Auge als das rhetorische Modell, nach dem sie angeordnet sind. Spricht eine Stimme oder sprechen mehrere, die sich in einer zusammenfinden, die die Klammer bildet zwischen einer Vergangenheit, in der es im wahrsten Sinne natürlich zuging, und einer Gegenwart, die das Natürliche durchschaut hat um den Preis des Verlusts der sinnlichen Wahrnehmung der Welt: keine Augen mehr, keine Ohren, keine Lippen, um die Gräser zu schmecken.

Die Stimme, die zu uns spricht, kennt beides: die Erinnerung und ihr Echo in einer erinnerungslosen Welt. Und das Medium, in dem ihr die Vermittlung dieser disparaten, durch die Zeit, die Entwicklung, die fortschreitende Zivilisation getrennten Wahrnehmungsbereiche gelingt, ist das dichterische Bild. Die unmittelbare Wirkung dieses Bildes und seiner rhythmischen Dynamik geht nicht davon aus, was es uns sagt. Dieses »Was« wäre der Gegenstand eines Essays, sondern wie es gesagt wird: dieses »Wie« ist das Geheimnis oder die Seele oder die Substanz des Gedichts – der Stoff, der Betrachtung im Sinne von Versenkung und Erkenntnis verlangt.

Bei unserer Entscheidung für Ilse Aichingers Gedichte war alles sehr einfach. Der glückliche Moment des Wiedererkennens in der Wiederholung, des Nachsprechens und Neuschaffens während der Lektüre, des Sich-Einlassens auf eine Bewegung, die einem trotz oder wegen all der in ihr ge- und verborgenen Trauer völlig vertraut zu sein scheint, als hätte es diese Worte nie in einer anderen Zusammenstellung gegeben – dieser glückliche Moment oder emphatische Augenblick stellt sich ein, als wir im Winter, ganz in der Nähe von Sils-Maria, Ilse Aichingers Gedichte lasen: die vielen Schnee-Gedichte und den Schnee vor Augen; die »Morgenröte unterm Schnee«, das »vergilbte Gras«, und vor dem Fenster die Schneeberge wie ein pathetischer Wink mit dem Zaunpfahl, unserer Einbildungskraft auf die Sprünge zu helfen und unsere Entscheidung zu beschleunigen: Ilse Aichinger heißt die Preisträgerin.

Das ist alles andere als selbstverständlich. Natürlich kommt es vor, daß einer allein beim Lesen von Gedichten diese blitzhafte Vereinigung mit einem Text erfährt, dieses plötzliche Hineingleiten in einen poetischen Zusammenhang, über jeden manifesten Inhalt, jeden Sinn und jede Aussage hinweg, in dem Gefühl tiefer Verläßlichkeit. »Die Dichtung hat ein Glück, das ihr eigentümlich ist, welches Drama sie auch illustrieren möge« (Gaston Bachelard). Und gerade die Gedichte von Ilse Aichinger erzählen ja, Text für Text, eine Geschichte der geglückten Bedrohung, des erfolgten Verrats und der zerstörten Harmonie, von einer sehr spezifischen modernen Umwertung aller Werte. Und dennoch findet diese eigentümliche Umkehrung statt: keine Augen mehr, um die weißen Wiesen zu sehen, keine Ohren, um im Geäst das Schwirren der Vögel zu hören, lesen wir – und stellen gleichzeitig fest, daß uns Hören und Sehen kommt.

Nun kommen die klugen Menschen und behaupten, hier läge ein Vorgang der Kompensation vor: Was im Leben nicht gelingt, gelingt im Gedicht, es ist eine einfache Umdrehung der Relation, die sich das Gedicht, im Gegensatz zur gesellschaftlichen Rede, herausnehmen dürfe. Mag sein – und ist doch nicht wahr, denn wenn es wahr wäre, könnte man das Gedicht, seine Bilder und seinen Rhythmus, mühelos wieder in die normale Rede zurückübersetzen, was viele behaupten und was immer wieder in der Schule bis zum Überdruß versucht wird, ohne daß es gelingt.

> Zum ersten
> mußt du glauben,
> daß es Tag wird,
> wenn die Sonne steigt.
> Wenn du es aber nicht glaubst,
> sage ja.
> Zum zweiten
> mußt du glauben
> und mit allen deinen Kräften,
> daß es Nacht wird,
> wenn der Mond aufgeht.
> Wenn du es aber nicht glaubst,
> sage ja
> oder nicke willfährig mit dem Kopf,
> das nehmen sie auch.

Einen allein, wie gesagt, kann ein Gedicht treffen, es hat »seine Tiefen berührt, bevor es die Oberfläche bewegte« (Bachelard). Aber wenn sechs zusammenkommen und sich so schnell einigen, obwohl andere Möglichkeiten denkbar sind, dann muß diesen Gedichten etwas besonderes anhaften, oder dann müssen diese Gedichte einen Raum bilden, der sich über den Texten erhebt und sie tief unterkellert, in geologischen Schichten gewissermaßen, in denen unser normales Bewußtsein nichts zu suchen hat.

Diese Stiftung von Gemeinsamkeit kann weder allein daher rühren, daß Autor und Leser vielleicht ähnliche Erfahrungen gemacht haben und sich sozusagen im selben Raum befinden (dann müßte dieses Gefühl sich häufiger einstellen, und besonders bei Gedichten von Generationsgenossen), noch etwa daher, daß sich alle Beteiligten mehr oder weniger regelmäßig mit Literatur beschäftigen, also trainierte Eingeweihte sind, die sofort wissen, was dichterische Spekulation ist und was poetische Intuition, was gut und was mittelmäßig.

Hinzu kommt, daß dieser Raum, der die Gedichte umgibt, dem flüchtigen Leser zunächst fremd und unbetreten erscheint, oder dunkel, um das gängige Wort zu gebrauchen, mit dem eine bestimmte Literatur (samt ihrer Tradition), die noch nicht erschlossen ist, für immer verschlossen gehalten wird, ein von der Kritik ausgegrenzter Bezirk, vor dessen Schwelle man sich dann um so bedenkenloser den Ritualen der gängigen Literatur hingeben darf, den Gut-Gereimt- oder Gut-Erzählt-Spielen, deren Regeln erlernbar sind und deren Gewinner im voraus bekannt ist.

Die grotesken Debatten der letzten Jahre um Subjektivismus contra Hermetismus contra politisches Gedicht haben ja, wenn auch als unerwünschten Nebeneffekt, eines gezeigt, daß nämlich auch das politische Gedicht, das als symbolisches Bild des Ganzen gedacht ist, nur noch unter Aspekten der Arbeitsteilung gelesen werden kann. Dunkel als Schimpfwort; und es drückt eine weit stärkere gesellschaftliche Verachtung aus als jede Verurteilung einer sogenannten politischen Entgleisung.

Fremd, unbetreten, dunkel – doch hat man diesen angeblich so hermetischen, geschichtslosen, zeitfernen Raum erst einmal betreten, dann wird das Fremde als Summe von lange Vergessenem deutlich, dann entpuppt sich das Unbetretene als Feld vieler, von weit her kommender Spuren, und dann ist das Dunkle nur eine andere Form von Helligkeit. Vielleicht klingt das alles ein bißchen hochtrabend und wunderbar, aber es kommt einem »Wunder« ja auch sehr nahe, wenn es einem gelingt, plötzlich in den Raum des »nicht-gelenkten Denkens« einzutreten, wo die Wörter zwar nicht im Stande der Unschuld angetroffen werden, aber wo sie gewissermaßen die Geschichte der wechselnden Bedeutungen noch vorzeigen statt sie zu vertuschen.

Hat man den gesicherten Boden der Begriffe verlassen, ist die Initiation vollzogen, ist man, am Autor und seiner Biographie vorbei, in dieses Werk eingetreten, hat man die Zweifel an der dichterischen Aussagekraft, die Angst vor dem Fremden und Dunklen überwunden – dann verliert sich der Anschein des Obskuren am Wunder augenblicklich. Jedes Kind weiß das, also müssen es auch wir alle einmal gewußt haben.

>Ich will meine Dörfer
>ohne Worte lassen
>und nur den Schnee
>durchschwingen
>und offen gegen die Zäune.
>Von der Höhe meiner Speicher
>will ich die Jaguare betrachten,
>die Wölfe pfeifen hören.
>Die Sonne sprang hier fort,
>aber den Kindern
>wird bei ihrer Ernte
>von Löwenzähnen geholfen,
>Platz für den König!

Die Initiation war vollzogen, der Raum war betreten, vor- und nachgelesen, ein kurzer Blick in die Runde, Nicken der Köpfe: Ilse Aichinger heißt unsere Preisträgerin.
Aber nun beginnt das Dilemma, und zwar für mich, der ich eine Laudatio halten soll. Habe ich sie nicht schon gehalten? Ist das Eingeständnis, dieser *verschenkte Rat* sei uns Juroren tatsächlich wie ein schönes Geschenk erschienen, und ein nützliches dazu, weil es ein guter Rat war, der uns gestärkt hat, ist das nicht Laudatio genug?
Weicht das Gedicht nicht mit jedem Schritt, den wir von außen auf es zu tun – und mag es noch so aufrichtig, kritisch, intelligent und in bester Absicht geschehen – weiter zurück? Anders als bei ungenauen Gedichten, wo es leicht ist, die schwachen Stellen diskursiv zu erörtern, sperrt sich das geglückte Gedicht gegen den besserwisserischen Zugriff gelehrter Anstrengungen. »In Sachen der Kunst«, heißt es bei Valéry, »ist Gelehrsamkeit fast etwas wie eine Niederlage. Worauf sie ihr Licht wirft, ist nicht das eigentlich Beglückende. Was sie vertieft, ist nicht das eigentlich Wesentliche. Sie setzt ihre Hypothesen an die Stelle des Gefühls, ihr erstaunliches Gedächtnis an die Stelle der Gegenwärtigkeit des Wunders.«

Hier ist es schon wieder, dieses peinliche Wunder, oder das Heilige, wie es Michel Leiris noch unerschrocken genannt hat, das es nach Jahrhunderten der Philologie und der Stilkritik und der Aufklärung eigentlich nicht mehr geben darf – und das um die Dichtung doch wie ein Mantel geschlungen bleibt und sie schützt gegen die Tendenzen ihrer Verwissenschaftlichung. Dieser Mantel ist nicht in der Zeit definiert, er umfängt die Poesie von Anfang an bis heute. Darum ist es schon lange kein Witz mehr, daß weder eine einzelne Disziplin der Kritik ausreicht, das Gedicht auseinanderzunehmen und zu interpretieren, noch daß die Kritik sich in der Lage sieht, es auch wieder zusammenzusetzen, ohne eine Potenzierung des ohnedies Fragmentarischen in Kauf zu nehmen.
Es bleibt uns folglich gar nichts anderes übrig, als die Texte selber stets neu zu lesen, um als wie immer vorgebildete Leser auf das Echo zu warten, das sie in uns hervorrufen – oder es halt bleiben zu lassen.
Jeder von uns trägt eine bestimmte Anzahl von Bildern in sich, die wir früh aufgenommen und dann in der Regel wieder vergessen haben. Sie liegen – ungenutzt und vom Staub des Alltags fast verdeckt – auf einem der vielen verlassenen Gelände unseres Selbst und treten nur dann in unser Bewußtsein, wenn sie sich in einer Wahrnehmung spiegeln und aufleuchten. Manche dieser Bilder teilen viele Menschen, die in einem landschaftlichen, kulturellen oder sozialen Umfeld aufgewachsen sind und ähnliche Erfahrungen gemacht haben; andere sind spezifischer, wieder andere exklusiv. Aber insgesamt scheinen es gar nicht so viele zu sein. Wenn man die Zeitung liest, fällt nur selten ein Strahl auf diesen verborgenen Schatz; wer viele Zeitungen zu lesen gezwungen ist, kennt das dumpfe Gefühl der Leere, die durch keinen Wortwitz mehr erhellt werden kann. Bei Gedichten – und das wäre ein Kriterium ihrer Qualität – sollte das anders sein. Beim Lesen der Gedichte von Ilse Aichinger zum Beispiel war das Echo sofort vernehmbar, und zwar vor allem Verständnis, aller analytischen Anstrengungen: ein Klang, ein Bild, eine Formulierung, eine Art des Sprechens, die, vom Leser kaum wiederholt, jene eigentümliche Synchronizität herstellt und das Gefühl erzeugt, man habe das Gedicht im Vorgang des Nachsprechens selber geschrieben. Der Autor, die Autorin, verschwindet, zieht sich gleichsam hinter das Gedicht zurück, und zwar mitsamt ihrer Biographie, ihren Erfahrungen, Gefühlen und Wünschen. Sie überläßt uns ihren Text, ihre kurzen Orakelsprüche, dunkel und klar:

> Gib mir den Mantel, Martin,
> aber geh erst vom Sattel
> und laß dein Schwert, wo es ist,
> gib mir den ganzen.

Erst beim zweiten oder dritten Lesen holen wir die Bedeutungen aus dem Raum hinter den vier Zeilen wieder zurück. Die Situation ist bekannt: St. Martin zerschnitt seinen Mantel in zwei Teile und gab einen davon dem Frierenden. Er machte ein Geschenk: generös, menschenfreundlich, mit einem Blick für den anderen. In diesem kleinen Gedicht nun, das wir so selbstverständlich nachsprechen, sind wir plötzlich die Fordernden: Gib mir den Mantel, Martin, gib mir den ganzen, nicht nur die Hälfte. Und gib ihn mir nicht von oben herab, vom Pferd, sondern Aug in Aug, geh erst vom Sattel. Und laß das Schwert stecken, das Symbol der Macht, wenn du eine Geste der Nächstenliebe zeigen willst. Das Gedicht heißt *Nachruf*, ohne alle Ironie, und rüttelt heftig am Fundament der christlichen Nächstenliebe. Einer mag es als eine Art Motto zu einer möglichen Geschichtsphilosophie lesen, ein anderer mag es als Kritik der christlichen Morallehre interpretieren, ein dritter wird darin ein Beispiel für die Veränderung des Verhältnisses von Herr und Knecht sehen – und viele weitere Lesemodelle, wie es heute heißt, sind denkbar.

Wenn wir schließlich den Text mit dem Titel in Beziehung setzen, öffnen sich weitere Räume, in denen unser Gedächtnis, unser Wissen, unser Gefühl und unsere Solidarität sich ergehen können – ein riesenhaftes, unabsehbares Gebäude erhebt sich über den allen bekannten zweiundzwanzig Worten, die ohne alle Mühe wie selbstverständlich diese Last tragen...

Man sollte sich entschuldigen, *bevor* man über Kunst spricht, sagt Valéry; ich mache es nachträglich. Denn der langen Rede kurzer Sinn läßt sich nämlich auch in dem einfachen Satz ausdrücken: Wir danken Ilse Aichinger für den verschenkten Rat. Es war nicht umsonst.

HEINZ F. SCHAFROTH

Gedichte vom Überleben um keinen Preis

Dreißig Jahre nach dem Roman *Die größere Hoffnung*, mit dem sie berühmt geworden ist, nach mehreren Erzähl- und Hörspielbänden seither legt die Österreicherin Ilse Aichinger ihren ersten Gedichtband vor, der vielfältig bestätigt, daß diese Autorin eine Ausnahmeerscheinung in der deutschen Gegenwartsliteratur ist. Der Band versammelt Gedichte, die zwischen 1955 und 1978 entstanden sind. Wer den früheren (größtenteils Ende der fünfziger, Anfang der sechziger Jahre geschriebenen) Gedichten nicht in Lyrikanthologien oder Aichinger-Sammelbänden begegnet ist, wird sie kaum zurückdatieren. Es verhält sich wie mit allem, was Ilse Aichinger geschrieben hat: Nichts davon ist je trend- oder modebewußt gewesen. Von daher auf Zeitferne zu schließen, wäre allerdings voreilig, und zwar ebenso gegenüber den frühen wie den neuen Gedichten des Bandes *verschenkter Rat*. Zeit ist aber bei Ilse Aichinger heute wie damals eine eingestanden, ja eigensinnig persönliche Erfahrung, und diese Eigensinnigkeit (das Wort ist auch in seine Bestandteile aufgelöst zu verstehen) macht, daß ein Gedicht von 1961 unter denen von 1977/78 in keiner Weise fremd wirkt. Ilse Aichingers Lyrik verändert sich weniger, als daß sie sich weiterentwickelt in der Radikalität der Frage- und Infragestellung, in der Verweigerung aller vorschnellen Tröstlichkeit, in der Demontage der Gläubigkeit und der Rehabilitierung der Ungläubigkeit, in der Gleichzeitigkeit, Gleichwertigkeit von Verschlossenheit und Unmißverständlichkeit.

Es lassen sich in der Sammlung Motive verfolgen und benennen: die Jäger, die Wölfe, die Schatten, die Kinder, die Engel, die Könige beispielsweise. Oder, besonders häufig, das Motiv von Schnee, Eis, Winter. Aber eine derartige Benennung der Motive ist wenig hilfreich, weil sie nichts aussagt über die Aichingerschen Methoden, systematisch über jegliche Leseerwartungen, die mit Motiven zusammenhängen, hinwegzugehen, sie durchwegs paradox und gegen den Strich zu verwenden, damit sie, vielleicht, in ihrer Unvertrautheit etwas in Bewegung bringen und aufklärerisch statt bestätigend wirken. Das ist am durchgehenden Motiv der Träume zu zeigen. »Denn was täte ich, wenn die Jäger nicht wären, meine Träume«, heißt es am Anfang des ersten Gedichts, *Gebirgsrand*. Wer sich darauf einrichtet, diese Verse als programmatisch zu verstehen, als Hinweis auf die Traumhaftigkeit der Aichingerschen Wirklichkeitserfahrung, wird später auf den *Befehl des Baumeisters beim Bau der Prinz-Eugen-Straße* stoßen und die Eingangsverse dieses Gedichts: »Gleich zu Beginn/ein breiter Streifen Wind,/an einem Rande pflanzt den Essigbaum,/vergeßt die Tauben nicht,/und bald, ich schwör es,/geht der Staub/an euren Träumen hoch.« Und da ist nun nicht mehr die Rede davon, daß Wirklichkeit im Traum erfahrbar werde, sondern davon, wie Wirklichkeit die Träume einholt und überwältigt. Das letzte Gedicht des Bandes schließlich, *In einem*, hebt die Problematik überhaupt auf: »Und hätt ich keine Träume,/so wär ich doch kein anderer,/ich wär derselbe ohne Träume«, heißt es darin. Und angesichts dieser kinderreimartigen Verse, in denen das lyrische Ich fast naiv triumphierend auf sich selbst, mit oder ohne Träume, verweist, werden die alten Thesen, daß das Leben ein Traum sei oder Traum ein Leben, vollends ad absurdum geführt, es gibt keine Thesen, es gibt nur ihre Destruktion. Die Thematik Traum scheint ad acta gelegt, das letzte Wort dazu gesprochen – sofern sie nicht im vierten und letzten Vers des Gedichts, der unvermuteten, ungehörig zusammenhanglosen Frage »wer rief mich heim?«, wieder aufgenommen ist, sich neu und endgültig unausschöpfbar etabliert.

Denn das ist eine der zentralen Erfahrungen beim Lesen von Aichinger-Gedichten: daß sie immer dort erst anfangen, wo sie aufhören. Äußerlich scheinen sie oft abschließende Gedichte zu sein, solche, die keine Widerrede zulassen, kein Palaver. Gelegentlich unterstreicht eine bösartig witzige Pointe dies Abschließende, Apodiktische: »Es ist zwölf geworden«, beginnt das Gedicht *Zeitrechnen* – und das heißt zunächst einmal, daß es nicht mehr fünf vor zwölf ist. Vers vier führt den Gedanken weiter: »Es wird noch mehr werden als zwölf,/wenn es auch mehr als zwölf/so nicht werden kann./Es wird dann eins.« Was ist hier, lakonisch, unaufwendig, dem Hohn anheimgegeben? Sind es diejenigen, die die Katastrophenmeldungen verbreiten, oder ist es die Tendenz, sie nicht ernst zu nehmen? Die Pointe reißt in Wirklichkeit erst auf, das Abschließende daran ist bloß Schein. Und wenn es auch unverkennbar ist, daß hier jemand mit einem ungeheuerlichen Vorsprung gegenüber einem selber Erfahrungen macht und formuliert: ob der Vorsprung auf Verzweiflung oder Selbstbewußtsein basiert, ist nicht auszumachen. Wahrscheinlich sind sie in Ilse Aichingers Gedichten ohnehin identisch, oder es bedingt das eine das andere und setzt es voraus. In den zahlreichen Gedichten, die Chiffren des Todes enthalten, erscheinen Verzweiflung und Selbstbewußtsein besonders oft auf die eine oder andere Weise gekoppelt. Zumal in den neuen Gedichten besteht immer wieder jemand, gefoltert und geschunden, allen möglichen Todesarten ausgesetzt, darauf, »grimmig und gelassen« zu überleben. Nicht um jeden, sondern um keinen Preis. Im Sterben, im Tod zu überleben heißt das, »…grimmig und gelassen genug, wie die Schweine die allein…/in unserem stumpfen Wasser/zu ersticken wissen«. (*Neuer Bund*). Und in *Tagsüber* bricht ihr ein ruhiger Junitag in die Knochen, »verkehrt mich,/schleudert mich ans Tor,/...würgt mich/mit seinen frischen Schlingen/solang bis ich noch atme«. Auch dieses »bis ich noch atme« (statt des eigentlich unausweichlichen: »bis ich nicht mehr atme«) – oder das »solange bis« statt »solange als«) – ist weit mehr als Pointe, die eigentliche existentielle Erfahrung dieser Verse nämlich, die kulminiert im gleich anschließenden Schlußvers des Gedichts. »Bleib, lieber Tag«, lautet er und zeugt von der subversiven Fähigkeit des Sisyphus, der Fähigkeit zum höhnischen Einverständnis also, oder eben: zum Überleben um keinen Preis. Auch die dritte der *Möglichkeiten* handelt davon, die Heiterkeit und Unanfechtbarkeit, womit einer »wenn ich zwischen den kranken Stämmen bei uns/schlafen gehe,/zwischen ganz anderen/und gesunden Stämmen,/aber mit einem leichten, kräftigen Seil/bei der Hand,/hinaus auf die Wiese geht«.

Bei der Härte, wie sie der beschwörende Aufruf zur Unabhängigkeit und zum Nichteinverständnis abverlangt, (wo doch »unser Einverständnis immer vorausgesetzt ist«, wo du »zum ersten, zum zweiten... glauben mußt –, wenn du es aber nicht glaubst,/sage ja/oder nicke willfährig mit dem Kopf,/das nehmen sie auch«), und bei der Illusionslosigkeit, die in diesen Gedichten so unablässig begründet ist, sind die Augenblicke der Zärtlichkeit und der Solidarität darin selten und kostbar. »Hör gut hin, Kleiner/es gibt Weißblech, sagen sie,/es gibt die Welt,/prüfe, ob sie nicht lügen«, heißt es am Schluß des Titelgedichts, und diese Aufforderung zum skeptischen Hinhören ist eine zärtliche. Zärtlich in all ihrer Radikalität und Tödlichkeit ist auch die Solidarität des tollwütigen Fuchses gegenüber dem *Findelkind*. »Dem Schnee untergeschoben« ist es, und »den Feen nicht vorgewiesen«. Der Fuchs »erweist ihm rasch die ersten Zärtlichkeiten,/bis er sich zitternd und gepeinigt/zum Sterben fortbegibt«. Eine andere Hilfe gibt es nicht, nur die, die der Fuchs dem Kind ist – eine aus dem Sterben, zum Sterben. Mütter, Jäger, Engel lassen das Kind allein: »Dann komm doch noch einmal,/alter, toller Helfer,/schleif dich zurück zu ihm,/beiß es, verkratz es,/wärm es, wenn deine Räubertatzen noch warm sind,/denn außer dir kommt keiner,/sei gewiß.«

»Dir zittern die Knie,/Jonathan, wenn du springst/und dich vorwagst«, heißt es in *Auf Sicht*. Und das ist, obwohl keinesfalls so gemeint, ein schönes Bild für die Gedichte der Ilse Aichinger. Gedichte, die sich weit vorwagen (und nicht in hermetische Räume, sondern ganz konkret erfahrbare), die »eine Hilfe,/aber keine Hilfe,/kein

Trost, aber ein Trost« sind (so heißt es in *Baumzeichen*, natürlich ebenfalls nicht über die Gedichte), deren exzeptioneller Rang weit leichter zu beschreiben ist, als sie selbst es sind.

HILDE SPIEL
Eh die Träume rosten und brechen

Die Grenzen zwischen Prosa und Poesie haben sich längst verflüssigt. Daß un-gereimte Sätze nicht ungereimt, sondern schlüssig zu sein hätten, daß ihre Aufgabe eine informative, deskriptive, expressive, aber nicht unbedingt eine assoziative sei, fordert niemand mehr. Gleichwohl ist der Widerstand gegen hermetische Texte epischer Form noch immer ausgeprägter als der gegen lyrische Verschlüsselungen. Man erwartet von ihnen eine andere Art von Aussagewert. Konfrontiert mit langen Perioden metaphorischer Rätselspiele, dazu genötigt, sich über eine gewisse Zeitdauer hinaus in Sprachlabyrinthen aufzuhalten, verweigert der Leser eine Gefolgschaft, die er Gedichten weit eher zu leisten bereit ist, auch wenn er ihnen zuweilen ebenso ratlos gegenübersteht.
Ilse Aichinger ist seit ihrer ersten Veröffentlichung, dem Roman *Die größere Hoffnung*, zunehmend wirklichkeitsscheuer geworden, hat sich immer mehr in eine Geheimwelt zurückgezogen, die nur Spuren, Signale, Fragmente der äußeren Realität enthält. Das begann mit *Eliza Eliza* und hatte in ihrem letzten Prosaband *schlechte Wörter* einen Grad von Unwegsamkeit erreicht, wie er heute nur noch bei ihrer Landsmännin Friederike Mayröcker anzutreffen ist und sich von der »écriture automatique« der Surrealisten kaum mehr unterscheidet. Auf sie, ja auf ihr großes Vorbild Lautréamont, der zum ersten Mal die »Begegnung einer Nähmaschine und eines Regenschirms auf einem Seziertisch« postulierte, kann Ilse Aichinger sich berufen. Jene Regel André Bretons von den zwei voneinander entfernten Wirklichkeiten, die ein desto stärkeres Bild ergeben, je größer die Distanz zwischen ihnen ist, hat sie sich offenbar zu eigen gemacht.
Einige Beispiele aus den *schlechten Wörtern* mögen dafür zeugen. In dem Text *Sur le bonheur* die Stelle: »Wo sie die hübschen geschwärzten Steine hernehmen? Steigbügel vielleicht. Da muß ein Joker her, einer, der durchflieht ohne Lichter.« In *Galy Sad:* »Hinunterlassen.

Warten, warten, aufhalten. Winnipeg möchte noch einen Strich häkeln, rund um die Knöchel. Winnipeg ist langsam. Schreibt sich falsch und häkelt gerade, immer rundum.« In *Queens:* »Das soll kein Ende sein, wenn es eines sein soll, Enden genug, längsseits und diesseits, zu Füßen und zu Füßen, wenn du willst, Endlein, vierzehn Schnipsel, synthetics, Perlen und Teufel, das macht sich, Mary...« und so fort.

Gewiß läßt sich in den Vexierbildern, mit großer Geduld, dieser oder jene neue Umriß ausnehmen, gewiß lösen diese oder jene Sigel – ein Wort, das man der Kurzschrift entlehnen, aber auch in seinem Doppelsinn verwenden darf – bestimmte Gedankenketten aus. Wie weit man Ilse Aichinger jedoch auf ihren verschlungenen Pfaden in der Tat begleitet, an welcher Biegung man abirrt, ist nicht nachprüfbar.

Derlei war zu sagen, bevor die Rede auf ihren jüngsten Band kommt, eine Gedichtsammlung des Titels *verschenkter Rat.* Denn hier ereignet sich, wenn nicht immer, doch immer wieder, das Pfingstwunder der gelösten Zungen, der gehörten Stimmen, der gelungenen Kommunion. Auch wer gestehen muß, daß er jenes inspirierten Nachvollzuges, jenes imitativen Schöpfungsaktes, der zum Verständnis von Ilse Aichingers später Prosa nötig ist, nicht immer fähig war, kann sich nun, häufig genug, in vollem Akkord mit ihr finden, büßt während eines ganzen Gedichtes die Fühlung mit ihr nicht ein. Wenn Dichter und Leser vorzustellen sind wie Orpheus, der vorangeht durch Dunkelheiten, vorbei an staunenswerten, auch erschreckenden Gesichtern, und Eurydike, die dicht hinter ihm schreitet, die Hand vertrauensvoll auf seine Schulter gelegt, dann gilt das Bild für den Großteil dieses Bandes.

Freilich, wie alle Metaphern hat auch diese ihre Widersprüche. Darf Orpheus Eurydike nicht ansehen, sich nicht umwenden, er verlöre sie denn, so sollte doch der Leser dem Dichter niemals völlig aus dem Blickfeld geraten. Im Gegenteil müßte dieser sich ab und zu vergewissern, daß jener ihm nicht abtrünnig wird, müßte zumindest nach der Hand auf seiner Schulter tasten, um sicher zu sein, daß der Kontakt nicht abgerissen ist. Aber Gleichnisse sollen auch nicht zu weit getrieben werden. Genug daran, daß es leicht, ja beglückend ist, Ilse Aichinger in diesem Gedichtband zu folgen, daß sie uns darin selten entschlüpft, aus den Augen gerät, sich von uns lossagt und uns ratlos zurückläßt. Nein, sie verschenkt hier ihren Rat, und hat sie dem Wort auch einen bitteren Beigeschmack gegeben, als wäre, was sie zu sagen hat, an uns vertan, so sollten wir uns desto mehr dafür bedanken.

Vierundneunzig Gedichte, ohne Hinweis auf ihre Entstehungszeit im Lauf der letzten drei Jahrzehnte aneinandergereiht – auf welche sich beziehen, von welchen handeln? Hier hilft nur äußerste Subjektivität, nur das Eingeständnis, von vielen durchaus, mit Leib und Seele, Haut und Haaren ergriffen worden zu sein und nur von wenigen so kalt, so sehr im Stich gelassen wie von Ilse Aichingers obskurster und unzugänglichster Prosa. Zu den vielen, ihnen allen voran, gehört für die Rezensentin das Gedicht *Widmung*, in dem eine so kühne wie eindringliche Vision den Übergang zum Tod durch einen Gang in den kosmischen Raum enthüllt:

> Ich schreibe euch keine Briefe,
> aber es wäre mir leicht, mit euch zu sterben
> Wir ließen uns sacht die Monde hinunter,
> und läge die erste Rast noch bei
> den wollenen Herzen,
> die zweite fände uns schon mit Wölfen und Himbeergrün
> und dem nichts lindernden Feuer,
> die dritte, da wär ich
> durch das fallende dünne Gewölk mit
> seinen spärlichen Moosen
> und das arme Gewimmel der Sterne,
> das wir so leicht überschritten,
> in eurem Himmel bei euch.

Es heißt, auch die mißlungenste poetische Hervorbringung enthalte zumindest eine Zeile, die das wahre Gefühl und den kreativen Drang ihres Urhebers überzeugend offenbart. Wenn hier auch Auszüge aus Gedichten zitiert werden, dann keineswegs, um eine etwaige Unzulänglichkeit des Restes zu vertuschen. Verblüffend ist vielmehr, wie sehr Ilse Aichinger fast allenthalben den Ton durchhält, wie sie mit keinem Wort absinkt, sondern eine Fülle makelloser Sprachgebilde von einheitlicher Substanz und Konsistenz geschaffen hat, die durch keinen fremden Reiz, keinen weit hergeholten Bildungsbegriff gestört sind. Das mag sich erschöpfen in einem einzigen lyrischen Satz wie *Winterfrüh*: »Eh die Träume rosten und brechen, / laß die Geliebten drauf hinunterfahren, / die Großen und die Kleinen in den grauen / Mänteln, / schaut her, die helle Bahn, das Eis«. Und es mag über dreißig Zeilen andauern wie in dem Gedicht *Findelkind*, das beginnt: »Dem Schnee untergeschoben, / den Engeln nicht genannt.«

Soll man es wagen, die verschwiegene Chronologie selbst herzustellen, etwa in dem Gedicht *Meiner Großmutter* einen ihrer frühesten Versuche zu sehen? Es wurde ja, zugleich mit anderen dieser Sammlung, bereits in dem vergriffenen Band *Wo ich wohne* (1963) gedruckt. Wenig spricht für eine Mißachtung des Wunsches der Autorin, hier nicht festgelegt zu werden auf eine literarische Entwicklung, ihre Lyrik als eine immer wiederkehrende, zu sich selbst zurückfindende Ausdrucksform zu sehen. Denn gerade in der Poesie, die zur Esoterik und Hermetik weit eher Anlaß gäbe als die Prosa, verharrt Ilse Aichinger in einer Schlichtheit, einer Geschlossenheit, die etwas Zeitloses, Überzeitliches hat. Das Gedicht *Hochzeitszug* etwa:

> Wir kamen zum Baum von Holnis
> und fanden darunter
> viel samtene Kinder,
> die schliefen
> und hatten die Augen
> weit offen im Traum,
> es glänzten im Heu die Kirschen
> zwischen den Scheunentüren,
> das blaue Gekräusel,
> alte Wagenräder,
> noch Schatten entfernten Jubels,
> längst landeinwärts gerollt,
> wer sagte, zur See?

Es hätte jetzt wie vor dreißig Jahren verfaßt worden sein können, als Ilse Aichinger mit einer berückend arglosen – und heute noch unverminderten – Mädchenhaftigkeit auf die Szene trat. In jedem Fall geben uns diese schönen, klaren, bis auf den Grund durchschaubaren Erzeugnisse die Hoffnung, daß ihre Urheberin, auch wenn sie sich der ungebundenen Schreibart bedient, die labyrinthenen Wege wieder verlassen und aus ihrem eigenen Wesensgrund die herzzerreißende Gelassenheit schöpfen werde, aus der, unter anderen das Gedicht *Abgezählt* entstand:

> Der Tag, an dem du
> ohne Schuhe ins Eis kamst,
> der Tag, an dem
> die beiden Kälber
> zum Schlachten getrieben wurden,

der Tag, an dem ich
mir das linke Auge durchschoß,
aber nicht mehr,
der Tag, an dem
in der Fleischerzeitung stand,
das Leben geht weiter,
der Tag, an dem es weiterging.

ERICH FRIED

Über Gedichte Ilse Aichingers

Hier soll einiges über Gedichte von Ilse Aichinger ermittelt werden, Gedichte aus dem Band *verschenkter Rat*, der Verse aus der Zeit zwischen 1958 und 1978 enthält.
Ich will versuchen, von den Texten selbst auszugehen. Fast nur von ihnen, auch wenn die Art dieser Gedichte eine vollständige Erklärung nicht zuläßt, wobei es natürlich fraglich bleibt, ob lyrische Gedichte überhaupt *vollständig* erklärbar sind.
Was *diese* Gedichte schwerer erklärbar macht als z. B. fast alle Brecht- oder Rilke-Gedichte, ist, daß in vielen dieser Verse die Grundstimmung die einer Verzweiflung ist, die sich nicht zu überwinden versucht, indem sie ihre eigenen Ursachen aufgraben und aufdecken will, sondern die ihre Klage über den Zustand der Verzweiflung, beziehungsweise darüber, daß Menschen in diesen Zustand getrieben werden, einfach durch die Darstellung des Zustandes selbst lautwerden läßt. Es ist aber niemals eine geschwätzige Klage oder geschwätzige, vielredende Darstellung; es ist nie eine Klage, die sozusagen ihre eigene Geschichte und ihr eigenes Leid mitteilen will – diese Gedichte wären sonst unendlich weniger gut –, sondern es ist eine Klage, die das Mitteilenwollen fast aufgibt, bis auf jenen letzten Trost Grabbes: »Aus der Welt kann ich nicht fallen.« Die Klage teilt sich mit, indem sie *gerade noch in* der Welt ist, indem sie sich an keinen Menschen anzuklammern versucht, sondern traurig mit ihren eigenen Inhalten spielt. – Eine vulgär-marxistische Kritik hat bei Ilse Aichinger vor Jahren bedauernd festgestellt, »Metaphern, Symbole, Chiffren, Parabeln, bislang als poetisch erhöhtes Verständigungsmittel gebraucht, sind austauschbar geworden, ihre Bindung an Wirklichkeit und Sprachrealität ist aufgegeben«. (Lexikon deutschsprachiger Schrift-

steller, Bibliographisches Institut, Leipzig 1967.) *Fast* ganz richtig festgestellt, aber *ganz* falsch verstanden und bewertet! Die Austauschbarkeit *als Vorwurf* trifft nämlich nicht, weil in den hier dargestellten Bereichen tatsächlich die Austauschbarkeit von Bildern, die *Trennung* von der Sprachrealität höchste Realität ist. Genau so gut hätte man Shakespeare vorwerfen können, daß er seine Ophelia gelegentlich wirres Zeug reden läßt!

Und wenn der Kritiker gesagt hat, die Bindung an Wirklichkeit und Sprachrealität sei *aufgegeben*, so hat er ein Wort gefunden, das wahrer ist, als er es selbst gemeint hat: Sie ist nämlich *uns* allen *aufgegeben*. Das, was sich aufgibt, kann uns zur Aufgabe werden: Durch Eingehen auf diese Texte die vielfachen Querverbindungen zur Sprachrealität – allerdings nicht zu einer bloß unaufgeklärt aufklärerischen – wieder zu entdecken. Verzweiflung in einem Text ist in diesem Sinne auch die äußerste Herausforderung an uns, durch Verstehen und Sympathie den Ursachen dieser Verzweiflung entgegenzuwirken.

Dies will ich an einigen Textbeispielen erläutern.

In dem Gedicht mit dem Titel *Restlos* lautet die erste Zeile: »Die Jungen mit den Totenscheinen«, die letzte Zeile: »und ihr Untergang«. Es ist ein Gedicht über restlosen Untergang, über einen Ritt der Vergangenheit in die Vergangenheit. »Auf gewesenen Pferden« – Das Wort wirft die Frage auf, ob auch ein Anklang an *Verwesen* in den gewesenen Pferden liegt? Nicht so Absichtliches wie eine gewollte Anspielung, ich beschränke mich auf das Wort *Anklang*.

Und schließlich in der viertletzten Zeile des Gedichts: »die Spuren der Verwerfung« ist es eine Verwerfung der geologischen Schichten, die uns von den Sauriern trennen, also ein Fachausdruck dafür, daß Schichten nicht nur verzerrt sind, sondern ihre Kontinuität zerstört ist? Oder ist es die Verwerfung des Weiterlebens, oder sind wir, jenseits der Kontinuität die vom urzeitlich Älteren Verworfenen? Ich ergehe mich abermals nur in Assoziationen, unterstelle keine unbedingt bewußte oder gar von der Dichterin listig konstruierte Anspielung. Einfälle sind größer, vielschichtiger als die jeweilige Absicht des Schreibenden, und Ilse Aichinger hat schon immer, auch schon in der dichterischen Prosa ihres ersten Buches *Die größere Hoffnung* glücklicherweise zu jenen Dichtern gehört, die *mehr* tun, als sie selbst beim Schreiben wissen. Zurück zum Text. Die beiden letzten Zeilen lauten:

Hilfe und Hinweis
und ihr Untergang.

Im Zusammenhang war klar, daß uns dies zu bedenken bleibt, zunächst die List der Saurier, wie sie kleiner wurden bis zu unserem Maße. Zu bedenken auch, daß dies die eigentlichen Saurier nicht retten konnte, auch wenn unsere kleinen Echsen noch leben... Vielleicht ist es aber auch der Untergang der Jungen mit den Totenscheinen und ihrer gewesenen Pferde, ja auch der Basare – also der Exotik, etwa des Todes in Samara, in die der Gedichtanfang uns flüchtig versetzt hat. *Hilfe und Hinweis* ist dann vielleicht das Denken sowohl an den *Versuch* der *listigen* Anpassung als auch an die *Verwerfung*, die dennoch folgt, ans *blanke Ende*.
Wenden wir uns einem anderen Gedicht zu: *Schneeleute*.
Schneeleute, also Schneemänner, Schneefrauen... vermutlich auch Schneekinder, warum nicht? Und obwohl das Gedicht mit den Worten anfängt, »Ich mische mich nicht leicht/unter die Fremden aus Schnee« hat die Dichterin sich doch gerade mit diesen Worten irgendwie unter sie gemischt und uns mitgezogen. Indem sie sie die »Fremden aus Schnee« nannte, hat sie zwar für sich (und für uns) Abstand gewahrt, gleichzeitig aber den »Schneeleuten« von vornherein Menschenrang gebilligt, ja sogar eine *scheinbare* Überlegenheit den anderen Menschen gegenüber: »Manche mit mehr Gesichtern/als mit einem.« Wenn ein Mensch mehr als ein Gesicht hat, dann stellt er es gewöhnlich nicht *heiter prangend* zur Schau.
Und nun wird in das Gedicht ein gespenstischer Rollentausch eingeführt. Wenn das Tauwetter den Bann, die Starrheit der Schneeleute tödlich zu lösen beginnt, daß sie in ihrer Hinfälligkeit vorübergehendes Leben zu gewinnen scheinen, wenn die Kohlenaugen und die Rübennasen fallen, Knöpfe und rote Lippenbänder sich zu lösen beginnen, dann sieht die *Ichperson* des Gedichtes, der Mensch »es steif mit an/und ohne Laut«, starr also, wie ein gefrorener Schneemann oder eine Schneefrau »ich eile nicht zu Hilfe«, sagt sie noch und, ein wenig später: »Es soll nicht ans Licht kommen. Und darum Stille.«
In dem Augenblick, in dem die »Schneeleute« aufhören, erstarrt zu sein, erstarrt die menschliche Ichperson des Gedichtes, – vielleicht, um ihnen nicht zu Hilfe zu kommen. Aber wir wissen, daß Hilfe ohnehin nicht möglich gewesen wäre. Ja, der Gedanke, daß man »Schneeleuten« möglicherweise helfen *wollen* könnte, wird in dieser Verneinung überhaupt erst eingeführt! Doch sie sieht sich auch als

Konkurrentin dieser »Schneeleute«. Das deutet sich vielleicht schon in der Beschreibung an, daß sie »heiter prangen/manche mit mehr Gesichtern/als mit einem«. Viel deutlicher aber deutet es sich an, nachdem schon vom Zerfallen der Schneeleute die Rede war. Nach den Worten »ich eile nicht zu Hilfe«, und vielleicht als Begründung dieser Worte, heißt es:
»Vielleicht sprechen sie/das Mailändische/schöner als ich, es soll nicht ans Licht kommen.«
Fragt sich, was das Mailändische in diesem Gedicht sein soll. Das könnte man eigentlich am besten die Dichterin selbst fragen. Als spezifischer italienischer Dialekt könnte es ihr kaum so intensiv aufgefallen sein, daß sie jetzt einzig und allein deshalb »das Mailändische« sagt. Vielleicht ist es, zumindest unter anderem, *auch* eine querlaufende Assoziation, vielleicht bedeutet es auch *Mai*, den ersten Monat ohne »R« und ohne Schnee. Vielleicht ist *das Mailändische* eine Sprache des ganzen Bereiches ohne »R«, also mindestens Italiens, des Südens, der Wärme, des Frühlings? Und darüber hinaus einer dieser Orte, wie Dover in einem ihrer Prosatexte? Ganz zuletzt aber, wenn es heißt, daß das Licht die Schneeleute »leicht/genommen hat«, sagt sie auch noch, daß das Licht *sie* genommen hat »mit allem, was sich da/zwischen mailändisch/und mailändisch verbirgt« und sie fügt hinzu, ganz einfach, gerade dadurch erschütternd und erschüttert: »dann auch mit mir«. Zuletzt also teilt sie doch das Schicksal der vergänglichen Schneeleute.
Nicht *alle* Gedichte dieses Bandes haben den Grundton Verzweiflung. Eines der ersten, *Marianne*, das den Titel *und* dem Inhalt nach eine konkrete, an einen bestimmten Menschen anknüpfende Kommunikation ist, sucht und vermittelt *Trost*.
Aber das ist in diesem Band eher eine Ausnahme.
Häufig sind Fragegedichte oder Fragen *in* Gedichten, Fragen sehr verschiedener Art. In dem Gedicht *Mägdemangel* heißt es:
»Wer hilft uns noch,/wer läßt der Sonne jetzt/ihr leichtes Spiel?/ Sind wir von Baum zu Baum/allein geblieben/oder bewegen sich die Schatten/diese Tröster,/aus ihren Netzen/bald herab zu uns?«
Das sind trostlose verlassene Fragen, nicht zuletzt, weil die tröstenden Schatten, die vielleicht bald aus ihren Netzen zu uns herabkommen, eine so unheimliche Ähnlichkeit mit Spinnen haben. Aber auch schon der Anfang des Gedichts: »Wer bleibt den Felsen auf der Spur,/ wer säumt die Gräser,/wer riegelt uns die Plätze/jenseits der Straßen ab?« besteht aus Fragen. – Nicht alle gleicher Art. »Wer bleibt den

Felsen auf der Spur« ist eine ganz andere Art Frage als etwa »Wer hilft uns noch«.
In anderen Gedichten tauchen Fragen auf, die stark an Fragen in Hans Arps Gedichten erinnern, etwa in seiner *Klage um Kaspar*. »Wer ißt nun mit der ratte am einsamen tisch, wer verjagt den teufel, wenn er die pferde verführen will. Wer erklärt uns die monogramme in den sternen.« Oder: »Wer trägt nun die brennende fahne im zopf. Wer dreht die kaffeemühle. Wer lockt das idyllische reh.«
Ilse Aichingers Gedicht *Bobingers Klage* hat folgenden Text:

> Meine Freunde sind ausgegeben,
> zwischen den Blättern und Ästen
> verlor ich sie.
> Wer löst mir das Bild,
> wer holt ihre leichten Gestalten
> neu aus dem Regen hervor,
> wer fängt ihnen Wolkenhauben,
> wer dreht mir die Sonnenuhr?

Die Ähnlichkeit mit Arps Fragen in seiner *Klage um den Tod des guten Kaspar* ist unverkennbar, aber dennoch bleibt in Arps Fragen in der ausufernden Unmöglichkeit ihrer Zusammenstellung etwas *mehr* verzweifelte Lustigkeit.
Wobei wir vielleicht bedenken sollten, daß es sich bei scheinbar sinnlosen Fragen, wie bei allem, was in den Bereich des Nonsensgedichts oder Unsinnsgedichts hineinspielt, um eine tiefe Verzweiflung an der Sinnhaftigkeit des Tuns und Treibens dieser Welt handeln kann, bei Christian Morgenstern und Hans Arp genau wie bei Ilse Aichinger oder bei Günter Bruno Fuchs.
Zu dem Gedicht *Bobingers Klage* sei hier noch erwähnt, daß der Anfang:

> Meine Freunde sind ausgegeben,
> zwischen den Blättern und Ästen
> verlor ich sie

ja sogar die zwei Rätselfragen der nächsten drei Zeilen:

> Wer löst mir das Bild,
> Wer holt ihre leichten Gestalten
> neu aus dem Regen hervor,

ihre Lösung möglicherweise in dem unmittelbar vorhergehenden, aber ebenso langen Gedicht finden, das im Buch links von Bobingers Klage auf der gegenüberliegenden Seite abgedruckt ist und *Kartenspiel* heißt.

> Die schwarzen Winkel vergessend,
> Gesichter
> und das Gold unter der Mauer,
> wir lassen alles dahin,
> die Schaukel mit den Eisenmännern,
> die Muster, die uns blind machten,
> und unter der Küchenbank
> ein Nashorn, vom Lichte erwärmt.

Vielleicht sind die ausgegebenen Freunde, verloren zwischen den Blättern und Ästen, einfach Spielkarten, freilich Spielkarten als Symbol für das Spiel des Lebens, in dem wir Karten, Spieler, Einsatz und fragende Beobachter unserer Umgebung sind, alles zugleich.
Mitten in dem kurzen Gedicht gibt es die Formulierung: »Wir lassen alles dahin.« Ungewöhnlich im Deutschen, eine Zusammenziehung aus »wir lassen« und vielleicht auch aus »dahin fahren lassen« (Ich denke z. B. an die Zeile »laßt fahren dahin« aus Luthers »Ein feste Burg ist unser Gott«), aber trotz der Ungewöhnlichkeit sofort völlig verständlich. Und was wir dahinlassen, ist »die Schaukel mit den Eisenmännern«, was allenfalls noch an Arp erinnern könnte, dann aber sind es »die Muster, die uns blind machten«. Das ist schon todernst und wirft die Frage auf, ob nicht vielleicht auch schon die Eisenmänner recht ernstgenommen werden könnten, z. B. als gepanzerte Krieger, und schließlich, wieder an Arp erinnernd, surrealistisch oder dadaistisch: *unter der Küchenbank/ein Nashorn, vom Lichte erwärmt.*
Entschieden kein Verzweiflungsgedicht, auch abgesehen vom heiter anmutenden Schluß, dem vom Licht erwärmten Nashorn unter der Küchenbank. – Freilich, so ganz heiter auch wieder nicht. Immerhin ist das Nashorn nur ein Teil der Aufzählung dessen, was wir lassen – dahinlassen – müssen. Und was an Heiterkeit da zu sein scheint, ist vielleicht nur das Ergebnis einer zeitweiligen Verdrängung. Nicht umsonst beginnt das Gedicht programmatisch mit den Worten: »Die schwarzen Winkel vergessend.«
Aber wenn schon das vom Licht erwärmte Nashorn unter der Küchenbank etwas Märchenhaftes hat, so finden sich in einem anderen

Fragegedicht die Märchenfragen noch viel deutlicher: Es heißt: *Winterantwort* und ist das zweite Gedicht im Band. »Großmutter, wo sind deine Lippen hin?« Nicht der *Inhalt* dieser und der folgenden Fragen, wohl aber die Form der Frage an die Großmutter – und auch der Wald – erinnern (wohlgemerkt nur auf *einer* der vielen Ebenen dieses überdeterminierten Gedichtes) an das Märchen von Rotkäppchen und dem Wolf, den es für seine Großmutter hält. Vier Seiten später in diesem Gedichtband findet sich das Gedicht *Widmung*, in dem es heißt:

> Wir ließen uns sacht die Monde hinunter,
> und läge die erste Rast noch bei den
> wollenen Herzen,
> die zweite fände uns schon mit Wölfen
> und im Himbeergrün

Die Lebens- und Sterbensreise, von der auch in diesem Gedicht die Rede ist, kann also durchaus durch eine Märchenlandschaft mit gefährlichen Wäldern, Wölfen und (der Form nach rotkäppchenhaften) Fragen an die Großmutter stattfinden. – Diese Fragen aber, in dem vorhin zitierten Gedicht *Winterantwort*, sollen jetzt noch etwas genauer angesehen werden.

> Großmutter, wo sind deine Lippen hin,
> um die Gräser zu schmecken,
> und wer riecht uns den Himmel zu Ende,
> wessen Wangen reiben sich heute
> noch wund an den Mauern im Dorf?

Ich will nicht unterlassen, einen pedantischen Einwand zu erwähnen, den ich beim Vorlesen dieses Gedichtes einmal gehört habe: »Man schmeckt doch nicht mit den Lippen, sondern mit der Zunge, vielleicht auch mit dem Gaumen.« – Dagegen ist natürlich zu sagen, daß ein *Kind* findet, man schmeckt mit dem Mund. Der Mund ist ihm vor allem durch die Lippen gekennzeichnet. Die Frage, wie anatomisch falsch gestellt sie auch sein mag, ist also als Kinderfrage an die Großmutter ganz richtig. – Doch weiter: Wenn die Großmutter keine Lippen mehr hat, ist sie vermutlich tot, ein Schädel. Und tatsächlich wird hier die Welt von einer Stelle schon jenseits der Sinnesorgane her betrachtet »keine Augen mehr, um die weißen Wiesen zu sehen« (Weiß vom Schnee, das Gedicht heißt ja *Winterantwort*). Keine Ohren, und vermutlich wie aus der Frage nach dem Zu-Ende-Riechen des Him-

mels und den Wangen hervorgehen dürfte, auch keine Nase und keine Wangen mehr... Der finstere Wald, die Kinder, die an seinem Rand wohnten, kommen wieder ganz und gar aus dem Märchenreich, archetypisch, auch dann, wenn es längst nicht nur der Kindermärchenwald ist, sondern auch der gefährliche Wald, in den sich Dante am Anfang seiner Reise durch die Unterwelt auf halbem Weg des Menschenlebens verschlagen findet.
Stimmt die Antwort, daß der Wald nicht finster ist? Ja und nein. Sie stimmt, wenn diese Welt aus dem Stoff ist, der Betrachtung nicht nur mit den Sinnesorganen verlangt. Aber wie ist es mit Betrachtung nach Wegfall der Sinnesorgane, wenn es keine Augen, keine Ohren, keine Lippen mehr gibt? Betrachtungen *nach* diesem Leben? Hier verlieren wir uns in metaphysische Bereiche. Ich könnte natürlich sagen, daß ich mir vorbehalte, falls wir uns nach dem Tod wiedertreffen, noch weitere wichtige Ergänzungen zur Erklärung dieser Texte vorzuschlagen; – aber auch vielleicht noch diesseits des Todes *aller* von uns gäbe es da eine Bemerkung zu machen: Nämlich diese Gedichte sind von der Art, die von einigen Überlebenden *nach* einem Atomkrieg, falls es die gibt und falls sie noch an Gedichte denken, leichter und besser verstanden werden könnte als heute. Dies nur nebenbei.
Ich will auch nebenbei darauf hinweisen, daß die Gestalt der Großmutter, als Bezugsperson, die stirbt, auch in Ilse Aichingers Roman *Die größere Hoffnung* eine wichtige und ebenso inhaltlich wie literarisch bemerkenswerte Rolle spielt.
Mit diesem Hinweis will ich ganz bewußt auf Querverbindungen aufmerksam machen. Man kann das Werk einer Dichterin wie Ilse Aichinger im Grunde überhaupt nicht verstehen, ohne solcher Querverbindungen zumindest eingedenk zu sein. Die Querverbindungen verbinden Prosa, Gedichte, Hörspiele sowohl als ein Gedicht mit dem anderen. Erinnern wir nur noch einmal an das Gedicht *Widmung* und die Zeile: »die zweite fände uns schon mit Wölfen und Himbeergrün«, so finden wir im unmittelbar vorhergehenden Gedicht *Außer Landes* die Erwähnung von Orten »mit ihrem Himbeergesträuch«. Daß zwischen diesen Texten irgendein Zusammenhang bestehen muß, ist anzunehmen. Aber zu glauben, daß Himbeergrün und Himbeergesträuch für Ilse Aichinger nur irgendeinen mystischen oder gar künstlich ausgeklügelten Stellenwert oder Symbolwert haben müssen, wäre wohl vorschnell. Ich glaube, sie fußt auf vielen starken Eindrücken, die sie von ihrer Umgebung tatsächlich empfangen hat, teils, vielleicht sogar vor allem, Eindrücken aus der Kindheit, die deshalb

paradigmatisch werden konnten, aber vielleicht auch Eindrücken, die später erlebt oder doch neu aufgefrischt und bestärkt wurden, etwa, wenn sie sie mit ihren Kindern wiedererlebte. Ich will jetzt noch ein ganz anderes Beispiel für solche Bildursprünge aus der wirklichen Kindheitsumgebung geben: Das Gedicht *Die trüben Stunden nutzend* lautet:

>Laß das Gelichter
>auf den Feldern rasten,
>im Dunst, der aufsteigt,
>denn nichts leuchtet dir.
>Die Grottenbahnen auf den Hügeln
>sind jetzt geschlossen,
>die Rüben lange aus der Erde,
>die Kinder fort.
>Die Blumenflechter sind die letzten,
>die noch blieben,
>sie brennen Öl,
>mit ihnen läßt sich reden.

Da haben wir die Zeilen: »Die Grottenbahnen auf den Hügeln sind jetzt geschlossen.« Manche Leser könnten da ohne weiteres etwa an Hügel mit Tropfsteingrotten denken, durch die Bahnen führen, die aber jetzt, vielleicht weil es Nacht ist, geschlossen sind. Natürlich, wer die Wiener Umgebung der jungen Ilse Aichinger kennt, wird diesen Fehler nicht machen, sondern genau wissen, was die Grottenbahn im Prater bedeutet. Es liegt nahe, daß viele Bildelemente in diesen Gedichten ähnlich zustande kamen, auch wenn ihre Spur nicht so leicht verfolgbar ist wie die der Grottenbahnen.

Dieses Gedicht *Die trüben Stunden nutzend* steht im Band als übernächstes nach dem Gedicht *Widmung*, in dem eine erste, zweite und dritte Rast beschrieben wird. Die erste Rast »noch bei den wollenen Herzen, / die zweite fände uns schon mit Wölfen / und Himbeergrün« – Hier, in diesem Gedicht nun, soll man »*das Gelichter auf den Feldern rasten*« lassen und dann erkennen, daß nichts mehr leuchtet, daß die Grottenbahnen geschlossen sind, die Rüben geerntet, die Kinder fort sind. Es ist eine ziemlich verlassene Welt, wieder eine Landschaft der Trauer, nicht weit von Verzweiflung. »Die Blumenflechter sind die letzten, / die noch blieben«. Blumenflechter? Das sind vielleicht Flechter von Grabkränzen. – Sie brennen Öl, / mit ihnen läßt sich reden. – Das könnte sich auch auf Ölöfchen beziehen, wahrscheinlich

ist aber an Öllampen gedacht, eine uralte und fast so trübe Beleuchtungsart, wie das innere Licht. Öllampen, die auch auf Gräbern brennen. Eine Beleuchtungsart, die Transzendenz-Tendenzen Vorschub leistet und übertragenen Bedeutungen, und mit solchen operieren diese Gedichte immer wieder. .
Das kurze Gedicht, das in diesem Gedichtband darauf folgt, heißt *Dorfweg:*

> Die Stare lästern im Herbst,
> und manchmal höre ich die Türen
> zweimal schlagen,
> einmal davon im Traum.
>
> Wer gab uns die Bilder,
> die roten Äpfel
> im Garten des Kohlenbrenners,
> ungereimt, aber gesonnen zu
> unterliegen mit uns.

Dieses Gedicht könnte zum Teil geradezu zur Bestärkung dessen dienen, was wir zuvor zu erarbeiten suchten. Wurde im vorigen ein bedeutungsträchtiger Beruf erwähnt, die Blumenflechter, so befinden wir uns diesmal im Garten des Kohlenbrenners. Und dieser ebenfalls schon archetypische Beruf kommt in einem Satz vor, der geradezu nach der Herkunft der Bilder fragt, zuletzt aber auch etwas über die Funktion dieser Bilder aussagt: »Wer gab uns die Bilder, / die roten Äpfel / im Garten des Kohlenbrenners, / ungereimt, aber gesonnen zu unterliegen mit uns.«
Es wird ausdrücklich gesagt, daß die Bilder ungereimt sind, und es wird ausdrücklich gesagt, daß die Tendenz dieser Bilder nicht ist, irgendeinem lehrhaften oder politischen Zweck zu dienen, irgendein positives Ziel zu erreichen. Ihr Sinn ist, »zu unterliegen mit uns«.

Sprengen wir hier nun wenigstens einmal den Rahmen, den diese Ermittlung sich gesteckt hat, um die wichtige Frage zu stellen, ob das denn wirklich nur ein »Unterliegen« ist. Die Frage stellen heißt sie verneinen. Ein Unterliegen, das nicht auch der Entfremdung unterliegt, der Verdinglichung, ein Freibleiben davon, sei es auch um den Preis des Unterliegens, ist kein völliges, kein wirkliches Unterliegen. So wie schon in dem Buch *Die größere Hoffnung* Ellen und ihre Großmutter und all die anderen Unterlegenen nicht die wirklichen

Unterlegenen waren. Ein Trost, der nicht genügt, und doch ein Trost.
»ungereimt, aber gesonnen zu unterliegen mit uns«
Auch deshalb gesonnen zu unterliegen mit uns, weil sie sich um keinen Preis einen Reim auf das machen wollen, was gegen uns steht, weil sie sich nicht mit einem Reimwort einfügen und anpassen wollen, weil hier Kritik an dieser Welt geübt wird, die darum, weil sie nicht tagespolitisch ist, um nichts weniger radikal ist. Als dieser Gedichtband *verschenkter Rat* erschienen war, hat Gisela Lindemann, eine der genauesten, sensitivsten unter den Interpreten deutscher Lyrik, in ihrer Rezension in der *Zeit* (20. Oktober 1978) auch *da*rauf hingewiesen. (Vgl. S. 231 ff)
Sie nimmt ein vierzeiliges Gedicht zum Anlaß:

Nachruf

Gib mir den Mantel, Martin,
aber geh erst vom Sattel
und laß dein Schwert, wo es ist,
gib mir den ganzen.

Es ist nicht das erste Mal, daß St. Martin in deutschen Versen *nicht* getreu der Legende angegangen wird. Vielleicht kannte auch Ilse Aichinger die Bettelreime.

Sankt Martin, der du dem Bettelmann
deinen halben Mantel teiltest,
ach, wenn du mir doch dann und wann
meinen ganz zerrissenen heiltest!

Aber Ilse Aichingers Gedicht ist radikaler. Gisela Lindemann trägt der Schärfe der Dichterin Rechnung und sagt: »Zu Grabe getragen wird eine Heldenlegende.« Sie sagt auch: »Für Begütigung und Akklamation ist keine Zeit mehr, denn auf die Gewährenden ist kein Verlaß... Der glänzende Ritter, dem erst der Bettler zu seinem Glanz verhalf, ist dem ›plebejischen Blick‹ ausgesetzt, er steht nun eher halbherzig da und mit zu groß geratener Geste. Mißtrauen gegen seine Güte ist angezeigt, das Anrecht auch des Schwächeren wird eingeklagt. Das Wort Schwert ist ein anderes in diesem Gedicht als das Wort Schwert in der Legende; auch hoch zu Roß heißt hier etwas anderes als dort.«

Ganz ähnlich zeigt Gisela Lindemann auch im Gedicht *In und Grimm* die unerbittliche Kritik, die Anklage, aber auch, wie die zwei Wörter »In« und »Grimm«, deren Verlust das Gedicht beklagt, gerade durch diese Klage wieder gerettet werden.
»Wo warst du«, fragt Ilse Aichinger keinen Geringeren als den *jüngsten Richter*, wenn er kommt:

> Auf euch will ich mich versteifen,
> wenn der jüngste Richter kommt
> und will ihn fragen:
> weshalb hast du mich nicht geweckt,
> damals im Juli,
> wo warst du,
> als die beiden Wilden ertranken,
> meine Rotfelle und deine,
> von denen eines hoffte,
> das andere nicht?

Die Rezensentin zeigt vieles anhand dieses Gedichtes, wie Ilse Aichinger »den entferntesten Fluchtpunkt beschwört, den je Menschen erdacht haben«, daß sie immer die List ihrer Gedichte, das gleichsam kindliche, scheinbar verspielte Durchschauen der Welt (wieder wie in dem Buch *Die größere Hoffnung*) immer aufs Ganze geht, daß sie nur so ihre zwei Wilden, deren Verlust sie beklagt, vor der Welt der Planierer, die den Ingrimm entwertet haben, wieder retten kann, – ›wieder wild machen‹ möchte ich hinzufügen. Und ich möchte vielleicht auch noch hinzufügen, daß sie – zum Unterschied etwa von Karl May, (laut Ernst Bloch dem deutschen Indianerutopisten) nicht Rothäute sagt, sondern Rotfelle, vielleicht weil es ja nicht Menschen sind, sondern Wörter, und möglicherweise auch, weil das Gedicht nicht nur von heute handelt, sondern auch von gestern und morgen, von Fällen, die schon vorgefallen sind, und von solchen, die erst fällig werden.
Hier könnten die Erklärungen und Deutungen weitergehen. Wir sind weit davon entfernt, alles in ihnen erklären zu wollen. Ich bezweifle auch, ob es Absicht der Dichterin war, alles zu erklären, alles auszuplaudern, was in ihr anklang. Aber durch die Querverbindungen der Worte und Bilder, durch das, was eines über das andere immerhin aussagt, sind wir vielleicht doch in der Lage, ein wenig besser zu erkennen, was uns in der Landschaft dieser Gedichte anspricht, vielleicht bewegt, vielleicht nur betroffen und traurig macht. Man kann

Gedichte mehrmals lesen, mehrmals sich durch den Kopf gehen lassen, manchmal mehrmals hören, im Wachen und vielleicht auch anders – so wie Ilse Aichinger gesagt hat: »und manchmal hörte ich die Türen zweimal schlagen / einmal davon im Traum.«

Über »Kleist, Moos, Fasane« (1987)

ELSBETH PULVER

Die äußerste Bedrängnis – die äußerste Geborgenheit

1

Sie hat in den letzten Jahren wenig veröffentlicht, wenig geschrieben wohl auch; fast zehn Jahre ist es her seit ihrem letzten Gedichtband (*verschenkter Rat*, 1978), noch mehr seit der letzten Prosa (*schlechte Wörter*, 1976). Und doch ist ihr Name noch da (auch das gibt es also in einer im Vergessen geübten Zeit!) – als ein Garant eines zugleich verläßlichen und zauberhaften Umgangs mit dem Wort. Das Wort »verläßlich« aber darf man bei Ilse Aichinger nur brauchen in engster Verbindung mit »unsicher«, »durchscheinend«, »fragil«. In ihrem neuen Buch gibt es eine Aufzeichnung aus dem Jahr 1953, wohl eine Beobachtung, die sich tief einprägt:

> Die vier Wände aus Rauch.
>   Wie das Aufgelöste stumm erhalten bleibt. Die Form.
> Schatten auf den Dächern.

Beschreibt sie hier, im genauen Hinsehen, das Haus, in dem sie wohnen könnte, ein Haus mit immateriellen, deshalb besonders dauerhaften Wänden? Oder steigt im Rauch eines kühlen Tages noch einmal, und nicht zum letztenmal, die Erinnerung an die Kriegsjahre auf, in denen sie, als Jüdin, doppelt gefährdet war? Daß Gefährdung und Geborgenheit zusammengehören bis zu einer unheimlichen Vertauschbarkeit – das ist ein Generalthema dieses dichterischen Werks.
Vor Jahresfrist hat der Fischer-Verlag – in dem alle Bücher von Ilse Aichinger erschienen sind: auch dies gehört zu der beiläufigen Konstanz ihres Werks – im Rahmen seines klassischen Programms zum

Hundert-Jahr-Jubiläum eine Auswahl ihres Werks herausgegeben, mit dem ersten Roman von 1948, *Die größere Hoffnung*, und den Erzählungen und Gedichten, die sie bis Ende der siebziger Jahre geschrieben hat. (Eine Klassikerin zu Lebzeiten, aber doch nicht mit der Würde und Bürde einer Gesamtausgabe.) *Kleist, Moos, Fasane*, die Publikation dieses Herbstes, wirkt wie eine Ergänzung dazu, eine überraschende, erweiternde: eine Sammlung von bislang ungedruckten oder an entlegener Stelle gedruckten älteren und neuen Texten. Auf knappen hundert Seiten ein Gang durch ein Schriftstellerleben: Ein erster Abschnitt enthält Erinnerungen, vor allem an die Kindheit; ein zweiter aphorismenartige Aufzeichnungen von 1950–1985; ein dritter Poetologisches aus dem letzten Jahrzehnt, gesprochen und geschrieben bei verschiedenen Anlässen, vor allem bei der Entgegennahme von Preisen.

Ein Buch, wie man es gerade von Ilse Aichinger nicht erwartete – und wie es nun, umgekehrt, gerade bei ihr gelingen konnte wie bei kaum einem anderen Autor: als Einheit in der Vielfalt der Formen, Einheit in der Tonlage, in der Intensität. Ob es, gerade in seiner Vielfalt, ein guter Anfang sein könnte für Leser, die bisher am Namen Ilse Aichinger vorbeigegangen sind, oder ob die Lektüre reicher wird, wenn sich Beziehungen zu anderen Werken assoziativ herstellen lassen, das soll als Frage offen bleiben. Vermutlich ist man gerade bei dieser Autorin immer, bei jedem neuen Werk und bei jedem Wiederlesen, ein Anfänger, ein überraschter, verzauberter, verstörter – und nur so ein einigermaßen tauglicher Leser.

2

Man kann sich Ilse Aichinger schwer auf dem Frankfurter Poetik-Lehrstuhl vorstellen; sie hat ihr Werk weder mit Selbstinterpretationen noch mit Theorie begleitet, sich auch zum Werk anderer Autoren nur selten geäußert, nur dann, wenn es ihr »abverlangt« wurde (Texte zu Trakl, Kafka, Nelly Sachs, Stifter befinden sich im dritten Abschnitt des neuen Buches). Poetologie ist bei ihr Bestandteil des Werkes, und kein unwichtiger; und im Werk enthalten ist vermutlich auch ein lautloses Gespräch mit anderen Autoren. Sie hat die poetologischen Elemente in ihren Texten auch keineswegs versteckt, sie sogar im Titel sichtbar gemacht: *schlechte Wörter*, heißt ein Prosatext, *Meine Sprache und ich* ein anderer. Die poetologischen Texte in *Kleist, Moos, Fasane* sind nur um Nuancen anders, vielleicht ein wenig direkter; wichtig ist, daß in diesem dritten Abschnitt des neuen Bandes bislang an weit auseinanderliegenden Stellen Publiziertes in Zusammenhang zu lesen ist.

Eine besondere Kostbarkeit sind die knapp anderthalb Seiten, die unter einem Joseph Conrad entliehenen Motto stehen: *Nur zusehen – ohne einen Laut:* eine Poetologie, die Sprache aufhebt im Schweigen und sie aus diesem neu gewinnt, mit Worten, die so unverrückbar und so leicht gesetzt sind, wie man das sonst nur in Gedichten findet. Es ist die Poetologie einer Spätzeit, in der »alles erzählt und nichts angehört wird«, aber auch des Widerstands gegen das Wortgestöber einer alexandrinischen Zeit, eines Widerstands, der nichts weniger verlangt als dies: »Um wieder notwendig zu werden, müssen sie (die Wörter) die Lautlosigkeit zurückgewinnen, aus der sie entstanden sind.« Um einen Neuanfang also geht es, um die Herstellung jenes Zustands der Lautlosigkeit, der das erste Wort entsprang. Was für ein Anspruch – an sich selbst, an das Werk, an die Sprache; aber es ist ein Anspruch, der das Innerste betrifft, nicht den äußeren Erfolg! »Der Ehrgeiz, nicht ehrgeizig zu sein, ist ein großer Ehrgeiz«: Der Satz steht bereits unter den aphoristischen Notaten des Jahres 1950.

Wie diese Wörter aussehen sollen, dafür gibt es kein Programm, kein Kommando – wohl aber Zeichen. »Ich gebrauche jetzt die besseren Wörter nicht mehr«, heißt der erste Satz von *schlechte Wörter*. *Flekken* (der Titel eines anderen Prosastücks des gleichen Bandes) könnte ein Wort sein, das nicht zu den besseren gehört; »Schnee« und »Heu« wären andere Beispiele. Von ihnen ist im letzten Text des Bandes die Rede – in einer zugleich dichten und spielerisch leichten Prosa.

3

Wörter, die der Lautlosigkeit entstammen – nirgends finden sie sich im gleichen Ausmaß und in der gleichen Selbstverständlichkeit wie in der Kindheit, wo sich der Vorgang der Sprachfindung bei jedem Individuum neu vollzieht. Bei Ilse Aichinger spielt die Kindheit wie bei kaum einem anderen Autor eine zentrale Rolle, als Erinnerung, als Perspektive, als Lebensraum, dem die Dichtung entstammt, in Bildern und Klängen, die so alogisch und gleichzeitig so stimmig sind wie der wunderbare Dreiklang der Titelerzählung, dies zauberhafte *Kleist, Moos, Fasane*: Es überzeugt, sogar wenn man sich nicht vergewissert, daß die Wörter Namen benachbarter Straßen sind.

Und doch ist Ilse Aichinger, wiederum wie wenige andere, von ihrer Kindheit mit einer unwiderruflichen Härte abgetrennt worden, indem sie, als Halbjüdin, im Krieg zu einer doppelt Gefährdeten wurde. Was sie, später, über ihre Kindheit schrieb, mußte der Erfahrung einer äußersten Bedrohung standhalten, ja diese bereits einschließen, wie es der erste Roman *Die größere Hoffnung* (1948) tut: als eine Darstellung der Kriegsjahre aus der Sicht eines zunehmend vereinsamenden, zunehmend ausgesetzten Kindes, aus kindlicher Perspektive also und oft in märchenhaften, aber nie verharmlosenden Formen. Eines der Bücher jener Jahre, denen die Zeit nichts anhaben konnte – weil es den Krieg nicht als eine zeitbedingte Katastrophe darstellt, der möglichst rasch eine neue Solidität folgen muß, sondern als conditio humana, der allein die »größere Hoffnung« auf eine bessere Welt entspringen kann.

Mit diesem Roman haben die im ersten Abschnitt von *Kleist, Moos, Fasane* versammelten, eng zusammengehörigen Prosastücke viel zu tun, in Verwandtschaft und Gegensatz. Ähnliche Motive tauchen auf, aber nicht die märchenhafte Form; der Ton ist sachlicher, trockener, die Sprache nicht weniger dicht. Das gelingt wohl nach wie vor nur wenigen Autoren: das Erwachsenwerden darzustellen an einer einzigen Erfahrung und deren Verwandlung, konzentriert auf einen Punkt und doch universell. Nur in der Kindheit, so steht es in einem Text mit dem fast bedrohlichen Titel *Vor der langen Zeit*, nur in der Kindheit erlebt man Weihnachten wirklich an Weihnachten, fallen Erlebnis und Ereignis, Wort und Sache zusammen; nachher trennt sich beides, auf einmal findet das Erlebnis lange vor dem Tag, vor dem richtigen Datum, statt, aus Angst wohl, die Erfahrung zu versäumen; das Bewußtsein bricht die Welt auseinander in Innen und Außen. Und erst im Krieg, in der größten Gefährdung, fällt beides wieder zusammen, das Erlebnis und der Tag, findet Weihnachten wieder an Weihnachten statt. »Denn vermutlich hat die äußerste Bedrängnis mit der äußersten Geborgenheit mehr zu tun als das Mittlere mit beidem von ihnen.« Zusammenfall von Geborgenheit und Gefährdung: das geheime Zentrum in einem dichterischen Werk, das keine Mittellagen, nur Grenzbereiche und deren Verbindung im Paradoxen kennt.

4

Fünf Jahre nach dem Krieg, als schon feststeht, daß die größere Hoffnung sich nicht erfüllt, dagegen eine neue Stabilität aufgebaut wird, setzen die Aufzeichnungen ein, welche den zweiten Abschnitt von

Kleist, Moos, Fasane ausmachen: die große Überraschung, ja Sensation des Buches – nicht nur mit neuen, sondern mit neuartigen Texten. Sätze und Wortgruppen stehen gleichsam im Leeren, ohne Übergänge zueinander; die Lautlosigkeit, die sie umgibt und der sie entstammen, ist deutlich fühlbar. Als Titel nur Jahrzahlen, darunter manchmal zwei Seiten, manchmal ein einziger Satz (1972: »Die Gleichgültigkeit einüben«, eine unheimliche Wortfolge, auch für den, der nicht weiß, daß in diesem Jahr Günter Eich gestorben ist). Aphorismenartige Texte, kleine, perfekte Parabeln, Beobachtungen. Man mag sich dabei an die Aufzeichnungen Canettis in *Das Geheimherz der Uhr* erinnern – insofern, als man sich bei beiden Autoren mit der Benennung der Aufzeichnungen schwer tut und zugleich weiß, daß eine solche unwichtig ist, da die gewählten Formen sich gegen jede Form sträuben – und auch, weil die Sätze sich so schlecht zum Zitieren eignen, indem sie Vertrautes weder bestätigen noch bestreiten: Sie gehen ihren eigenen, einen verunsichernden Weg. Aber dann verzichtet man, wie immer bei Ilse Aichinger, auf jeden Vergleich, überläßt sich den Sätzen. Wie Wegzeichen muten sie an, mit denen jemand sich einen Weg im Unwegsamen markiert, als ob die Zeichen, die man im Gehen setzt, auch die künftigen Schritte leiten könnten. In immer neuen Sätzen und Wortgruppen ein unermüdliches Sich-Einüben in die Paradoxie, in den Aufenthalt in Grenzbereichen, wo jäh der Umschlag ins Gegensätzliche erfolgt. »Es sind zuletzt die Tröstungen, die uns untröstlich machen«, heißt es. Oder, fast ein Befehl: »Jeden Tag die Verzweiflung neu erwerben, aus der der Mut kommt.« An Robert Walser erinnert der Satz »So fremd wie das Unbekannte kann das Bekannte nie werden. Und das Ungeliebte nie so fremd wie das Geliebte.« Und blasphemisch könnte ein anderer wirken: »Vater, ich habe Trost gesucht vor dem Himmel und vor Dir.« Und dann, unvergeßlich, die Erfahrung aus Jahren der Bedrängnis: »Nichts erscheint so sehr Heimat als das, wovon man Abschied nimmt. Es scheint, daß der Abschied zuerst war. Auch Mütter werden zu Müttern im Augenblick der Trennung.« Und Schließlich, mit einem Anflug des bei Ilse Aichinger so seltenen, so wunderbaren Humors: »Wenn ich meine Angst und mich zusammen nehme, kann ich den pluralis majestatis anwenden.«

JOACHIM KAISER

Wunder-Worte

Es wäre absurd, dieses Buch zu rezensieren. Man kann nur darauf hinweisen, daß hundert einfache, verängstigte, klagende, rätselvolle Seiten von Ilse Aichinger herrlich scheu und herrlich sicher auf der Welt sind, damit diejenigen, die für eine solche Prosa bestimmt sein mögen, sie nicht versehentlich übersehen...
An sich stellt das Bändchen ein konfuses Ärgernis dar. Gesammelte Text-Krümel, gewiß nur vom Einband zusammengehalten und von der Chronik ihres Entstehens, die aber sonst wirklich keiner diskursiven Ordnung folgen, keinem vernünftigen Plan, keiner sinnstiftenden Notwendigkeit. Der Klappentext bemüht sich kaum, dieses Aichinger-Tohuwabohu zu kaschieren, sondern teilt einigermaßen ratlos-achselzuckend mit: »In diesem Band werden Ilse Aichingers Erinnerungen, Notate und Reden zusammengefaßt; er enthält sieben unpublizierte Texte, darunter die umfangreichen ›Aufzeichnungen 1950–1985‹.« Auch das Wort »umfangreich« muß da mit einem Korne relativen Salzes genommen werden. So brachte das Jahr 1972 hier nicht weniger, aber auch wirklich nicht mehr als folgende Notiz: »Die Gleichgültigkeit einüben.« Dann folgt bereits 1973 und darf über immerhin vier Zeilen fast schon stolz sein. Die zweite, beklemmende lautet: »Keine Zeit, um genug Angst zu haben.« Es gibt – könnten verständige Beurteiler des Buchwesens, realistische Kritiker oder süffisante Intellektuelle mit Recht sagen – nichts Hassenswerteres als solche Bücher.
Außer, man liebt sie...
Und was wäre an Ilse Aichinger so liebenswert? Daß sie von Geheimnisvollem sprechen kann, ohne aufzutrumpfen. Daß sie Magie herstellen kann, ohne damit imponieren zu wollen, ohne gar eine surrealistische Kafka-Maske daraus zu machen. Daß der Stoff des Lebens und Träumens und Grübelns unter ihren Händen radioaktiv wird. Als die Dichterin gleich nach dem Zweiten Weltkrieg mit ihrem Roman *Die größere Hoffnung* debütierte, da prunkte sie noch mit herrlich großen Metaphern. (Das halbjüdische Mädchen Ellen träumt in der Botschaft von einer Floß-Flucht über den Ozean nach New York, während welcher sie ein Haifisch tröstete, »wie nur ein Haifisch trösten kann«.) Damals hatte die junge Ilse Aichinger ihren Ton gefunden. Herber und älter werdend, unternahm sie den Versuch, ihn zu

verlieren, was ihr aber glücklicherweise ein wenig mißlang. Mittlerweile schreibt sie so gefährdet, reich und verhalten, daß man manchmal beim Lesen lächelt, so wie man über niemanden sonst in unserer Literatur glücklich lächeln kann. Darum nimmt man auch weniger ihr als sich selber übel, wo man leider nicht versteht.
Wenn Ilse Aichinger sich erinnert – etwa: der »Küche ihrer Großmutter« oder an den »1. September 1939« –, dann läßt sie das herrlich Nicht-Stimmige unberichtigt, unbelästigt. Trotzdem betreibt sie keinen Seltsamkeitskult. Sie kann ja nichts dafür, daß Großmutters Küche »eine unverheiratete Küche« war, daß sie in der Schule am 1. September 1939 (Kriegsausbruch) es keineswegs als sinnlos empfand, eine Szene aus »*Lady Windermeres Fächer*« zu übersetzen; daß eigentlich enorme Zeitumschichtungs-Manipulationen vorgenommen werden müßten, damit »Weihnachten wieder auf Weihnachten fiele«. Oder daß es ihr nicht gelingt, sich parallel »über die Ratten und über die Stoiker« lesend zu informieren. »Eines war mir zu wenig, und beides war mir zuviel.«
Aus Ilse Aichingers Zeilen spricht jüdisch-österreichische Melancholie, knappe Endzeit-Verzweiflung, Angst. »Ich kann getröstet nicht leben« – ein solcher 1962 notierter Satz scheint freilich alle zweifellos wichtigen Mitscherlichs dieser Welt auch wieder ein wenig unwichtig zu machen.
Seltsam berühren die Querverbindungen nicht nur zwischen vielen Sätzen dieser Sammlung, sondern auch zum Denken und Schreiben ihres Günter Eich. Der dichtete, beispielsweise, einmal: »Gestern wäre ein guter Tag zum Sterben gewesen.« In Ilse Aichingers schönem Text »*Von gestern*« heißt es: »Gestern starb ich.«
Natürlich werden auch ihr nicht alle Funde zu Trouvaillen: »Wir haben die Wahl zwischen Petrus und Judas: zu verleugnen oder zu verraten«. Das ist vielleicht schon zu griffig; und wenn Ilse Aichinger Inge Aicher-Scholls Ulmer vh preist, dann wird ihr die freundliche Wahrheit zur freundlichen Banalität.
Man muß vorsichtig sein. Ihre Rätsel-Notate bleiben manchmal, nachdem man sie beim ersten Lesen vielleicht gar nicht so bedeutungsvoll fand, unaustilgbar haften und gewinnen Eigenleben. Zuerst schien mir die Beobachtung: »Das Eigentliche des Traumes ist nicht sein Inhalt, sondern das Licht, in dem er geträumt wird. Dieses Licht bleibt, wenn man erwacht« doch ziemlich unüberzeugend und beiläufig. Und dann stieß mir zu, daß ich diese Feststellung weder zu leugnen noch zu vergessen vermag. Und falls der geneigte Rezen-

sionsleser sich erinnert, daß hier am Anfang die Rede davon war, in welcher Weise man »mit Recht« auf Ilse Aichingers Prosa reagieren könne, dann sei jetzt der Bezug zum letzten Text des Bandes, nämlich der Erstveröffentlichung *Schnee*, hergestellt: »Ich verdächtige alles, was man mit Recht sagen kann, schon lange. Entweder kann man etwas sagen, oder man kann es nicht sagen. Wenn man etwas nicht sagen kann, setzt man geschwind voraus, daß man es mit Recht sagen kann. Und da man von allem, was gesagt wird, das meiste nicht sagen kann, nimmt diese Redensart zu.« So ernst ist Ilse Aichinger. So (zunehmend) gefährdet, so unvernünftig-genial. Und was ihr zu Joseph Conrad einfiel, kann kein Mensch begreifen.

PETER HORST NEUMANN
Ein anderer Fleiß ist das Warten

In einer Rezension war zu lesen, dies sei ein »Verlegenheitsband aus Gelegenheitsarbeiten«. Jemand hatte zu schnell gelesen, und es war nicht »sein« Buch. Mir gehört es zu denen, die langsam zu ihren Lesern kommen, vielleicht um zu bleiben. Langsam in doppeltem Sinn, denn seit Ilse Aichingers letztem Prosaband (*schlechte Wörter*) sind elf Jahre vergangen, neun seit der einzigen Sammlung ihrer Gedichte (*verschenkter Rat*). Nur einmal hat sie ein Buch, ihr erstes, wirklich als Buch konzipiert – *Die größere Hoffnung*. Im März hat sie für diesen Roman den von einer Schülerjury verliehenen Weilheimer Literaturpreis erhalten, so unvermindert ist seine Wirkung nach vierzig Jahren. Alle späteren Bücher – und nun auch *Kleist, Moos, Fasane* – sind Sammlungen verstreut publizierter Texte, schmale Bücher, unumstößlich und darum an-stößig in jedem Satz.
Wer so er selbst ist in seinen Texten, muß wohl warten können auf die »Augenblicke der Sprache«, in denen das Kenntlichsein im Wahrwerden der Worte endlich gelingt. Spracharbeit ist immer auch ein Metier, gewiß, sie verlangt ihren Fleiß, und der mag sich dann auch in der Zahl von Büchern beweisen. Aber ein anderer Fleiß ist das Warten. In Ilse Aichingers Texten scheint jede Spur von Ungeduld getilgt. Viele ihrer Sätze leuchten, als seien sie durch die härteste Gegenströmung von Angst und Selbstbezweiflung hindurchgegangen, eine, die nicht anders zu passieren war. Das macht ihre Texte kostbar und gibt dem Wort »Sammlung« einen ganz anderen Sinn als »Verlegenheitsband«.

Zu den Autoren, die uns Sekundärliteraten die Zunge lösen, gehört Ilse Aichinger nicht. Wer sich dem Eindruck ihrer Sprache entzieht, könnte seine Fähigkeit zu geläufigen Sätzen verlieren.
Kleist, Moos, Fasane enthält sechs Erstveröffentlichungen und zehn Reprisen; das Titelstück wurde 1965 zuerst gedruckt. Es sind Texte aus 24 Jahren, einige »Aufzeichnungen« reichen bis 1950 zurück. Stilistische Veränderungen, was man Entwicklung nennt, sind mir nicht aufgefallen. Was immer die Texte unterscheiden mag, die Stimme ist dieselbe, sie scheint alterslos. Auch die Lust am überraschenden Stillagen-Wechsel wirkt in den späteren Texten so unverbraucht wie in den früheren: das leise Umschlagen der Zartheit in Härte, der Hoffnung in Trostlosigkeit, der Einsichten in Weigerungen, auch der Verlorenheit in trauernden Lebensmut und umgekehrt. Dies alles auf engstem Raum, oft in einem Satz, aber ohne Gedränge, in vollkommen gestischer Rede. (Auf die Frage nach einem Musikwunsch, nur einem, nannte sie Anton von Webern. Wer beide kennt, wird das einleuchtend finden.) Der Humor in den späteren Texten ist rauher, verzweiflungsstärker, närrischer geworden; man sollte ihn genauer untersuchen, die Humoristin Ilse Aichinger ist noch unentdeckt. Beispiele finden sich in jedem Text dieses Bandes, etwa im letzten, einer Meditation über *Schnee*: »Reden und Regen gehen in der Regel zu weit und bewirken meistens nicht, worauf es ankommt. Wenn es zur Zeit der Sintflut geschneit und nicht geregnet hätte, hätte Noah seine selbstsüchtige Arche nichts geholfen. Und das ist nur ein Beispiel.«
Die Sammlung ist dreigeteilt. Die erste Abteilung enthält autobiographische Erinnerungen: an die deportierte jüdische Großmutter, an den 1. September 1939 oder an die Weiße Rose. Herzbewegende Texte über die »Unaufhörlichkeit der frühen Zeit«, Mementos. In einem steht, auf die Zeit nach dem Ende des Krieges bezogen, der Satz: »Wir begannen zu studieren, Berufe zu ergreifen, wir begannen mit dem Versuch, unsere Hoffnung in Zukunft zu übersetzen.« Ob dieser Versuch gelang, sagt der Text nicht. Aber Sätze aus der zweiten Abteilung lesen sich wie Antworten darauf. Es sind Gedankensplitter, Selbstvergewisserungen, Zurufe, Aphorismen. Man kann sich daran müde und wieder wach lesen: »Alles, woran man glaubt, beginnt zu existieren.« – »Was verwirklicht wird, wird dem Wesen nach verändert. So schafft Gott Gleichgewicht zwischen den Wünschen.« – »Wir haben die Wahl zwischen Petrus und Judas: zu verleugnen oder zu verraten.« Keine erbaulichen Sätze, kaum zum Zitieren geeignet; man muß sie sich zustoßen lassen.

Im dritten Teil stehen Dankreden auf Trakl, Kafka und Nelly Sachs, bei Preisverleihungen gesprochen, eine kurze Betrachtung über Joseph Conrad, eine längere über Adalbert Stifter, an die sich *ZEIT*-Leser aus dem Jahr 1979 erinnern werden; auch zwei Texte auf Bilder von Helga Michie, Ilse Aichingers Zwillingsschwester. Man könnte diese Texte Verhältnisbestimmungen oder Annäherungen nennen, aber das wäre zu wenig gesagt, es sind Verwandtschaftsbeweise, Selbstbegegnungen im anderen, literarische Blutproben. In jedem trifft sie den Punkt, wo das Eigene als Fremdes und das Fremde als das ihr Vertrauteste evident werden.
Zum Beispiel Kafka. Durch wie viele Gespräche geistert sein Name! Die Titel einer ihm gewidmeten Weltsekundärliteratur füllen einige dicke Bände. Aber fast jede Schrift und fast jedes Gespräch bewegt sich von seiner unauslotbaren Angst davon, ja scheint sich fortbewegen zu müssen. Den Wurzeln dieser Angst ist das Nachdenken selten so nahe gekommen wie in Canettis Essay über Kafkas Briefe an Felice Bauer (*Der andere Prozeß*). In Ilse Aichingers kleiner Kafka-Rede kommt ein solcher Tiefblick zur Sprache. Er verdankt sich hier aber weniger einer Lektüre als einer Divination, die zu einer Weigerung führte: »...ich las Kafka nicht. Es kam mir vor, als hätte ich in der Wüste noch Wasser bei mir, aber die letzte Handvoll, die man nach dem Tod trinkt. Mir war, als erführe ich meinen Sterbetag, wenn ich zu dem kaum Vorhandenen, das ich von ihm wußte, auch nur noch einen Satz hinzufügte.« Sie nennt ihn »ein brennendes Seil über der mit den Jahren nachdunkelnden Welt«. Seine Existenz bedeutet ihr die »Unauflöslichkeit von Freude und Schrecken«.
Es ist die gleiche Art Selbstvergewisserung und Selbstbegegnung wie in den Reden auf Georg Trakl und Nelly Sachs, von der sie schreibt: »Sie stellt ihre eigene Schutzlosigkeit ohne Vorbehalt zur Verfügung und schützt uns damit.« Wer dies für möglich hält, wird finden, daß Ilse Aichinger eine von jenen wenigen Schriftstellern ist, die eben dies vermögen.

URS BUGMANN
Schreibendes Wiederbeleben der Kindertage

Kleist, Moos, Fasane, eine kleine Sammlung kurzer Texte, von Aufzeichnungen und Reden, verrät in ihrem Titel schon, wie beredt diese Texte aus dem Schweigen kommen. Es ist eine Wortfolge, die anrührt, ohne daß man zu sagen vermöchte, was sie sagt. Es sind Worte, die die eigenen Innenräume aufschließen, die Assoziationen wecken.
Der erste der kleinen Texte schlüsselt den Titel auf. *Kleist, Moos, Fasane*, das ruft Erinnerungen hervor und ist zugleich von der Art, wie Kindheitserinnerungen die Zeiten überdauern: »Daß Kleist mit Fasanen zusammenhing, mit Moos und mit der Bahn, wer hätte es sich träumen lassen, wenn nicht er selber und die Kinder dieser Gegend, die in der Moosgasse wohnten, in der Fasangasse, in der rechten und linken Bahngasse.«
Was Ilse Aichinger festhält, sind keine Idyllen aus versunkenen Kindertagen, es sind Erlebnisse, die manchmal nicht einmal präzise als ablaufende Geschehnisse zu fassen sind. Stimmungen und Gestimmtheiten sind es vielmehr, die sich noch immer an Gerüche vielleicht oder an Farben knüpfen, und die noch als Erinnerungen das bewahren, was sie dem Kind über die Sensation des Augenblicks hinaus waren.
Daß solch schreibendes Wiederbeleben der einstigen Kindertage zur leeren Idylle wird, das verhindert schon die Zeit, in die die Erinnerung zurückführt. Es sind Jahre wie 1938 und 1939, es ist Wien, es ist die Zeit der Gefährdung, die Ilse Aichinger miterfahren mußte. »Die Kräfte der Kindheit hielten die Welt zusammen«, heißt es an einer Stelle, und was die Welt erschütterte, das veränderte auch jenes, was aus der Kindheit bewahrt blieb. Daran liegt es wohl, daß aus den aufgezeichneten Erinnerungen eine Hoffnung spricht, die nicht schal ist, eine Kraft, die nichts Falsches an sich hat. Durch Schmerz ist das Leere und Wesenlose weggeläutert worden, was blieb, das hat Bestand und innere Kraft. »Wenn man den Schmerz ermißt, von dem ich überzeugt bin, daß er dieser und aller Freude dient, der Kindheit, dem Christfest, den ungetrösteten und ungestillten Schmerz aller Jahrtausende, so ermißt man die Schulden, die von jedem von uns abzutragen sind.«
Die Mitte dieser schmalen Sammlung bilden Ilse Aichingers Aufzeichnungen aus den Jahren 1950 bis 1985. Notate, die vom Schrei-

ben, von der Liebe, vom Abschiednehmen handeln und hart an der Grenze des Schweigens angesiedelt sind. Sie werden auch zunehmend spärlicher, sind manchmal ein zähes Suchen nach Trost, das vom Bewußtsein nicht loskommt, »ich kann getröstet nicht leben«. Was bleibt, ist das Suchen: »Das Ärgste wäre es, zuletzt das Suchen nicht gefunden zu haben. Es ist auffindbar.« Zwei Sätze, die für das Jahr 1969 stehen. Das Desiderat des Nachdenkens eines Jahres? Manchmal scheinen die Sätze, anders als bei diesem Beispiel, das Gewicht, das ihnen ihr Alleinedastehen zumißt, nicht tragen zu können, sind die Sätze, die alleine oder unter wenigen ihresgleichen festgehalten sind, selber Beispiele für die Gefährdung des Mitteilens, dafür, daß das Schweigen, das diese Sätze nicht übertönen, sondern mit Inhalt füllen, für den Leser stumm bleibt. Unter den Texten, die als Dankreden zu Preisverleihungen oder als Nachdenken über Autoren wie Joseph Conrad, Stifter, Trakl, Kafka und Nelly Sachs oder auch zu Zeichnungen der Zwillingsschwester Helga Michie ebensosehr Auskünfte über das eigene Schreiben sind, findet sich der kleine Text *Ins Wort*. »Wenn ich etwas lese«, steht da, »denke ich auch sonst oft, hier ist Sprache oder hier ist keine. Daraufhin befragt, was das heißen soll, wurde mir klar, daß es hieß, das hat Schweigen in sich und das nicht.«

Daran liegt es, daß die Texte dieser Sammlung mit sowenig Worten auskommen. Das fordert auch vom Leser andere Fähigkeiten als rasches Darüberhineilen. Vielleicht, wenn die Sätze aus den Aufzeichnungen zuweilen belanglos erscheinen, hat man nur zu ungenau hingehört: »Alle Mitteilungen sind heute gefährdet. Aber derjenige, der schreibt, ob beredt oder unberedt, setzt das Schweigen dagegen. Das bedeutet für mich immer wieder: das Ergebnis des genauesten, stillsten Hinhörens, das Ergebnis des Schreibens, das Schreiben selbst.«

VI
Anhang

Vita

1921	Ilse Aichinger wird am 1.11. mit ihrer Zwillingsschwester Helga in Wien geboren als Tochter einer (jüdischen) Ärztin und eines (nicht-jüdischen) Lehrers. Die ersten Jahre verlebt sie in Linz. Nach der frühen Scheidung der Eltern Übersiedlung nach Wien. Die Mutter arbeitet als Schul- und praktische Ärztin. I. A. besucht die Schule (Sacre-Cœur und Ursulinen) bis zur Schließung der Klosterschulen.
1939	Abitur an einem öffentlichen Gymnasium. Die Schwester emigriert nach England. Das gewünschte Studium der Medizin kann I. A. aufgrund der Rassengesetze nicht aufnehmen. Gelegenheitsarbeiten, später dienstverpflichtet. Die Mutter wird aus dem städtischen Dienst entfernt und zur Fabrikarbeit gezwungen. Nur dank der nicht-jüdischen Tochter entgeht sie der Deportation. Ihre Familie fällt der Verfolgung durch die Nazis zum Opfer.
1942	Deportation der Großmutter.
1945	Nach Kriegsende Beginn des Medizinstudiums in Wien.
1947	Abbruch des Studiums. Arbeit am Roman *Die größere Hoffnung*.
1947/48	Reise zu der Zwillingsschwester nach England. Bekanntschaft mit Elias Canetti und Erich Fried.
1948	Der Roman *Die größere Hoffnung*, gefördert von Hans Weigel, erscheint bei Bermann Fischer, Amsterdam/Wien.
1950	Lektorin im S. Fischer Verlag, Frankfurt, und Mitarbeit an der von Inge Aichinger-Scholl gegründeten Hochschule für Gestaltung in Ulm.
1951	Auf Einladung von Hans Werner Richter erste Teilnahme an einer Tagung der Gruppe 47 in Bad Dürkheim. I. A. liest die Erzählung *Der Gefesselte*. Sie lernt Günter Eich kennen.
1952	Tagung der Gruppe 47 in Niendorf an der Ostsee. Für die *Spiegelgeschichte* erhält I. A. den Preis der Gruppe 47. Fortan regelmäßige Teilnahme an den Tagungen der Gruppe.
1953	Heirat mit dem Schriftsteller Günter Eich.
1954	Geburt des Sohnes Clemens (heute Schriftsteller).
1957	Teilnahme an der Tagung der Gruppe 47 in Niederpöcking. Heftige Auseinandersetzung im Anschluß an ihre Lesung aus den Dialogen *zu keiner Stunde*.

1957	Geburt der Tochter Mirjam (heute Bühnenbildnerin).
1958	Teilnahme an der Gründung des »Komitees gegen Atomrüstung«.
1963	Nach verschiedenen Wohnsitzwechseln in Bayern (Geisenhausen, Breitbrunn am Chiemsee, Lenggries) Umzug nach Grossgmain b. Salzburg.
1967	I. A. liest auf der letzten Tagung der Gruppe 47 den Text *schlechte Wörter*.
1972	Tod Günter Eichs.
1984	Nach dem Tod der Mutter Übersiedlung nach Frankfurt am Main.
1988	Rückkehr nach Wien.

Preise

1952 Preis der Gruppe 47
      Ehrengabe des Kulturkreises im Bundesverband der deutschen Industrie
1955 Immermann-Preis der Stadt Düsseldorf
1957 Literaturpreis der Freien Hansestadt Bremen
1961 Literaturpreis der Bayerischen Akademie der Schönen Künste
1968 Anton-Wildgans-Preis
1971 Nelly-Sachs-Preis
1974 Preis der Stadt Wien für Literatur
1975 Österreichischer Staatspreis Roswitha-Medaille der Stadt Bad Gandersheim
1979 Franz-Nabl-Preis der Stadt Graz
      Georg-Trakl-Preis
1981 Literaturpreis der Salzburger Wirtschaft
1982 Petrarca-Preis
1983 Kafka-Preis
1984 Marie-Luise-Kaschnitz-Preis
1987 Europalia-Literaturpreis der EG
1988 Weilheimer Literaturpreis

Ilse Aichinger ist Mitglied des PEN-Clubs, der Deutschen Akademie für Sprache und Dichtung, der Bayerischen Akademie und der Akademie der Künste in Berlin.

Primärbibliographie

I. Buchveröffentlichungen

Die größere Hoffnung. Roman. Amsterdam/Wien 1948. Taschenbuchausgaben: Frankfurt a. M. 1974. Neuausgaben: Frankfurt a. M. 1976 (mit einem Nachwort von H. Politzer), 1986 (in *Werke in einem Band*).
Rede unter dem Galgen. Erzählungen. Illustr. von Hans Fronius. Mit einem Nachwort der Autorin. Wien 1952. Neuausgabe: *Der Gefesselte.* Erzählungen. Frankfurt a. M. 1953. Dass. mit einem Nachwort von Walter Höllerer. Frankfurt a. M. 1958. Taschenbuchausgabe: Frankfurt a. M. 1967. Nach der Erzählung *Der Gefesselte* schuf Jürg Wyttenbach 1963 ein Ballett.
Die große Hoffnung. Ausz. Von der Verf. eingeleitet. Bearbeitet und mit einem Vorwort versehen von M. M. Boldingh. Purmerend: J. Muusses 1953 (= Muusses deutsche Reihe 2).
Zu keiner Stunde. Szenen und Dialoge. Frankfurt a. M. 1957. Neuausgabe (um vier Dialoge erweitert): Frankfurt a. M. 1980.
Besuch im Pfarrhaus. Ein Hörspiel und drei Dialoge. Frankfurt a. M. 1961.
Knöpfe. Hörspiel. In: *Hörspiele*, hg. von E. Schnabel. Frankfurt a. M. 1961. Neuausgabe mit Offsetlithographien v. Margarethe Keith. Düsseldorf 1980.
Wo ich wohne. Erzählungen, Gedichte, Dialoge. Frankfurt a. M. 1963.
Eliza Eliza. Erzählungen. Frankfurt a. M. 1965.
Auckland. Vier Hörspiele. Frankfurt a. M. 1969.
Nachricht vom Tag. Erzählungen. Frankfurt a. M. 1970 (Taschenbuch).
Dialoge. Erzählungen. Gedichte. Stuttgart 1971 (Reclams Universal Bibliothek). Herausgegeben und mit einem Nachwort versehen von Heinz F. Schafroth.
Der letzte Tag. Hörspiel. Geschrieben 1955 zusammen mit Günter Eich. Frankfurt a. M. 1973. (In: Günter Eich, *Gesammelte Werke* Bd. III, S. 851 ff.)
schlechte Wörter. Erzählungen, Kurzprosa und ein Hörspiel. Mit einem Nachwort von Heinz F. Schafroth. Frankfurt a. M. 1976.
verschenkter Rat. Gedichte. Frankfurt a. M. 1978. Taschenbuch: Frankfurt a. M. 1981.

Meine Sprache und ich. Erzählungen. Frankfurt a. M. 1978 (Taschenbuch).
Spiegelgeschichte. Erzählungen und Dialoge. Weimar 1979.
Ilse Aichinger. In der Reihe: *Moderne Erzähler.* Paderborn 1980.
Gedichte und Prosa. Londoner Lesehefte 2. London 1983.
Werke in einem Band. Frankfurt a. M. 1986. (*Die größere Hoffnung. verschenkter Rat. Meine Sprache und ich.*)
Kleist, Moos, Fasane. Kurzprosa, Erzählungen, Erinnerungen, Aufzeichnungen 1950–1985, Preis-Reden). Frankfurt a. M. 1987.

II. Hörspiele (Erstinszenierungen)

Knöpfe. NWDR/SDR. 16.12.1953. Regie Otto Kurth.
Französische Botschaft. Dialog. BR. 20.5.1960.
Weiße Chrysanthemen. Dialog. NDR. 4.1.1961.
Besuch im Pfarrhaus. NDR. 16.3.1962.
Die größere Hoffnung. Bearbeitung des Romans von Hans-Bernd Müller. SR 16.3.1962.
Nachmittag in Ostende. NDR/SDR. 31.3.1969. Regie Heinz von Cramer.
Die Schwestern Jouet. BR. 18.7.1969. Regie Ludwig Kremer.
Auckland. NDR. 19.4.1970. Regie Heinz Hostnik.
Gare maritime. ORF 1976. Regie Gerd Westphal. Neuinszenierung durch die Autorin: SDR/WDR 23.1.1977.

III. Einzelveröffentlichungen

(Nur Titel, die nicht in Sammelbände aufgenommen wurden)

Prosa

Das vierte Tor. In: *Wiener Kurier*, 1.9.1945.
Die Verschütteten. In: *Neue Rundschau*, 59. Jg., Stockholm 1948, S. 33.
Plätze und Straßen. In: *Jahresring*, Heft 3, Stuttgart 1954, S. 19–24.
Nichts und das Boot. In: *Das kleine Mädchen Hoffnung.* Hamburg 1955. Und: *Moderne Erzähler* 2, Paderborn 1959, S. 5–10.
Döbling. Drei Prosastücke: *Ende der Silbergasse, Der Hungerberg, Nußberg.* In: *Neue Rundschau*, 66. Jg., Heft 4, Frankfurt a. M. 1955, S. 663–666.
Der junge Leutnant. In: *Stillere Heimat*, 1957. S. 125–128.
Die Silbermünze. In: *Deutsche Erzähler der Gegenwart.* Stuttgart 1959. S. 93–96.
Im Beerenschlag. In: *Kur- und Reisezeitung.* Seefeld/Tirol. Nr. 20, 1963. S. 12.
Unser Kaminkehrer. In: *Porträts 1967.* Hrsg. v. Walther Karsch. Berlin, München, Wien 1967. S. 155–158.
Wien 1945 (Börsengasse, Steingasse, Ungarngasse). In: *Städte 1945.* Hrsg. v. Ingeborg Drewitz. Düsseldorf 1970. S. 175–176.

Bergung. In: *Jahresring.* Stuttgart 1971/72. S. 29–30.
Der Wolf und die sieben Geißlein. In: *Märchen, Sagen und Abenteuergeschichten.* Hrsg. v. der Gesellschaft für vervielfältigende Kunst. Wien 1974. Nr. 8.
Friedhof in B. In: *Jahresring.* Stuttgart 1976/77. Heft 4. S. 125–128.

Gedichte

Fort Gibson, in: *Neue Rundschau,* Heft 4, 70. Jg., Frankfurt a. M. 1959, S. 633.
Tor zu den Rothschildgärten, a. a. O., S. 666.
Der Taxus, in: *Akzente* 2, München 1955, S. 227.
Herbsthausen, in: *Jahresring,* Stuttgart 1961/62, Heft 3, S. 109.
Notiz, a. a. O.
Astronomie, in: *manuskripte,* Heft 1, Graz 1963.
Im Schnee, in: *Keine Zeit für Liebe,* Wiesbaden 1964, S. 80.
Am Graben, in: *Konfigurationen,* 1970. S. 8.

Theater

Die unmüden Schläfer. Szene aus einem Schauspiel, in: *Neue Rundschau,* 91. Jg., Heft 2/3, Frankfurt a. M. 1980, S. 218–228.

Aufsätze

* *Aufruf zum Mißtrauen,* in: *Der Plan* 1, Wien 1946, S. 588. Und: *Aufforderung zum Mißtrauen,* hrsg. v. Otto Breicha/Gerhard Fritsch, Salzburg 1967, S. 10.
Bitte – Stefan Zweig, in: *Wiener Kurier,* 3. 4. 1946.
Über das Erzählen in dieser Zeit, in: *Blätter für Literatur, Funk und Bühne* Nr. 1. 1952, S. 1. Und: Als Nachwort zu *Rede unter dem Galgen.*
* *Die Vögel beginnen zu singen, wenn es noch finster ist,* in: *Freude an Büchern,* Nr. 3. 1952, S. 39–40.
Die Sicht der Entfremdung, in: *Frankfurter Hefte* 9/1954, S. 46–50.
Ernst Schnabel, in: *Das Einhorn,* Hamburg 1957, S. 193–199.
Die Geschwister Scholl, in: *Leserzeitschrift* Nr. 6, Reutlingen 1961, S. 1–12.
Nachwort zu Christine Koschel, Pfahlfuga, München 1966.
Rezension zu Christine Lavant, Nell, in: *Österreich in Geschichte und Literatur* 14, 1970, S. 102–103.
Zum Gegenstand, in: *Glückliches Österreich,* hrsg. v. Jochen Jung, Salzburg 1978, S. 12–16.

Interviews und Reden

* *Meine Sprache und ich.* Interview von Heinz F. Schafroth, in: *Sonntags Journal* Nr. 3, 16./17. 1. 1971.
* *Teil eines stärkeren Widerstandes.* Interview von Heinz F. Schafroth, in: *Basler Nachrichten* Nr. 203, 27. 5. 1972.

* *Sich nicht anpassen lassen*. Interview von Hermann Vinke, in: Hermann Vinke, *Das kurze Leben der Sophie Scholl*, Ravensburg 1980, S. 179–186.
* *Stummheit immer wieder in Schweigen zu übersetzen, das ist die Aufgabe des Schreibens*. Interview von Luzia Stettler, in: *Berner Zeitung*, 22.12.1984.
* *»Die Vögel beginnen zu singen, wenn es noch finster ist«*. Gespräche mit Manuel Esser. Aus einem Filmporträt von Ilse Aichinger, *Fernsehen Bayern 3*, 1986.
* *Rede an die Jugend*, in: *Weilheimer Hefte zur Literatur 23*, Weilheim 1988.

Übersetzungen

Im Frührot. Gedichte der Ungarn. Hrsg. v. Clemens und Sophie Dorothee Podewils, übertr. von I. Aichinger (vier Gedichte) u. a. München 1957.

Ilse Aichingers Werke wurden übersetzt ins:
Englische (*Die größere Hoffnung, Der Gefesselte, Erzählungen und Dialoge*)
Französische (*Die größere Hoffnung*)
Italienische (*Die größere Hoffnung*)
Dänische (*Die größere Hoffnung*)
Schwedische (*Der Gefesselte, Die geöffnete Order, Mondgeschichte*)
Tschechische (*Wo ich wohne, Eliza Eliza*)

(Die mit einem * gekennzeichneten Beiträge sind in dem vorliegenden Band abgedruckt)

Ausgewählte Sekundär-Bibliographie

Die mit einem * gekennzeichneten Beiträge sind in dem vorliegenden Band abgedruckt.

1. Über »Die größere Hoffnung« (1948)

Ahl, Herbert: *Welt der Arbeit – Welt der Hoffnung*, in: *Diplomatischer Kurier Köln*, 1960, S. 284 (286)–288.
anonym: *Ilse Aichinger: Die größere Hoffnung*, in: *Gleichheit* 9/1951.
anonym: *Ilse Aichinger: Die größere Hoffnung*, in: *London Times Literary Supplement*, 4.1.1952.
* Guggenheimer, Walter Maria: *Das Feuer hat Hunger*, in: *Frankfurter Hefte*, Heft 12, 1951, S. 941f.
* Härtling, Peter: *Ein Buch, das geduldig auf uns wartet*, in: *Süddeutsche Zeitung*, 22./23.11.1980.
Hinck, Walter: *Die größere Hoffnung*, in: *Frankfurter Allgemeine Zeitung*, 31.10.1981.
* Horst, Karl August: *In extremis*, in: *Merkur* 6, 1952, S. 93–96.
* Jens, Walter: *Ilse Aichingers erster Roman*, in: *Die Zeit*, 18.3.1960.
* Kaiser, Joachim: *Freundschaftlicher Widerspruch*, in: *Süddeutsche Zeitung*, 22./23.11.1980.
Kersten, Kurt: *Ein Kinderroman aus der Nazizeit*, in: *Aufbau*, Berlin o.J.
Kramberg, H. K.: *Ellen und die fremde Macht*, in: *Süddeutsche Zeitung*, 26./27.2.1977.
Langer, Lawrence: *Suffer the little children*, in: *The Holocaust and the litterary imagination*, Yale University Press, New Haven 1975, S. 125–165.
Montessi, Gerhard: *Vom Morgenlicht zur Ewigkeit. Sechs Romane aus Österreich*, in: *Wort und Wahrheit*, Freiburg/Br. 4. 1949, S. 538–544.
o.f.b.: *Trügerische Hoffnung*, in: *Der Standpunkt*, 29.4.1948.
Politzer, Heinz: *Nachwort*, in: Ilse Aichinger, *Die größere Hoffnung*, Frankfurt a. M. 1976.
* schr.: *Die größere Hoffnung*, in: *Wiener Tageszeitung*, 3.7.1949.
Schwarz, Charlotte: *Die größere Hoffnung*, in: *Mitteilungen des Einkaufszentrums für öffentliche Büchereien in Reutlingen* 7/8, 1952.
* Sieburg, Friedrich: *Die größere Hoffnung*, in: *Die Gegenwart*, 15.7.1951.
Watt, Roderick H.: *Ilse Aichingers Roman Die größere Hoffnung*, in: *Studia Neophilologica* 1978, S. 232–251.
Wickenburg, Erik G.: *Heutige österreichische Prosa*, in: *Stuttgarter Zeitung*, 21.5.1951.

Zabel, Bernd: *Die größere Hoffnung*, in: *Neue deutsche Hefte*, Heft 154, 1977, S. 377 ff.

2. Über »Der Gefesselte« (1953) und andere frühe Prosa

Bedwell, Carol B.: *Who is the Bound Man? Towards an Interpretation of Ilse Aichingers »Der Gefesselte«*, in: *German Quarterly* 38, 1965, S. 30–37.

Bedwell, Carol B.: *The Ambivalent Image in Aichingers »Spiegelgeschichte«*, in: *Revue des Langues Vivantes* 33, 1967, S. 362–368.

Brinkmann, Karl: *Das Plakat*, in: Brinkmann, Karl: *Interpretationen zeitgenössischer deutscher Kurzgeschichten*, Bd. 3, Hollfeld/Ofr. 1980, S. 18–22.

Bull, Reiner: *Ilse Aichinger – Das Fenster-Theater*, in: *Interpretationen zu Konturen 1*, Wien, 1966.

Dormagen, Paul u. a.: *Spiegelgeschichte; Rede unter dem Galgen; Das Plakat; Seegeister; Die geöffnete Order; Nichts und das Boot; Besuch im Pfarrhaus*, in: *Handbuch zur modernen Literatur im Deutschunterricht*, Frankfurt a. M. 1972.

Haas, Erika: *Differenzierende Interpretation auf der Oberstufe*, in: *Der Deutschunterricht* Nr. 21, 1969, S. 64–78.

Hartl, Edwin: *Der Gefesselte*, in: *Die österreichische Furche*, 5.12.1953.

Hippe, Robert: *Das Fenster-Theater*, in: *Interpretationen zeitgenössischer deutscher Kurzgeschichten*, Bd. 9, Hollfeld/Ofr. 1976, S. 7–8.

Höllerer, Walter: *Statt eines Nachwortes*, in: Ilse Aichinger: *Der Gefesselte*, Frankfurt a. M. 1958, S. 76–78.

Jost, Margot: *Ilse Aichinger (Engel in der Nacht)*, in: M. Jost: *Deutsche Dichterinnen des 20. Jahrhunderts*, München 1968, S. 101–108.

Kanzler, Rudolf: *Die Silbermünze*, in: *Interpretationen zeitgenössischer deutscher Kurzgeschichten*, Bd. 7, Hollfeld/Ofr. 1984, S. 7–8.

Lehner, Frederick: *Ilse Aichinger. Der Gefesselte*, in: *Books Abroad* 28, 1954, S. 183.

Lorbe, Ruth: *Die deutsche Kurzgeschichte der Jahrhundertmitte. Zu Ilse Aichingers Rede unter dem Galgen*, in: *Der Deutschunterricht*, Heft 1, Stuttgart 1957, S. 36–54.

Musgrave, Marian: *Ilse Aichingers Das Plakat. By Way of John Keats an Christian Morgenstern*, unveröff. Ms., Vortrag gehalten an der Miami University, Oxford, Ohio 1973.

Nentwig, Paul: *Das Fenster-Theater*, in: *Die moderne Kurzgeschichte im Unterricht*, Braunschweig 1967, S. 135–139.

Neiss, Edgar: *Die geöffnete Order; Seegeister; Spiegelgeschichte*, in: *Wie interpretiere ich Gedichte und Kurzgeschichten?*, Hollfeld/Ofr. 1975, S. 126–130.

Pfeifer, Martin: *Der Hauslehrer; Nichts und das Boot*, in: *Interpretationen*

zeitgenössischer deutscher Kurzgeschichten, Bd. 4, Hollfeld/Ofr. 1981, S. 5–9.
* Rahmer, Christoph: *Ilse Aichingers »Poesie«*, in: *Die Zeit*, 24. 9. 1953.
Sanders, Ruth: *Ambiguity in Ilse Aichingers Der Gefesselte*, Vortrag vor der Modern Language Association, New York, 29. 12. 1978.
* w. m.: *Erfassung des Unfaßbaren*, in: *Nordwest-Zeitung Oldenburg*, 21. 3. 1958.
W. S.: *Analyse zu »Ilse Aichinger: Das Fenster-Theater«*, in: *Literaturunterricht im 8. Schuljahr; Literarische, didaktische und methodische Analysen zum Lesebuch C 8*, Stuttgart 1972, S. 44–46.
Zimmermann, Werner: *Ilse Aichinger – Seegeister*, in: *Deutsche Prosadichtungen unseres Jahrhunderts*, Bd. 2, Düsseldorf 1969, S. 74–81.

3. Über »Zu keiner Stunde« (1957)

* Blöcker, Günter: *Zwischen Andersen und Kafka*, in: *Tagesspiegel*, 14. 7. 1957.
Blöcker, Günter: *Ilse Aichingers Traumdialoge*, in: *Literarische Umschau*, Sender Freies Berlin, 23. 5. 1967.
Claes, Astrid: *Verdichtete Monologe*, in: *Neue deutsche Hefte*, Heft 11, 1957, S. 11 ff.
Hilty, Hans Rudolf: *Ilse Aichingers »Zu keiner Stunde«*, in: *Schweizer Rundfunkgesellschaft, Landessender Beromünster, Studio Zürich*, 31. 5. 1957.
Hoff, Kay: *Ilse Aichingers neue Kleider*, in: *Rheinische Post*, 29. 6. 1957.
* Holthusen, Hans Egon: *Im Rücken des Todes*, in: *Süddeutsche Zeitung*, Ostern 1957.
Jacobs, Wilhelm: *Ilse Aichinger*, in: *Neues Winterthurer Tagblatt*, 24. 8. 1957.
Ratych, Joanne M.: *Zeitenthobenheit und Welterfahrung, Gedanken zum Hermetikbegriff in Ilse Aichingers Dialogen*, in: *Modern Austrian Literature* Nr. 12, 1979, S. 423–436.
Schmied, Wieland: *Zu keiner Stunde*, in: *Die Furche*, 15. 8. 1958.
Schroers, Rolf: *Im Netz der Sprache*, in: *Kölner Stadtanzeiger*, 27. 7. 1957.
Schwerbrock, Wolfgang: *Miniaturen*, in: *Frankfurter Allgemeine Zeitung*, 20. 4. 1957.

4. Über »Wo ich wohne« (1963)

Kienecker, Friedrich: *Der Mensch in der modernen Prosa*, Essen 1971, S. 86–91.
* Monecke, Wolfgang: *Auf grünem Grund*, in: *Christ und Welt*, 14. 2. 1964.
Naumann, Erich: *Wo die Dichterin Ilse Aichinger wohnt*, in: *Nürnberger Zeitung*, 9. 11. 1963.

Nicolai, Ralf R.: *Wo ich wohne. Ilse Aichingers Kritik des modernen Bewußtseins*, in: *Literatur und Kritik*, Nr. 153, 1981, S. 175–179.

Opitz, Kurt: Ilse Aichinger: *Wo ich wohne*, in: *Books Abroad* 38, 1964, S. 396.

* Wallmann, Jürgen P.: *Wo ich wohne*, in: *Die Tat*, 2.5.1964.

5. Über »Eliza Eliza« (1965)

anonym: *Wie sie schreiben*, in: *Berliner Welle*, 15.2.1966.

* Bender, Hans: *Magie einer ungewohnten Stimme*, in: *Süddeutsche Zeitung*, 29./30.1.1966.

Born, Nicolas: *Geschichten – eine neue Universalgattung?*, in: *Sender Freies Berlin*, 27.6.1967.

* Brückner, Christine: *Eliza Eliza*, in: *Christ und Welt*, 16.11.1965. (Urspr. Titel: *Weiße Ochsen im Traumhaus*)

* Endres, Elisabeth: *Ilse Aichinger: Eliza Eliza*, in: *Westdeutscher Rundfunk*, 12.6.1966.

Endres, Elisabeth: *Schriftsteller unserer Zeit: Ilse Aichinger*, in: *Deutschlandfunk*, 10.3.1966.

Erné, Nino: *Ilse Aichingers Eliza Eliza*, in: *Das kleine Buch der hundert Bücher*, München 1965/66, S. 39.

Haslinger, Adolf: *Verfahrensweisen und Techniken im Erzählen. Am Beispiel Ilse Aichinger: Der Querbalken*, in: Haslinger u. a.: *Gegenwartsliteratur*, Stuttgart 1973.

* Hildesheimer, Wolfgang: *Ilse Aichinger: Der Querbalken*, in: *Merkur* 12, 1963, S. 1179–1185.

Hildesheimer, Wolfgang: *Das absurde Ich*, in: Hildesheimer, W.: *Interpretationen*, Frankfurt a. M. 1969, S. 84 ff.

Himmel, Hellmuth: *Ilse Aichingers Prosastück Der Querbalken. Vier Interpretationsversuche*, in: *Sprachkunst* 5, Heft 3/4, 1974, S. 280–300.

Horst, Karl August: *Schattenspiele*, in: *Frankfurter Allgemeine Zeitung*, 23.11.1965.

Kurbjuhn, Martin: *Freundlich servierte Drohung*, in: *Spandauer Volksblatt*, 12.12.1966.

* Lübbren, Rainer: *Die Sprache der Bilder*, in: *Neue Rundschau*, Jg. 76, 1965, S. 626–636.

Lübbren, Rainer: *Begegnung mit einem Buch*, in: *Radio Bremen*, 15.8.1966.

Moser, Samuel: *Ausgerechnet Diogenes*, in: *manuskripte*, 23. Jg., Heft 83, Graz 1984, S. 46 ff.

Neiss, Edgar: *Die Puppe*, in: *Interpretationen zeitgenössischer deutscher Kurzgeschichten* Bd. 1, Hollfeld/Ofr., S. 6–8.

Neumann, Peter-Horst: *Über Wissen und Nicht-Wissen im Werk Ilse Aichingers*, in: *Neue Zürcher Zeitung*, 5.12.1971.

Pawlinetz, Gerda: *Ilse Aichinger: Eliza Eliza*, in: *Wiener Bücherbriefe* Heft 2, 1966.
Piontek, Heinz: *Kein Raum für Tragik*, in: *Die Welt*, 9.12.1965.
* Piontek, Heinz: *Über die Poesie in Ilse Aichingers Prosa*, in: *Welt und Wort* H. 1, 1966, S. 7–8.
Raeber, Kuno: *Wo Ilse Aichinger hinträumt, wächst alles*, in: *Merkur*. 1966. Heft 1. S. 25 ff.
Schafroth, Heinz F.: *Ilse Aichingers Erzählkunst*, in: *Basler Nachrichten*, 11.3.1966.
Schafroth, Heinz F.: *Ilse Aichingers Querbalken und Peter Bichsels Tisch*, in: *Solothurner Zeitung*, 23.5.1979.
Triesch, Manfred: *Ilse Aichingers Eliza Eliza*, in: *Books Abroad* 40, 1966, S. 305.
Wallmann, Jürgen P.: *Vom Stoff, aus dem die Träume sind*, in: *Der Tagesspiegel Berlin*, 17.10.1965.
Wallmann, Jürgen P.: *Im Zwischenreich*, in: *Die Tat*, 5.11.1965.

6. Über »Auckland« (1969) und andere Hörspiele

e. h.: *Surrealismus in Schulausgaben*, in: *Salzburger Nachrichten*, vom 3.11.1962.
Heissenbüttel, Helmut: *Rückzug nach Innen?*, in: *Protokolle* 2, 1977, S. 73–79.
Karasek, Hellmuth: *Ilse Aichinger: Auckland*, in: *Hessischer Rundfunk*, 9.1.1970.
Preuss, Helmut: *Die poetische Darstellung der Arbeitswelt im Hörspiel »Knöpfe« von Ilse Aichinger*, in: *Sprachpädagogik*, 1969, S. 171–188.
* Schafroth, Heinz F.: *Spiele zum Hineinfallen*, in: *Die Zeit*, 8.5.1970.
Wallmann, Jürgen P.: *Auckland*, in: *Österreichischer Rundfunk*, 31.1.1970.

7. Über »schlechte Wörter« (1976)

Arnold, Heinz Ludwig: *Besprechung von Ilse Aichingers »schlechte Wörter«*, in: *Deutsche Welle*, 26.6.1976.
* Arnold, Heinz Ludwig: *Ilse Aichinger: »schlechte Wörter«*, in: *Westdeutscher Rundfunk*, 31.8.1976.
Arnold, Heinz Ludwig: *Dicht vor der Grenze des Verstummens*, in: *Deutsches Allgemeines Sonntagsblatt*, 9.1.1977.
* Becker, Jürgen: *An den Rändern der Existenz*, in: *Frankfurter Allgemeine Zeitung*, 3.7.1976.
Carsten, Catarina: *Die Kunst des Verschweigens*, in: *Salzburger Nachrichten*, 28.8.1976.

Drewitz, Ingeborg: *Was schwer zu greifen ist*, in: *Der Tagesspiegel Berlin*, 11.7.1976.
Friedrich, Regine: *Hermetische Texte*, in: *National Zeitung Basel*, vom 26.6.1976.
Gaudigs, Joachim: *Stilles Gelände*, in: *General Anzeiger Bonn*, vom 5./7.6.1976.
h. g.: *Bunte Steine*, in: *Neue Zürcher Zeitung*, 26.6.1976.
* Hoffer, Klaus: *Die Räuberin*, in: *Neue Rundschau*, Heft 4, 92. Jg., 1981, S. 39–42.
Kaiser, Joachim: *Ilse Aichinger und Alfred Andersch – Beispiele moderner Poesie*, in: *Süddeutsche Zeitung*, 12./13.5.1973.
Kaiser, Joachim: *Wortballett*, in: *Süddeutsche Zeitung*, 13./14.7.1974.
Klausenitzer, Hans-Peter: *Geheimer Herzschlag*, in: *Die Welt*, 17.7.1976.
Linsmayer, Charles: *schlechte Wörter*, in: *Badener Tagblatt*, 9.7.1977.
Marsmann, M.: *Die Leseprobe*, in: *Deutschlandfunk*, 15.4.1976.
* Moser, Samuel: *Da flog das Wort auf*, in: *Aargauer Tagblatt*, 29.5.1976.
Moser, Samuel: *Auf Dover zu*, in: *Neue Rundschau*, Heft 1, 92. Jg., 1981, S. 70–82.
Neumann, Peter Horst: *Ilse Aichinger: »schlechte Wörter«*, in: *Norddeutscher Rundfunk*, 11.4.1976.
* Neumann, Peter Horst: *schlechte Wörter – Genauigkeit im Ungewissen*, in: *Die Zeit*, 30.6.1976.
* Politzer, Heinz: *Ilse Aichingers todernste Ironien*, in: *Merkur*, Heft 336, 1976, S. 486 ff.
* Pulver, Elsbeth: *Genaue Ahnungen*, in: *Schweizer Monatshefte*, Heft 7, Oktober 1976, S. 611–618.
Schafroth, Heinz F.: *Welt-Betrachtung*, in: *Basler Nachrichten*, 27.5.1972.
Schafroth, Heinz F.: *Definieren grenzt an Unterhöhlen*, in: *Die Weltwoche*, 5.9.1973.
Schafroth, Heinz F.: *Die Dimensionen der Atemlosigkeit*, in: *Ilse Aichinger: schlechte Wörter*, 1976, S. 129–133.
Schafroth, Heinz F.: *Hinter Pritzwalk und Privas. Die Topographie des Privaten im Werk Ilse Aichingers*, in: *Schweizer Monatshefte*, Heft 2, 1981, S. 135 ff.
Schwieren, Ulrike: *Meditationen in schönen Sätzen*, in: *Bonner Rundschau*, 4.6.1976.
* Spring, Lilly: *Ilse Aichinger: »Queens«*, in: *Basler Nachrichten*, 27.5.1972.
Wallmann, Jürgen P.: *Maulwürfe aus tiefen Sprachschichten*, in: *Deutsche Zeitung*, 2.7.1976.
* Weyrauch, Wolfgang: *Entsetzen und Verzweiflung*, in: *Tribüne*, Heft 60, 1976. S. 7304 f.

8. Über »verschenkter Rat« (1978) und die Gedichte

Bräutigam, Kurt: *Ilse Aichinger: Befehl des Baumeisters beim Bau der Prinz-Eugen-Straße*, in: Kurt Bräutigam, *Moderne deutsche Balladen*, Frankfurt a. M. 1968, S. 79–81.

* Fried, Erich: *Über Gedichte Ilse Aichingers*, in: *Neue Rundschau*, Heft 4, 92. Jg. 1981, S. 25–38.

Fussenegger, Gertrud: *Leider Austausch*, in: *Frankfurter Allgemeine Zeitung*, 26. 5. 1979.

Hildebrand, Alexander: *Zu Ilse Aichingers Gedichten*, in: *Literatur und Kritik* 23, 1968, S. 161–167.

Klessmann, Eckart: *Innere Spiegelung*, in: *Frankfurter Allgemeine Zeitung*, 28. 2. 1981.

Kopplin, Wolfgang: *Beispiele*, in: *Deutsche Lyrik 60–70*, Paderborn 1969, S. 17–19.

* Krüger, Michael: *Morgenröte unterm Schnee, Petrarca-Preis-Laudatio*, in: *Die Zeit*, 2. 7. 1982 (gekürzt; vollständig in: *Petrarca-Preis*, München 1988).

* Lindemann, Gisela: *Poetische Phantasie*, in: *Die Zeit*, 20. 10. 1978.

Pulver, Elsbeth: *verschenkter Rat*, in: *Neue Zürcher Zeitung*, 8. 12. 1978.

* Schafroth, Heinz F.: *Gedichte vom Überleben um keinen Preis*, in: *Aargauer Tagblatt*, 10. 2. 1979 und *Weltwoche*, 5. 11. 1978.

Schafroth, Heinz F.: *Ich und jetzt – Über Ilse Aichingers Gedichte*, in: *Frauenliteratur in Österreich von 1945 bis heute*, Bern 1986, S. 97 ff.

Schreiber, Mathias: *Trauer spielt mit der Welt*, in: *Leverkusener Anzeiger*, 28. 11. 1978.

* Spiel, Hilde: *Eh die Träume rosten und brechen*, in: *Frankfurter Allgemeine Zeitung*, 18. 11. 1978.

Wallmann, Jürgen P.: *Ilse Aichingers verschenkter Rat*, in: *Literatur und Kritik* 136/37, 1979.

9. Über »Kleist, Moos, Fasane« (1987)

* Bugmann, Urs: *Schreibendes Wiederbeleben der Vergangenheit*, in: *Luzerner Neuste Nachrichten*, 14. 3. 1988.

Frey, Eleonore: *Wort-Dinge, Überlegungen zur Sprache von Ilse Aichinger*, in: *Neue Zürcher Zeitung*, 15. 6. 1988.

Görner, Rüdiger: *Stimme des Schweigens*, in: *Neue Zürcher Zeitung*, 4. 12. 1987.

Hinck, Walter: *Stille und Schmerz*, in: *Frankfurter Allgemeine Zeitung*, 7. 10. 1987.

Hoffer, Klaus: *Nur lautlos zuhören*, in: *Kleine Zeitung Graz*, 4. 10. 1987.

* Kaiser, Joachim: *Wunder-Worte*, in: *Süddeutsche Zeitung*, 3. 12. 1987.

Mings, Ute: *Ilse Aichinger: »Kleist, Moos, Fasane«*, in: *Norddeutscher Rundfunk*, 27.11.1987.
* Neumann, Peter Horst: *Ein anderer Fleiß ist das Warten*, in: *Die Zeit*, 22.4.1988.
* Pulver, Elsbeth: *Die äußerste Bedrängnis – die äußerste Geborgenheit*, in: *Schweizer Monatshefte*, November 1987.
Schafroth, Heinz F.: *Verbindlicher Irrealis*, in: *Frankfurter Rundschau*, 7.10.1987.
Vogl, Walter: *Notate als Spiegel der Entwicklung – Sprache, der man sich anvertrauen kann*, in: *Die Presse*, 24./25.10.1987.
Wallmann, Jürgen P.: *Großmutters Küche als Zentrum*, in: *Hannoversche Allgemeine Zeitung*, 23.1.1988.

10. Allgemeine Arbeiten

Ahl, Herbert: *Vergänglichkeit und Dauer*, in: *Diplomatischer Kurier*, Köln 1957, S. 537–539.
Allridge, James C. (ed.): *Introduction*, in: Ilse Aichinger, *Selected Stories and Dialogues*, Oxford, New York 1966, p. 1–9.
Allridge, James C. (ed.): *Introduction*, in: *Ilse Aichinger*, London 1969, p. 7-45.
Auffermann, Verena: *Man muß ja nicht gleich alles sagen, was man sagt. Ein Besuch bei Ilse Aichinger*, in: *Frankfurter Rundschau*, 12.3.1988.
Blauhut, Robert: *Neueste Novellistik in Österreich*, in: *Das Erscheinungsbild der österreichischen Gegenwartsliteratur*, ed. Kober, Leo; Wien, Stuttgart 1969.
Bouisson, Anne-Marie: *Ilse Aichinger: Approche d'une évolution*, in: *Austriaca* No. 7, Rouen 1978, p. 13–22.
Brenner, Hans-Georg: *Ilse Aichinger – Preisträgerin der Gruppe 47*, in: *Die Literatur*, 1.6.1952.
Doppler, Renate: *Ein nach innen gespannter Bogen. Ein Besuch bei Ilse Aichinger*, in: *Die Welt der Frau*, Wien, November 1974.
Eggers, Werner: *Ilse Aichinger*, in: *Deutsche Literatur seit 1945*, Stuttgart 1970, S. 252–270.
Endres, Elisabeth: *Schrift und Zeit – Ilse Aichinger*, in: *Deutschlandfunk*, 10.3.1966.
* Endres Elisabeth: *Ilse Aichinger*, in: *Neue Literatur der Frauen*, hrsg. von Heinz Puknus, München 1980, S. 44–50.
Fleming, Marianna E.: *Ilse Aichinger. Die Sicht der Entfremdung – ein Versuch, die Symbolik ihres Werkes von dessen Gesamtstruktur her zu erschließen*, Diss., Xerox University Microfilms, Maryland 1974.
Friedrichs, Antje: *Untersuchungen zur Prosa Ilse Aichingers*, Diss. masch., Münster (Westf.) 1970.

Fritzsching, Hubertus: *Das Weltverständnis des deutschen Gegenwartsromans im Spiegel seiner Erzählhaltung*, Diss., Würzburg 1966, S. 95–110.
Geissler, Rolf: *Interpretationshilfe zu »Modelle«*, 3. Aufl., München 1970, S. 22–25.
Gerresheim, Helga Maleen: *Ilse Aichinger*, in: *Deutsche Dichter der Gegenwart*, hrsg. von B. v. Wiese, Berlin 1973, S. 481–496.
Görner, Rüdiger: *Die versprochene Sprache, Über Ilse Aichinger*, in: *Neue Rundschau*, Heft 4, 1986, S. 8–21.
Hart Nibbrig, Christiaan L.: *Die guten und die schlechten Wörter der Ilse Aichinger*, in: ders.: *Rhetorik des Schweigens*, Frankfurt a. M. 1981, S. 264 ff.
Hayasaki, Moritoshi: *Ilse Aichinger*, in: *Kakyô*, Kyoto 1962/63, S. 110–114.
Horst, Eberhard: *Ilse Aichinger*, in: *Literarisches Lexikon des 20. Jahrhunderts*, München 1964.
Horst, Karl August: *Kritischer Führer durch die deutsche Literatur der Gegenwart, Roman, Lyrik, Essay*, Nymphenburger Verlagshandlung, München 1962, S. 131–133.
Huder, Walter: *Ilse Aichinger*, in: *Handbuch der deutschsprachigen Gegenwartsliteratur*, hrsg. von Hermann Kunisch, S. 17 f.
Kleiber, Carine: *Ilse Aichinger. Leben und Werk*, Bern 1984.
Knowlton, James: *Die Worte und die Dinge*, in: *Sprachkunst* 5, Heft 3–4, 1977, S. 281–283.
Kowal, Michael: *Ilse Aichinger as storyteller*, in: *American German Review* Nr. 2, 1966/67, S. 29.
* Krolow, Karl: *Die Träume der Ilse Aichinger. Laudatio zur Verleihung des Nelly-Sachs-Preises*, Dortmund 1971.
Lange, Herbert: *Ilse Aichinger, beinahe aus Linz*, in: *Oberösterreichische Nachrichten*, 6. 10. 1953.
Langer, Norbert: *Ilse Aichinger*, in: ders.: *Dichter aus Österreich*, Wien 1960, S. 7–12.
Lindemann, Gisela: *Ilse Aichinger*, München 1988.
Lorenz, Dagmar C.: *Ilse Aichinger*, Königstein/Ts. 1981.
Neumann, Walter: *Trauer, die allem offenbleibt*, in: *Westfalenspiegel* Nr. 1, Dortmund 1972, S. 28.
Oldemeyer, Ernst: *Zeitlichkeit und Glück*, in: *Geistesgeschichtliche Perspektiven*, hrsg. v. G. Grossniklaus, Bonn 1969, S. 281–307.
Polazzi, Anna: *Die Erzählungen von Ilse Aichinger*, Diss., masch., Milano 1965.
Politzer, Heinz: *Dichtung zwischen Beginn und Ende*, Vortrag, Salzburg 5. 8. 1976.
Politzer, Heinz: *Die Sachlichkeit der Träume*, in: *Frankfurter Allgemeine Zeitung*, 8. 2. 1975.

Rosenthal, Erwin Theodor: *Beziehungslosigkeit als Merkmal der modernen Welt*, in: *Das fragmentarische Universum*, München 1970, S. 90–107.

Schaeffer, Kristiane: *Mit den alten Farben. Renaissance des Expressionismus in der modernen Prosa*, in: *Der Monat*, Heft 167, Berlin 1961/62, S. 70–74.

Schafroth, Heinz F.: *Ilse Aichinger und Günter Eich. Versuch einer Einführung in ihr Werk*, in: *Bieler Tagblatt*, 17.4.1965.

Schafroth, Heinz F.: *Die Erfahrung der Widersprüchlichkeit*, in: Ilse Aichinger: *Dialoge, Erzählungen, Gedichte*, Stuttgart 1971.

Schafroth, Heinz F.: *Ilse Aichinger*, in: *Kritisches Lexikon zur deutschsprachigen Gegenwartsliteratur*, hrsg. von Heinz Ludwig Arnold, München 1978 ff.

Schirnding, Albert von: *Die Saat geht auf*, in: *Süddeutsche Zeitung*, 12./13.3.1988.

Schmolzer, Hilde: *Ilse Aichinger – Mich hat schon als Kind der Atem gestört*, in: dies.: *Frau sein und schreiben*, Wien 1982, S. 34–41.

Schroeder, Rudolf Alexander: *Rede zur Verleihung des Bremer Literaturpreises*, in: *Reden zur Verleihung der Literarischen Preise der Freien Hansestadt Bremen*, Bremen 1956, S. 17 ff.

Schroers, Rolf: *Ilse Aichinger*, in: *Auf den Spuren der Zeit – junge deutsche Prosa*, München 1959, S. 11.

Serke, Jürgen: *Eine Liebesgeschichte, die nie endet*, in: *Stern*, 9.11.1978, S. 140–158, und unter dem Titel *Anarchie muß wieder werden*, in: *Frauen schreiben*, Hamburg 1979, S. 90–101.

Sieburg, Friedrich: *Umgekehrt wie Kafka*, in: *Nur für Leser*, München 1961, S. 85–87.

Tunner, Erika: *Der Gang über die grüne Grenze*, in: Manfred Jürgensen (Hrsg.): *Frauenliteratur*, Bern 1983, S. 57–73.

Voit, Ludwig und Scherer, Michael: *Dichtung im Unterricht*, Bd. 13, München 1968, S. 101–108.

Wallmann, Jürgen P.: *Ilse Aichinger und ihre Dichtung*, in: *Universitas* Nr. 28, Stuttgart 1973, S. 41–45.

Weber, Werner: *Sprechen und Schweigen*, in: *Tagebuch eines Lesers*, Olten und Freiburg 1963 (Taschenbuch, München 1965, S. 160 ff.).

* Weber, Werner: *Ilse Aichinger*, in: Klaus Nonnemann (Hrsg.): *Schriftsteller der Gegenwart*, Olten und Freiburg 1963, S. 11–17, und in: *Neue Zürcher Zeitung*, 9.3.1963.

Weigel, Hans: *Es begann mit Ilse Aichinger*, in: *Protokolle* 1, Wien 1966, S. 3–8.

Welzig, Werner: *Der deutsche Roman im 20. Jahrhundert*, Stuttgart 1970, S. 175 f.

Wolfschütz, Hans: *Ilse Aichinger: The sceptical narrator*, in: *Modern Austrian Writing*, London 1980, S. 156–180.

Wyss, Laure und Bächli, Samuel: *Österreichische Reise zur Literatur*, in: *Tages Anzeiger Magazin*, Nr. 42, Zürich 1980.

Danksagung

Der Herausgeber und der Fischer Taschenbuch Verlag danken allen Verlagen und Rechteinhabern für die Abdruckgenehmigung.
Da in einigen Fällen die Inhaber der Rechte nicht festzustellen oder erreichbar waren, verpflichtet sich der Verlag, rechtmäßige Ansprüche nach den üblichen Honorarsätzen zu vergüten.

Ilse Aichinger

»Ilse Aichingers Kunst liegt darin, daß sie,
ohne jemals Symbolik zu bemühen, jedes Wort
seinen Gegenstand bezeichnen und
doch große Regionen der Transzendenz entstehen läßt.«

Wolfgang Hildesheimer

Auckland
4 Hörspiele
152 Seiten. Broschur

Besuch im Pfarrhaus
Ein Hörspiel
Drei Dialoge. 94 Seiten. Kart.

Der Gefesselte
Erzählungen
*102 Seiten. Geb.
S. Fischer Bibliothek*

Die größere Hoffnung
Roman. Fischer Bibliothek
*315 Seiten. Geb. und
Fischer Taschenbuch
Band 1432*

Kleist, Moos, Fasane
108 Seiten. Leinen

Meine Sprache und ich
Erzählungen
*Fischer Taschenbuch
Band 2081*

schlechte Wörter
135 Seiten. Leinen

Band 5126

verschenkter Rat
Gedichte
*100 Seiten. Leinen und
Fischer Taschenbuch
Band 5126*

Fischer Taschenbuch Verlag

Literaturwissenschaft

Jan Berg u.a.
Sozialgeschichte der deutschen Literatur von 1918 bis zur Gegenwart
Band 6475

Hermann Burger
**Paul Celan
Auf der Suche nach der verlorenen Sprache**
Band 6884

Harald Eggebrecht (Hg.)
**Karl May –
der sächsische Phantast**
Studien zu Leben und Werk
Band 6873

Victor Erlich
Russischer Formalismus
Band 6874

Käte Hamburger
Thomas Manns biblisches Werk
Band 6492

Frederik Hetmann
Traumgesicht und Zauberspur
Märchenforschung, Märchenkunde, Märchendiskussion
Band 2850

Leo Kreutzer
Literatur und Entwicklung
Studien zu einer Literatur der Ungleichzeitigkeit
Band 6899

**Kindlers Literaturgeschichte der Gegenwart
Autoren, Werke, Themen, Tendenzen seit 1945**
*Aktualisierte und vollständig überarbeitete Ausgabe.
12 Bände in Kassette*
Band 6460

Milan Kundera
Die Kunst des Romans
Essay. Band 6897

Theodore Lidz
Hamlets Feind
Mythos und Manie in Shakespeares Drama
Band 6881

Edgar Lohner
Passion und Intellekt
Die Lyrik Gottfried Benns
Band 6495

Ludwig Marcuse
Die Welt der Tragödie
Band 6499

Fischer Taschenbuch Verlag

fi 97/6a

Literaturwissenschaft

Herman Meyer
Das Zitat in der Erzählkunst
Zur Geschichte und Poetik des europäischen Romans. Band 6883

Walter Müller-Seidel
Die Deportation des Menschen
*Kafkas Erzählung
›In der Strafkolonie‹
im europäischen Kontext
Band 6885*

Fritz Pasierbsky
**Krieg und Frieden
in der Sprache**
*Eine sprachwissenschaftliche
Textanalyse. Band 6409*

Georges Poulet
**Metamorphosen des Kreises
in der Dichtung**
Band 6879

Wolfgang Promies
**Der Bürger und der Narr
oder das Risiko der Phantasie**
*Sechs Kapitel über das
Irrationale in der Literatur des
Rationalismus. Band 6872*

Marthe Robert
Das Alte im Neuen
*Von Don Quichotte zu Franz Kafka
Band 7346*
Einsam wie Franz Kafka
Band 6878

Viktor Šklovskij
Theorie der Prosa
Band 7339

Walter H. Sokel
Franz Kafka
*Tragik und Ironie
Band 1790*

Torsten Teichert
»Herzschlag außen«
*Die poetische Konstruktion
des Fremden und Eigenen
im Werk Hubert Fichtes
Band 6875*

Joachim Unseld
Franz Kafka
*Ein Schriftstellerleben
Band 6493*

Dieter Wellershoff
Von der Moral erwischt
*Aufsätze zur Trivialliteratur
Band 6489*

Gisela von Wysocki
**Peter Altenberg
Bilder und Geschichten
des befreiten Lebens**
Band 6457
**Weiblichkeit und
Modernität**
*Über Virginia Woolf
Band 6459*

Fischer Taschenbuch Verlag

Lyrik

Nisametdin Achmetow
**Die Straße
der Freiheit**
Gedichte. Band 9277

Ilse Aichinger
verschenkter Rat
Gedichte. Band 5126

Vicente Aleixandre
Gesicht hinter Glas
Gedichte / Dialoge
Band 2255

Rose Ausländer
Blinder Sommer
Gedichte. Band 5199
**Ich zähl die Sterne /
meiner Worte**
Gedichte 1983
Band 5906
**Im Atemhaus
wohnen**
Band 2189
**Mutterland /
Einverständnis**
Gedichte
Band 5775

Rose Ausländer
**Der Traum hat
offene Augen**
Unveröffentlichte
Gedichte 1965–1978
Band 9172

Wolfgang Bächler
Ausbrechen
Gedichte aus
20 Jahren. Band 5127
Die Erde bebt noch
Frühe Gedichte
1942 bis 1957
Band 9174
Nachtleben
Gedichte. Band 5872

Hans Bender (Hg.)
**In diesem Lande
leben wir**
Deutsche Gedichte
der Gegenwart
Band 5006

Jürgen Born (Hg.)
**Wenn der
Abend kommt**
Gedichte und Lieder
aus vier Jahrhunderten
Band 9228

Joseph Brodsky
Gedichte
Band 9232

Charles Bukowski /
Carl Weissner
**Terpentin on
the rocks**
Die besten Gedichte
aus der amerikanischen
Alternativpresse
1966–1977
Band 5123

Paul Celan
**Die Niemandsrose /
Sprachgitter**
Gedichte
Band 2223

Das deutsche Gedicht
Vom Mittelalter bis
zum 20. Jahrhundert
Band 155

Fischer Taschenbuch Verlag

Lyrik

**Doppel-
interpretationen**
*Hilde Domin (Hg.)
Das zeitgenössische
Gedicht. Band 1060*

Odysseas Elytis
**To Axion Esti –
Gepriesen sei**
*Gedichte und
Prosa. Band 5029*

Erich Fried
**Befreiung von
der Flucht**
*Gedichte und Gegen-
gedichte. Band 5864*
Frühe Gedichte
Band 9511
Reich der Steine
*Zyklische Gedichte
Band 5959*
Warngedichte
Band 2225

Walter Helmut Fritz
**Mit einer Feder
aus den Flügeln
des Ikarus**
*Ausgewählte Gedichte
Band 9266*

Peter Hamm
Der Balken
*Gedichte
Band 5314*
**Die verschwin-
dende Welt**
*Gedichte
Band 9173*

Stephan Hermlin
**Gesammelte
Gedichte**
Band 5125

Peter Huchel
**Chausseen,
Chausseen**
Gedichte. Band 5120

Marie Luise
Kaschnitz
Überallnie
*Ausgewählte Gedichte
1928–1965
Band 5820*

Michael Krüger
Aus der Ebene
*Gedichte
Band 5865*

Michael Krüger
Diderots Katze
*Gedichte
Band 2256*
Die Dronte
*Gedichte
Band 9222*

Günter Kunert
Berlin beizeiten
*Gedichte
Band 9567*
**Verlangen nach
Bomarzo**
*Reisegedichte
Band 5018*

Reiner Kunze
**auf eigene
hoffnung**
*Gedichte
Band 5230*
zimmerlautstärke
*Gedichte
Band 1934*

Ossip Mandelstam
Gedichte
Band 5312

Fischer Taschenbuch Verlag

fi 145/8b

Lyrik

Christoph Meckel
Säure
Gedichte. Band 5122
Souterrain
Gedichte. Band 5146
Wildnisse
Band 5819

Selma Meerbaum-Eisinger
Ich bin in Sehnsucht eingehüllt
Band 5394

Hanns Otto Münsterer
Mancher Mann
Gedichte
Band 5163

Aras Ören
Deutschland, ein türkisches Märchen
Gedichte. Band 5130
Mitten in der Odyssee
Gedichte
Band 5777

Boris Pasternak
Wenn es aufklart
Gedichte 1956–1959
Band 9566

Felix Pollak
Vom Nutzen des Zweifels
Gedichte
Band 9263

Fritz Pratz (Hg.)
Deutsche Gedichte von 1900 bis zur Gegenwart
Band 5273

David Rokeah
Nicht Tag nicht Nacht
Ausgewählte Gedichte
Band 5958

Thomas Rothschild (Hg.)
Von großen und von kleinen Zeiten
Politische Lyrik von den Bauernkriegen bis zur Gegenwart
Band 5124

Gerhard Tänzer
Schönes Blumenfeld
Kleine erotische Versschule
Band 9221

Guntram Vesper
Die Illusion des Unglücks
Gedichte
Band 5128
Die Inseln im Landmeer
und neue Gedichte
Band 5821
Frohburg
Neue Gedichte
Band 5905

Andrei Wosnessenski
Bahn der Parabel
Gedichte. Band 9279

Paul Zech
Vom schwarzen Revier zur neuen Welt
Gesammelte Gedichte
Band 9226

Fischer Taschenbuch Verlag

Deutschland erzählt

Herausgegeben von Benno von Wiese

Das vierbändige Sammelwerk ›Deutschland erzählt‹ enthält eine Auswahl von etwa 75 deutschsprachigen Erzählungen aus den letzten 150 Jahren. Der Herausgeber, Benno von Wiese, hat nicht die pathetische Absicht, einen für alle Zeiten geltenden Kanon aufzustellen, seine Auswahl lädt vielmehr ein zur Diskussion. Mancher wird Namen vermissen, die ihm lieb geworden sind; oft muß ein Autor mit seiner Darstellungsweise stellvertretend für andere stehen. Andererseits wird wohl jeder Leser in diesen Bänden Gelegenheit zu überraschenden Wiederbegegnungen und beglückenden Entdeckungen finden.
Der Herausgeber verfolgt mit seiner Auswahl zwei Absichten: Er will seine Leser unterhalten und möchte ihnen zugleich Zugang verschaffen zu den nicht immer leicht erreichbaren Schätzen der deutschen erzählenden Literatur.

Deutschland erzählt
Von Arthur Schnitzler bis Uwe Johnson
Band 500

Von Georg Büchner bis Gerhart Hauptmann
Band 711

Von Johann Wolfgang von Goethe bis Ludwig Tieck
Band 738

Von Rainer Maria Rilke bis Peter Handke
Band 1660

Fischer Taschenbuch Verlag

Materialien zu Leben, Werk und Wirkung zeitgenössischer Autoren

Thomas Beckermann (Hg.)
Hubert Fichte
Materialien zu Leben und Werk
Band 6497

Heiner Feldkamp (Hg.)
Reiner Kunze
Materialien zu Leben und Werk
Band 6877

Harro Kieser (Hg.)
Carl Zuckmayer
Materialien zu Leben und Werk
Band 6871

Samuel Moser (Hg.)
Ilse Aichinger
Materialien zu Leben und Werk
Band 6888

Hans-Rüdiger Schwab (Hg.)
Luise Rinser
Materialien zu Leben und Werk
Band 5973

Wilhelm von Sternburg (Hg.)
Arnold Zweig
Materialien zu Leben und Werk
Band 6876

Bettina von Wangenheim (Hg.)
Materialien zu Hilde Domin
Band 5769

Fischer Taschenbuch Verlag